GERARDO AUSTRALIA
UNA HISTORIA EN CADA HIJO TE DIO

El papel utilizado para la impresión de este libro ha sido fabricado a partir de madera procedente de bosques y plantaciones gestionadas con los más altos estándares ambientales, garantizando una explotación de los recursos sostenible con el medio ambiente y beneficiosa para las personas.

Una historia en cada hijo te dio

Primera edición: octubre, 2023

D. R. © 2023, Gerardo Australia

D. R. © 2023, derechos de edición mundiales en lengua castellana:
Penguin Random House Grupo Editorial, S. A. de C. V.
Blvd. Miguel de Cervantes Saavedra núm. 301, 1er piso,
colonia Granada, alcaldía Miguel Hidalgo, C. P. 11520,
Ciudad de México

penguinlibros.com

D. R. © 2023, @DonRul, por las ilustraciones de interiores y portada
D. R. © 2023, Alejandro Rosas, por el prólogo

ISBN: 978-607-383-615-9

Impreso en México – *Printed in Mexico*

GERARDO AUSTRALIA

UNA HISTORIA EN CADA HIJO TE DIO

ILUSTRADO POR @DonRul

CRÓNICAS INSÓLITAS DE MÉXICO Y SU GENTE

PRÓLOGO DE ALEJANDRO ROSAS

Grijalbo

ÍNDICE

PRÓLOGO

Un contador de historias

"De músico, poeta y loco, todos tenemos un poco", señala este mexicanísimo refrán que en el caso de mi querido amigo Gerardo Australia se vuelve una verdad absoluta. Tengo el gusto de conocerlo desde hace más de 20 años, casi al doblar el siglo XXI y desde entonces me pareció todo un personaje: músico apasionado, ávido lector, buen bebedor de whisky y de cerveza, con un ánimo honesto por la escritura y una necesidad permanente de contar historias. Gerardo no es un cuentacuentos, es un contador de historias.

Gerardo Australia musicalizó uno de los proyectos más entrañables en los que he participado en términos de la historia: *1910. La revolución espírita*, un documental en el que Jerry comprendió sin tapujos la biografía espiritista de Madero y la convirtió en música en el 2006. Madero, los espíritus y la imposibilidad de Jerry de recordar el nombre de mi perro Simur, a quien rebautizó con el nombre de Smirnoff, son tan solo unas anécdotas en las que se finca la amistad.

Pero si su talento para el universo musical es notable, para la palabra escrita no lo es menos. A principios de este siglo editaba un suplemento llamado "Cronoscopio" en el periódico *Reforma*, era una plana que aparecía cada quince días en la sección de Cultura y estaba dedicada a la divulgación histórica. Gerardo me envió algunos artículos para ver si era posible publicarlos y así conocí al escritor. Sus relatos fluían, eran amenos, interesantes y con la información precisa para seducir al lector. Tuve oportunidad de publicarle varios de sus textos antes de que el proyecto concluyera, pero en 2010 volvió por sus fueros.

Con motivo del bicentenario de la independencia y el centenario de la revolución creamos un espacio patrocinado por grupo Carso para divulgar la historia, la cultura, la ciencia y los grandes temas mexicanos llamado WikiMéxico. Tuvimos varios colaboradores y yo aposté por Gerardo Australia, cuya capacidad de contar historias era clara y probada, además de que escribía para todo tipo de público. Desde entonces pensé que sus escritos merecían un espacio más allá de internet o una columna en el periódico que envejece cada 24 horas.

Luego de varios años de planeación y búsqueda, pero sobre todo de tocar puertas, hoy finalmente circula *Una historia en cada hijo te dio*, primera obra literaria de Gerardo Australia en la que ofrece al lector sus mejores crónicas, las más interesantes, amenas y que siempre dejan al lector con un dato, un hecho curioso, una nota o una anécdota para presumir entre amigos o en familia.

Gerardo Australia le entra a todo, lo mismo perfila un personaje controvertido que nos acerca a un hecho histórico, salta de la historia de una princesa a la devoción histórica por la tortilla; exhuma los restos de un conquistador pero nos rompe el corazón con la triste historia de amor de un presidente; nos lleva por los elegantes salones de un prostíbulo a la tiendita de la esquina. Y así, a lo largo de su obra, nos topamos con música y músicos, arte, pintura, historia política, misterios, la vida cotidiana, los deportes, los caudillos y toda una gama de hechos y situaciones...

Celebro que Grijalbo haya abierto las puertas a Gerardo Australia; que sus historias, bien documentadas, bien trabajadas, con sustento en horas de lecturas e investigación, se hayan transformado en un libro. *Una historia en cada hijo te dio* es una obra escrita desde la pasión y el gusto por las letras y qué mejor que ponerlas al servicio de la crónica histórica.

ALEJANDRO ROSAS
Julio de 2023

¡Su majestad, la tortilla!

Si alguien debería estar en la Rotonda de las Personas Ilustres, en el legendario Panteón de Dolores, de la Ciudad de México, es el hoy olvidado veracruzano don Fausto Celorio Mendoza.

Y esto no sólo por su maravilloso invento que cambió la vida de los mexicanos, la tortilladora, sino porque tiene la categoría de "libertador", ya que con ella liberó literalmente a millones de mujeres de la esclavizante faena de andar "aplaudiendo" masa para la creación de nuestra ilustre y bendita tortilla, sin duda, un símbolo patrio más ameno, nutritivo y práctico que el águila o la serpiente, que bien fileteados caben en un taco.

La tortilla es el único dispositivo que sirve de plato, acompaña, envuelve, revuelve y atrapa al guiso, además de ser la única cuchara que se puede comer después de usarla. Cierto es que los mexicanos somos hijos del maíz y que la cultura prehispánica no habría existido sin este generoso grano, cuyo origen sigue siendo una incógnita. Se sabe a ciencia cierta que el maíz nació en México, y eso nos pone en un relieve histórico no poco importante, sobre todo cuando nos enteramos de que la tortilla, tal como la conocemos, ya danzaba en nuestra barriga en el 500 a. C. (aunque se dice que la domesticación del maíz data de hace 8 000 años).

Unos apuntan que el maíz se dio por primera vez en Oaxaca, y otros, que más al centro, por el área de Puebla y Tlaxcala. De hecho, Tlaxcala significa en náhuatl "lugar de tortillas" o "pan de maíz", y el ideograma prehispánico de este pueblo era un par de manos juntas, como rezando, con una tortilla de maíz entre ellas, representando la amasada. En el libro sagrado de los mayas quichés, el Popol Vuh, el hombre y el maíz están íntimamente ligados a la hora de la creación del mundo. No es para menos: se trata de una simbiosis importante, pues el maíz existe gracias al hombre y el hombre pudo subsistir gracias al maíz.

El maíz no se encuentra en estado silvestre, ya que los granos de la mazorca están cubiertos por hojas (brácteas) que impiden que el grano se desprenda del olote (elote). Por lo mismo, no existe la dispersión natural de la semilla y su reproducción está sujeta a la mano del hombre (algo parecido con el plátano), que lo desgrana, siembra y cosecha. De esta manera, se puede decir que el maíz es un "ingenio cultural" mexicano, de ahí sus connotaciones mágicas y religiosas.

Pero ¿cómo no el maíz se iba a convertir en un alimento básico de cualquier cultura si tiene una versatilidad bárbara? A diferencia de otros cereales, el maíz crece rápido (en cuatro meses ya se puede cosechar); puede darse a nivel del mar o a 3 500 metros de altura; donde hay una precipitación anual de lluvia de 400 milímetros (por ejemplo, San Luis Potosí) o en regiones donde se dan 4 000 milímetros al año (por ejemplo, Chiapas).

Es más, si uno va al supermercado, de 10 000 productos que se encuentran ahí, 2 500 tienen compuestos derivados del maíz: bebidas, cosméticos, medicinas, crayones, fibra de vidrio, hilos, adhesivos, mayonesa, margarina, azúcar, dextrosa, almidón, féculas, aceite, jarabes y hasta etanol, por mencionar algunos productos. El maíz es rico en hidratos de carbono, en vitaminas A, B1, B2, B3, B6, B9, E y C, en fibra y en sales minerales como potasio, magnesio, hierro, calcio, zinc, sodio y fósforo. Y, por si fuera poco, no tiene gluten y es fuente de antioxidantes. No en balde, el Museo Nacional de las Culturas Populares publicó en 1983 un recetario con más de 600 recetas a base de maíz.

Establecidos los españoles en Nueva España, el maíz no tardó en convertirse en una de nuestras aportaciones al mundo, sobre todo en Europa, que por entonces vivía prácticamente sólo de pan porque tenían cerca de 200 años padeciendo hambrunas. Cabe hacer notar que el pan de trigo sólo existía en las ciudades y lo comía la gente con recursos, ya que el grueso de la población consumía un pan a base de otros ingredientes, al que los pobres hasta corteza de árbol le ponían. Ya que era el único alimento, su consumo era en exceso y causaba una retahíla de enfermedades. Entonces, a mediados del siglo XVII llegó a Europa el maíz. De inmediato se popularizó, y, más tarde, con la introducción de la papa, se hizo una verdadera revolución alimenticia y millones de personas se salvaron de morir de hambre.

Nada más llegando a México, los españoles comenzaron a sembrar trigo. Curiosamente, no sólo era para hacer su indispensable pan, sino para abastecer el demandante negocio de las hostias. Sin embargo, el trigo nunca tuvo buena acogida entre los naturales y al pan le hacían el *fuchi*. No era para menos: ¿para qué luchar con una semilla que tardaba un año en crecer, además de requerir cuidados especiales para su cultivo y que, para colmo, sabía a suegra de iguana? Es más, los indígenas no recibían el pan de trigo ¡ni como limosna!, como bien escribió el médico Juan Domingo Sala a mediados del siglo XVI : "A los indios pobres que andan a pedir [...] pan no lo solían recibir ni por imaginación, no digo mendrugo, sino pan de más de libra y media, sino los volvía a la cara. Yo lo vi en mi casa hacer a un pobre, volver el pan y decir que dinero pedía él, no pan".

Los europeos se asombraron del consumo de tortilla de los indígenas. Junto con otros alimentos derivados del maíz, como los tamales y el atole, vieron que el indio tenía esencialmente resuelto su problema de subsistencia para toda su vida.

Con el tiempo, la gran demanda de tortillas se convirtió en un negocio peculiar, pues era estrictamente femenino, con sus propias reglas: a una patrona, que comandaba una cuadrilla de tortilleras, le entregaban el producto y ella lo asignaba a varias vendedoras que salían a la calle a la hora de la comida a venderlas. Debe tomarse en cuenta que no sólo se trataba de la tarea de hacer a mano, una por una, las tortillas. No, el proceso venía desde la elaboración del nixtamal, esto es, precocer el maíz desgranado con cal, para de ahí molerlo a brazo batiente y elaborar la masa. ¡Un trabajal!

En el periódico *El Imparcial*, del 20 de agosto de 1902, el reportero Luis de la Rosa calculó que "si 8 tortillas pesaban 759 gramos, y con 12 kilos se alimentaba a 16 personas, y si había cinco millones de habitantes que comían tortillas, entonces diariamente se destinaban para hacer tortillas 312 500 mujeres robustas y fuertes". (A mediados del siglo xix se le pagaba a una tortillera aproximadamente 18 centavos de dólar al día).

Y es aquí donde entra nuestro héroe, Fausto Celorio Mendoza, quien creó la primera tortilladora automática, patentada en 1947. El invento de Celorio consistía en un aparato automatizado que recibía la masa de maíz nixtamalizada, la comprimía para hacer la forma de la tortilla delgada y de ahí la colocaba en una cinta transportadora metálica que llevaba la tortilla a un horno; una vez horneadas pasaba a un recipiente.

Por supuesto, antes de él hubo muchos intentos de automatizar el proceso tortillero con cierto éxito, pero eran aparatos costosos que se vendían poco. Para 1945 sólo había 2 214 tortillerías mecanizadas en todo el país. Inclusive Fausto Celorio, en sus inicios, vendía solamente una máquina al mes. Esto cambió en 1954, cuando se asoció con el joven ingeniero Alfonso Gándara, del Instituto Politécnico Nacional, quien encontró una inteligente forma de hacer tortillas de bordes lisos y de mejor textura. Entonces las ventas se dispararon a 40 máquinas por semana.

Fausto Celorio nunca se durmió en sus laureles y siempre estuvo innovando sus máquinas con ideas propias. En 1963 lanzó al mercado una máquina dúplex que en una hora hacía 132 kilos de tortillas; en 1975 introdujo la primera máquina tortilladora de bajo consumo, que producía hasta 200 kilos de tortillas en una hora, con un ahorro del 50% en gas y electricidad. No en balde, entre 1960 y 1980, Celorio Mendoza vendió 42 000 tortilladoras alrededor del mundo. Además de la tortilladora, don Fausto Celorio tiene patentados 150 inventos.

La importancia de la tortillería va más allá del comercio de este gran alimento, tanto que se propuso en el gobierno de Felipe Calderón (2006-2012) el programa "Mi Tortilla" para mejorar las condiciones de estas pymes.

Sin duda, la tortilla es parte de nuestro patrimonio, entendiendo éste como un conjunto de bienes materiales, espirituales o simbólicos que crea una sociedad a lo largo de su historia. La tortilla y su elaboración guarda una relación estrecha con el medio ambiente y sus recursos, al mismo tiempo que es un elemento importante de cohesión social. Como práctica tradicional alimenticia, les ha permitido generar estabilidad y beneficio económico a cientos de poblaciones, y ha formado una identidad cultural mexicana al grito de "¡Viva su majestad, la tortilla!, ¡Viva la milpa!":

Seis mujeres rodean al barro sobre el fuego.
Aplauden, entre masa, a la tortilla.
Hay un arte en el hacer bella la orilla
y otro arte acariciante todo el centro.

El fuego aletea
desde troncos de encino derretido,
besa, tiznando al barro,
donde lenta se cuece
la tortilla.

Seis mujeres descalzas y en cuclillas,
con sus manos morenas,
en concierto de palmas,
con sus manos de magia,
celebran la rutina.

Afuera
el viento revienta escandaloso
con sus ondas de fuego,
bajo el trópico ardiente que vigila.

Tras la choza de varas,
viejas,
secas;
de viejas, amarillas...
se da el ceremonial
simple y eterno...

De infierno hace el comal:
—ciclo de vida—,
el maíz yace muerto
en su tumba de masa.
De su muerte nos nace
la tortilla.

Melquíades San Juan (2008)

El niño que vio demasiado

El fotógrafo conocido como Enrique *el Niño* Metinides fue uno de los más importantes pioneros en la historia de la nota roja en México. Su quehacer fotográfico revolucionó la manera de cubrir la noticia policiaca e influyó este género por más de 60 años, además de haber sido el creador de las claves que utilizan —todavía hoy en día— los paramédicos en la Cruz Roja para comunicarse.

Hay varias versiones del porqué se les dice "nota roja" a los artículos periodísticos que relatan crímenes, tragedias o desastres, y que a partir de finales del siglo xix tuvieron en México gran aceptación, sobre todo entre las clases populares. La más aceptable es la que dice que viene de tiempos de la Inquisición en México: cuando esta alegre institución decidía hacer de sus castigos un ejemplo, los hacía de manera aparatosa en público, para que la gente viera por sí misma cómo les iba a los *herejijos* que la desobedecían. Días antes de las ejecuciones se ponían anuncios en calles y plazas, carteles que la gente sabía que estaban autorizados por la Iglesia porque llevaban un gran sello rojo impreso, de ahí nota roja.

Con los avances tecnológicos a principios del siglo xx en materia de impresión y fotografía, los periódicos mexicanos comenzaron a incluir imágenes de todo tipo en sus publicaciones, desde las de personajes y sucesos relevantes hasta las del aplaudido bodoque recién nacido.

El estallido de la Revolución atrajo a muchos grandes fotógrafos a nuestro país que iniciaron un fotoperiodismo más formal, como el alemán Hugo Brehme, quien fotografió a varios líderes revolucionarios (Zapata y otros), además de ser el primero en ofrecer una importante colección de vistas de ciudades mexicanas, que más tarde publicó en su libro *México pintoresco* (1923). Brehme influyó a fotógrafos de la talla de Manuel Álvarez Bravo.

Por supuesto, las fotografías de corte impactante sensaciona-
lista, fenómeno esencialmente citadino, no tardaron en acaparar
la atención de la gente. Lo cierto era que estos cromos eran testigos de la cruda realidad que acompañaba —se quisiera o no— a la
creciente urbe y su gente en el contexto crudo de su cotidianeidad.
Pero, sobre todo, la fotografía de nota roja pasó a ser no sólo un
documento indiscutible de noticia, dándole validez y credibilidad
al hecho, sino una imagen que traspasaba identidades, donde el
observador podía verse reflejado en la víctima: todos podíamos
ser el de la foto, pues la tragedia, pan nuestro de cada día, podía
alcanzarnos en cualquier momento.

Jaralambos Enrique Metinides Tsironides nació en la Ciudad de
México en 1934. Sus padres, ambos nacidos en Grecia, llegaron a
Veracruz de paso, pues se dirigían a Houston a pasar su luna de
miel. Allá vivía un hermano que querían visitar desde hacía muchos años.

Desgraciadamente, me los *jarochearon* (sablearon) en el puerto, y quedaron con una mano adelante y otra atrás. Sin maletas,
papeles, ni dinero, no podían hacer nada. Entonces, como normalmente siempre pasa, la mujer tuvo que salvar la situación: inteli-
gentemente y a la voz de ¡no contaban con mi astucia!, la recién
casada, previniendo infortunios, había cosido a su vestido una cadena de oro, regalo de la abuela.

Vendida la joya pudieron viajar a la capital, donde se conectaron
con la pequeña pero amigable comunidad griega que no llegaba ni
a 50 griegos. Ésta los acogió y los ayudó a echarse a andar en algún
trabajo para poderse costear el viaje de regreso a la patria. Y cuando
estaban listos para zarpar a la querida tierra de la hermosa Helena
y el olivo... ¡sopas!, se desató la Primera Guerra Mundial y los Metinides terminaron por quedarse para siempre en la tierra del tamal y
el chile bravo. Así fue como nacieron aquí Enrique y sus hermanos.

El padre puso un negocio de artículos fotográficos en avenida
Juárez, junto al glorioso Hotel Regis, el mismo que años después,
en 1985, Enrique fotografiaría completamente derrumbado. El negocio duró algunos años hasta que tuvieron que desalojar el edi-

ficio. Don Metinides se quedó con algo del equipo que no pudo vender y le regaló a Enrique, de nueve años, su primera cámara, una Brownie Junior, alemana, que el papá le enseñó a manejar.

El chico no tardó en salir a la calle a tomar fotos de cosas que le hicieran sentir que estaba en una de esas películas de gánsteres que tanto le apasionaban. Desde entonces, él quería captar balaceras, accidentes, persecuciones, incendios y todo lo que fuera acción: "Con esa cámara empecé a tomar fotos de coches que chocaban. En la esquina de mi casa compraba el periódico, veía en ellos si había algún choque, apuntaba la dirección y me iba ahí en camión. Llegué a tener muchísimos choques en la calle, porque en ese tiempo no se los llevaba la grúa si no estorbaban, y yo llegaba y siempre había un policía vigilando un carro. Posaban para mí...", cuenta el mismo Enrique Metinides.

Tiempo después, el padre abrió un restaurante de comida griega cerca de una delegación, en Santa María la Ribera. Asistía mucha gente del Ministerio Público y al niño le gustaba mostrarles sus fotos a los clientes, hasta que a uno de ellos le llamó la atención y lo invitó a la delegación a tomar fotos de detenidos e incidentes.

Fue así como a los 11 años Enrique fotografió su primer muerto: un pobre diablo, quizás borracho, que se había dormido en la vía del tren que cruzaba Nonoalco. Cuando Enrique entró a la delegación vio el cuerpo decapitado y a un encargado sosteniendo la cabeza. El niño sacó su Brownie y... ¡clic! Así despegó la carrera del fotógrafo que captaría, por más de 60 años, la poética brutal y no refinada de miles de accidentes.

No tardó mucho en que una de las fotografías del chico llamara la atención de un veterano fotógrafo de *La Prensa*, Antonio *el Indio* Velázquez:

"Me dio sus datos, lo fui a ver y le gustaron mucho mis fotos. Y me dijo: 'Oye, ¿quieres irte a trabajar conmigo?, ¿cuántos años tienes?'. Yo le respondí que iba a cumplir 11 y me respondió: 'Pues pide permiso en tu casa'. Pero yo nunca pedí permiso, mis papás pensaban que estaba yo en la escuela o jugando, y en realidad estaba tomando fotos de choques y muertos", vuelve a comentar don Enrique, quien además dice que, por su edad, desde entonces lo apodaron el Niño: "Déjame decirte que fui el primer fotógrafo de toda la República Mexicana en estar de planta en la Cruz Roja, y para poder subirme a la ambulancia me capacitaron y me dieron mi credencial de socorrista".

Precisamente Antonio *el Indio* Velázquez fue de los fundadores del que fuera el tabloide de nota roja más popular en el país por muchos años, el *Alarma!*, que, en su época de oro, llegó a tirar 500 000 ejemplares semanales y era conocido por llevar encabezados sensacionalistas que se convirtieron en famosas muletillas, como "¡Raptola, violola y matola con una pistola!".

Metinides también colaboró en el *Alarma!* y otros impresos amarillistas, pero fue en *La Prensa* donde el Niño se curtió e hizo escuela. Desde 1928, *La Prensa* siempre fue un periódico de corte popular, y en él Metinides retrataba y documentaba de 30 a 40 accidentes diarios. Jamás llevó un horario normal, porque aunque estaba estipulado que entraba a las 10 a. m., le podían llamar a las 3 a. m. para ir a tomar fotos de alguna tragedia hasta casa de la tía Chencha: "Casi no dormía, comía mal, te pagaban mal, y aparte había mucha envidia de algunos compañeros por mis fotos... horrible", decía.

De él Carlos Monsiváis escribió: "Sus fotos son el resultado del azar, de lo no previsto, donde el accidente es el centro de una obra monumental y admirable, donde a la fotografía le toca el papel de primer y último testigo".

Pareciera que la paciencia fuera la clave de este rudo oficio, sobre todo para poder captar la escena en el segundo correcto e inmortalizarla. Pero no, hacer de la muerte un paisaje no es cosa sencilla. Se necesita una gran agudeza de ojo y composición. Se precisa la ambición de captar un panorama más grande que el que encierra el mero sensacionalismo amarillista del típico cadáver machacado tras el volante. Metinides encontró la fórmula alejándose lo más posible de la sangre y el dolor, sus historias alcanzaban una narrativa más luminosa, amplia y humana:

"Sin demasiada sangre, sin apenas dolor, un pie o una carta podían ser suficientes. La historia brotaba por sí sola: viudas que perdían la vista en un infinito oscuro, curiosos cuyo rostro reflejaba las llamas de un incendio, policías henchidos de orgullo, perros que se arrastraban por la escena del crimen. A diferencia de sus colegas evitaba el primer plano. A veces le bastaba con una solitaria madre llevando un pequeño ataúd en brazos; otras, con la vista cenital de un suicida estrellado contra el suelo, pero con decenas de mirones, ahí abajo, girando sus cabezas hacia la cámara, hacia el fotógrafo, hacia el lector", comenta el periodista Jan Martínez Ahrens, quien entrevistó al fotógrafo para el *El País* en su cumpleaños número 82.

El Niño no fue ajeno a las tragedias que fotografiaba: "Siempre evité lo macabro, lo truculento. A mí me interesaba el drama de la vida, no la sangre. Por eso tuve respeto por las víctimas", comentaba.

Tampoco estuvo ajeno a convertirse él mismo en tema de sus propias fotografías, pues padeció 19 accidentes que casi le cuestan la vida: "Tuve un infarto, me estuve muriendo. Tengo siete costillas rotas porque me atropellaron dos veces. Me caí a barrancos dos veces, me volqué en ambulancias, en carros, en choques, porque nos íbamos a barrancos tomando fotos".

Haber sido pionero de una profesión tan difícil y uno de los fotógrafos más publicados en la historia del periodismo mundial no significó más que su forma de ganarse honradamente la vida, pues durante su carrera no obtuvo reconocimiento por muchos años, siempre fue mal pagado y causó mucha envidia entre sus colegas: "Me hubiera gustado hacer dinero, comprarme una vivienda más grande que ésta, en mera avenida de la Revolución, haber alcanzado la fama antes y no tener tantas cicatrices".

El reconocimiento llegó tarde, pero llegó: hoy en día su obra se cotiza bien a nivel mundial y ha expuesto en muchos países del Viejo y Nuevo Continente, además de recibir destacados premios, como el Premio Espejo de Luz, el más importante que se da a los fotógrafos en México.

Al principio comenté que una de las grandes satisfacciones de don Enrique fue la de crear las claves que continúan en uso por los paramédicos de la Cruz Roja para comunicarse, un lenguaje establecido para que los familiares de un paciente no entiendan las crudas conversaciones de los socorristas: "La clave 'R' está compuesta por 65 combinaciones de letras y números, por ejemplo, '5G' lo usaban para referirse a un paciente grave o '5 Metro' para nombrar a una persona mutilada". Asimismo, Metinides creó la sala de prensa en los hospitales de la Cruz Roja.

Monsiváis remata: "Cada imagen de Metinides representa la intrusión del destino en la vida cotidiana, la certeza de que nunca estaremos seguros. A él le tocó una revaloración, en este caso internacional, que prueba la esencia del accidente: todos, en cualquier país, estamos a expensas de lo imprevisto...".

Este mago para congelar en el tiempo la tragedia murió en la Ciudad de México el 10 de mayo de 2022.

POSDATA:

Muy recomendable el documental *El hombre que vio demasiado* (2015), dirigido por Trisha Ziff, quien ganó el Premio Ariel a mejor largometraje documental en 2016, donde expone el mundo y las fotografías de nota roja en México, y donde Enrique *el Niño* Metinides es pieza fundamental.

La princesa soldada

Existe un gran cuadro del pintor costumbrista michoacano Manuel Ocaranza, pintado en 1927, llamado *La denegación del perdón a Maximiliano*. En él quiso ensalzar la patria liberal de Juárez, dramatizando un hecho muy sonado en su tiempo, que fue cuando la princesa Salm Salm solicitó audiencia a Benito Juárez para pedir el perdón de Maximiliano y el del príncipe Félix de Salm Salm, su esposo, . Al estar frente a Juárez, la princesa Salm Salm cayó a sus pies y, abrazándole las rodillas, le imploró el indulto de los condenados.

En sus memorias, la princesa escribió: "Eran las ocho de la noche cuando vi al señor Juárez. Tenía un aspecto pálido y de sufrimiento. El presidente me dijo que no podía acceder a mi solicitud y, cuando oí esas crueles palabras, el dolor me hizo perder el sentido; me tembló todo el cuerpo y, sollozando, caí de rodillas y rogué con palabras que salían de mi corazón". La respuesta de Juárez es hoy famosa: "Ni aunque estuvieran aquí los reyes y reinas de toda Europa podría perdonarle la vida. No soy yo quien se la quita, es el pueblo y la ley que piden su muerte". Sin embargo, Juárez indultó al esposo de aquella dama en desgracia.

La princesa Salm Salm tenía 23 años cuando, después de muchas peripecias, logró que Benito Juárez le concediera una audiencia. Al día siguiente de ésta, el 19 de junio de 1867, el emperador y su marido estaban programados para ser fusilados en el Cerro de las Campanas, en Querétaro. La reunión se dio en el palacio de gobierno de San Luis Potosí, donde la princesa Salm Salm fue recibida por un Juárez cansado y sin humor. No era para menos, su gobierno venía a salto de mata desde hacía tiempo, además de que la suspensión del pago de la deuda externa a Francia, España e Inglaterra había desencadenado una invasión bastante enfadosa, tardada y desgastante.

Agnes Elizabeth Winona Leclerc Joy nació en diciembre de 1840 en aquellos parajes boscosos de Vermont, Estados Unidos. Se trataba de una hermosa mujer de tamaño *petite*, frondosa mata rojiza, carácter arrojado y determinante. Montaba a caballo, tiraba bien con pistola y manejaba la espada como personaje de Dumas, si bien lo más aconsejable de todo era nunca llevarle la contraria.

Agnes creció en el seno de una familia de contrastes: por el lado paterno, su parentesco la conectaba con personajes que iban desde Enrique III de Inglaterra hasta Abraham Lincoln. Por el lado materno, su abuela fue una india shawnee, pueblo primario de Ohio, conocido por sus grandes cazadores de búfalos. De ahí el nombre de Winona, que en lengua shawnee significa "la primogénita".

En 1861 Agnes viajó a Washington a visitar a su hermana, casada ésta con un militar de alto rango. No tardó la joven en sentirse en casa, pasando todos los días a todo galope frente a la Casa Blanca montada en un semisalvaje caballo mustang.

La hoy capital norteamericana era entonces el centro de un gran despliegue militar, pues la guerra civil (1861-1865) había comenzado, aunque todavía eran días tranquilos, de bailes de sociedad y desfiles. La creencia por entonces era que aquello de la guerra no duraría mucho tiempo.

Uno de los campamentos con más atracción para la gente, sobre todo para las damas, era el de la división germana. Se trataba de un campamento constituido principalmente por soldados alemanes, polacos y húngaros de mucha experiencia. Este tipo de soldado vivía de la guerra o había escapado de Europa por razones misteriosas. Observar las maniobras de los disciplinados regimientos, que enfundados en uniformes impecables recibían órdenes de apuestos oficiales para marchar, mientras una gran banda de música tocaba y se bebía champaña, era el espectáculo del momento.

Fue precisamente en este campamento donde Agnes conoció al coronel príncipe Salm Salm. Ella lo describe como un hombre de "mediana estatura, elegante figura, pelo oscuro, bigote ligero y una cara de expresión sumamente cautivadora". Amor a primera vista. Él usaba un monóculo en el ojo derecho y no hablaba ni jota de inglés; ella no hablaba ni alemán ni francés, pero rápidamente se las arregló para utilizar ese idioma universal que se aprende rápido, no se habla y todo mundo entiende...

En la región de las Ardenas, entre Bélgica, Luxemburgo y Francia, llena de idílicos valles, ríos, bosques y montañas, estaba edificado desde el siglo X el pequeño principado de Salm Salm, donde Félix Constantin Alexander Johann Nepomuk nació en 1828. Miembro de una de las familias alemanas con más abolengo, que incluía ancestros como Carlomagno y Guillermo el Conquistador, Félix entró a la carrera militar a temprana edad. No tardó en mostrar su carácter donjuanesco y estilo de vida extravagante, por lo que siguiendo estas disposiciones más tardó en enfriarse el cuerpo de su padre que en gastarse la herencia por él dejada. Por ello, sus deudas de juego y líos de faldas lo hicieron vivir en constante huida, hasta que decidió cruzar el Atlántico con el fin de comenzar una nueva vida.

Con un par de cartas de recomendación, pero sobre todo dotado de esa irresistible imagen de militar prusiano decimonónico de linaje, el príncipe Salm Salm llegó a Washington. Inmediatamente fue aceptado en el Ejército de la Unión, donde se le ofreció comandar el regimiento de caballería de Kentucky. Sin embargo, al no hablar el idioma no pudo tomar el cargo. Poco a poco su carrera militar comenzó a declinar, hasta la aparición de la vivaracha jovencita Agnes, quien, al grito de "¡Ámonos recio!", no perdió tiempo: para cuando el príncipe se dio cuenta ya estaba casado en agosto de 1862.

Pronto Agnes utilizó sus influencias para promover la carrera de su nuevo marido. La rijosa y determinada chaparrita no descansó hasta convertirlo en general brigadier (seguía teniendo buenas relaciones con el primo A. Lincoln) y colocarlo al mando del 8.º Regimiento de Voluntarios de Nueva York, que Agnes hubiera comandado con una mano en su cintura de avispa.

Durante la guerra civil permanecieron en el sur cuatro años. En los campos de batalla ella ayudaba a los enfermos y heridos,

mientras él trataba de dirigir a chanclazos una unidad indisciplina-
da que no le entendía nada ni tampoco lo apreciaba.

Al término de la guerra, los Salm Salm decidieron abandonar
el país. No era para menos, la paz les aburría. Por amistades, el
príncipe Salm Salm logró ponerse a las órdenes de Maximiliano en
México y, en febrero de 1866, zarpó para Veracruz. Desgraciadamente, para cuando llegó todo estaba perdido para el *naïve* emperador austriaco de patillas largas. Como cuenta la historia, camino
a Querétaro, Maximiliano y su grupo fueron aprehendidos, entre
ellos el príncipe Salm Salm.

Agnes se enteró por los periódicos e inmediatamente se embarcó a México. No hablaba español, pero llevaba consigo un
idioma más convincente: dinero. Así, dando mordidas aquí y
allá consiguió de un joven Porfirio Díaz un salvoconducto para
llegar al general Mariano Escobedo, comandante de las tropas
que sitiaban Querétaro. Éste no la quiso recibir, pero después de
algunos *dolarucos* en mano logró que la enviara con el presidente Juárez a San Luis Potosí, un viaje de tres días por el desierto
desde Querétaro. Ahí el presidente la mandó a volar, pero ella insistió, mientras planeaba fugas, les guiñaba el ojo a militares de
alto mando y sobornaba hasta al de los tamales. Es más, dio tanta
lata que la pusieron en arresto domiciliario.

Pues nada, aquella mujercita de temperamento enchilado
jamás se dio por vencida y al final salvó la vida de su esposo. Es
más, después de ser fusilado Maximiliano, Agnes tuvo el valor
de denunciar públicamente al miserable doctor Vicente Licea,
encargado del embalsamiento del cuerpo de Maximiliano y
quien lucró de lo lindo con las pertenencias de éste, inclusive
vendiendo prendas y estropajos remojados en la sangre del fusilado imperial.

Al salir de prisión, los príncipes fueron puestos en barcos diferentes, uno para Europa, otro para Nueva York. Fue hasta 1868 que
finalmente se reunieron en Berlín. Ella había alcanzado estatus de
estrella y sus aventuras corrían en todos los círculos sociales: he-
roína de pasado misterioso, convertida en princesa, arrojada a un

mundo peligroso en territorios salvajes y guerras atroces donde perseveró y triunfó.

Claro, como era de esperarse, la pareja Salm Salm no pudo estarse quieta: en 1870 ya estaban participando en la guerra franco-prusiana: él como oficial en el regimiento de la reina Augusta, ella en el campo de batalla asistiendo heridos. Los Salm Salm vieron aquel combate como justiciero, pues en esa ocasión Prusia apaleó a las tropas de Napoleón III, el mismo reyezuelo que abandonó a su suerte a Maximiliano en México después de haberlo auspiciado.

El príncipe Salm Salm murió en agosto de 1870, durante la sangrienta batalla de Gravelotte, la mayor de aquella reyerta. Sus últimas palabras fueron pedirle a su esposa que le diera de su parte un beso a su querido perro Jimmy, que los había acompañado a todos lados.

A los 30 años, la princesa Salm Salm era viuda y había participado en tres de los mayores eventos bélicos del siglo xix: en la guerra civil norteamericana, en la caída del Imperio de Maximiliano en México y en la guerra franco-prusiana. Se le otorgó la medalla de honor prusiana y, si no hubiera sido mujer, le habrían dado también la Cruz de Hierro.

Pese a ser toda una celebridad, la princesa soldado murió sola y en la pobreza total, en diciembre de 1912.

PARA LEER MÁS

Agnes Elizabeth Winona Leclerc Joy, princesa de Salm Salm, *Diez años de mi vida, 1862-1872*, José M. Cajica júnior, Puebla, México, 1972.

Fiesta al héroe olvidado

A mediados de mayo de 1942, México le declaró la guerra a Alemania, Italia y Japón. La proclama hizo que nuestro país quedara bien con el vecino del norte. Pero la gente no estaba muy convencida y, junto con nuestro ancestral malestar para con los güeros, se inclinaba a favorecer a los alemanes, por lo que el entonces presidente Manuel Ávila Camacho (último presidente militar en nuestra historia) pasó a ser un "vende patrias".

Al tiempo esta opinión cambió, pues al final de todo entrar a la Segunda Guerra Mundial hizo que la industria nacional creciera como nunca. Dado que en esos años no hubo importación, nos vimos obligados a fabricar nosotros mismos los productos, así como también a exportar materias primas de gran demanda. A su vez, también se firmó un acuerdo muy benéfico para que miles de trabajadores mexicanos (braceros) pudieran trabajar en Estados Unidos sin "pelear la batalla del surco", como dijo Ávila Camacho.

Por otro lado, la participación en la trifulca mundial produjo una especie de milagro hasta entonces jamás visto: las clases políticas olvidaron sus riñas e intereses y todos se unieron con lealtad al presidente, ya que el bienestar de la patria estaba por arriba de cualquier enemistad. En un hecho sin precedente, Ávila Camacho convenció a los expresidentes todavía vivos para reunirse con él, inmortalizando el momento con fotos conmemorativas frente al Palacio Nacional. Y ahí estaban a cuadro los archienemigos por excelencia, Plutarco Elías Calles y Lázaro Cárdenas, dándose un apretón de manos con sonrisas de comercial de dentífrico.

Al final de cuentas la participación de México en la guerra costó, hablando en plata, aproximadamente tres millones de dólares y 68 vidas (cinco en acciones militares en el Pacífico y 63 entre los seis buques mercantes hundidos por submarinos alemanes: el Potrero del Llano, el Faja de Oro, el Tuxpan, Las Choapas, el Oaxaca y el Amatlán).

Una de las industrias más florecientes de ese tiempo fue el cine. Esto porque Estados Unidos y Europa decidieron emplear su producción de celulosa —en ese entonces la materia prima para la elaboración del film— en productos bélicos, como explosivos, paracaídas y en lo relacionado con el algodón.

Esto originó que en México se diera la famosa época de oro del cine, con sus grandes ídolos rancheros y la gente viviendo a través de ellos. El cine demostró ser un suculento negocio y una importante fuente de empleos, no sólo para los mexicanos, sino también para directores, fotógrafos, actores y artistas en general norteamericanos, argentinos, cubanos y españoles. Entonces nacieron estrellas que se consagrarían para siempre, como, por ejemplo, la Diosa de Hielo, María Félix, quien debutó en el cine con la película *El peñón de las ánimas* (1943), dirigida por Miguel Zacarías. Este director tuvo que ensayar durante más de tres meses diariamente con la Félix para quitarle, primero, lo alzada, después su tartamudeo y, por último, para enseñarle a pronunciar bien las palabras. Con 24 años de edad, la esplendorosa actriz norteña acababa de abandonar fríamente a su esposo y único hijo para seguir su ambición por la fama y la riqueza.

Además de una industria próspera y certero instrumento de entretenimiento, el cine fue uno de los más eficaces vehículos de propaganda para convencer a los mexicanos de que ser aliado de los norteamericanos era lo mejor, y de paso vender el boyante *American way of life*, ese estilo de vida clasemediero aspiracional, donde con tan sólo apretar un botón de un electrodoméstico se hacía de la vida un paraíso terrenal, aunque uno se quedara endeudado por el resto de su vida.

Manuel Ávila Camacho, apodado el Presidente Caballero, por su carácter bonachón y juicioso (se decía que cuando estuvo en el ejército tenía la habilidad de convencer a los enemigos de rendirse sin pelear), aprovechó el momento de desestabilidad mundial para industrializar lo más posible el país, "de esa manera no sólo dejaría felices a los empresarios, sino que México ya no sería

un país atrasado [...] ni surtidor de materias primas sin procesar", apunta el escritor José Agustín en su recomendable *Tragicomedia mexicana* (1990). No en balde se destinó hasta un 60% de los gastos del gobierno para apoyar la empresa privada, algo jamás hecho.

La declaración de guerra de México a los países del Eje se dio de la siguiente manera: México entonces abastecía de petróleo a buques norteamericanos que navegaban en el Golfo. Esto se convirtió en un asunto delicado, pues Alemania lo tomó como afrenta y advirtió a México sobre las consecuencias: debía decidir su bando. La chispa detonante sucedió en mayo de 1942, con el controvertido hundimiento en manos alemanas del buque mexicano Potrero del Llano, frente a las costas de Florida, donde murieron cinco mexicanos. El hecho fue bastante controvertido, porque durante décadas se tuvo la opinión de que en realidad habían sido los norteamericanos los responsables del hundimiento para presionar a México de ingresar a la guerra contra Alemania. Hoy se sabe, por archivos alemanes, que el barco sí fue torpedeado por uno de los famosos U-Boots nazis, submarinos chiquitos y picosos (64 metros de largo) de gran agilidad.

Tras el hundimiento del Potrero el gobierno mexicano envió una furiosa protesta al travieso del terror, Adolf Hitler. Por un lado, se dijo que Hitler expresó que aquella demanda era comparable a la de un gorrión que pretende intervenir en una pelea entre un elefante y un tigre; por otro, que el Führer ni se enteró de ese reclamo, pues tenía cosas más importantes que hacer y el horno no estaba para bollitos aztecas.

Para finales de mayo del mismo año nos hundieron un segundo barco, el Faja de Oro, donde murieron nueve personas. La indignación no se hizo esperar y el estado de guerra fue aprobado por el Congreso de la Unión *fast track*.

Por supuesto, los mexicanos se dejaron llevar por la agitación bélica: se hicieron simulacros de bombarderos con apagones y toda la cosa; a los alemanes y japoneses que vivían en el país se les metió en campos de concentración (por ejemplo, en Perote, Veracruz); entró en vigor en el país lo que para muchos de nosotros fue una pesadilla: la enfadosa Ley del Servicio Militar Obligatorio para mayores de 18 años; se les dejó a los norteamericanos poner torres de comunicación en suelo nacional; y, en algo que fue bastante controvertido, el presidente firmó un tratado que permitió el reclutamiento de 250 000 paisanos residentes en Estados Unidos para ser usados como carne de cañón ("Mándenme a esos morenitos de ojos rojos", dijo el general MacArthur).

Cuando la guerra ya estaba ganada por los aliados, entonces el gobierno mexicano decidió que sería bonito y buen momento para participar activamente en la pelea. Para esto se capacitó un escuadrón aéreo profesional, integrado por 300 hombres. Así, en diciembre de 1944, el glorioso Escuadrón 201 partió al frente hasta con la bendición del compositor Agustín Lara, quien rápidamente compuso para la ocasión su *Cantar del regimiento*:

> Cantar del regimiento,
> mil vidas se apartarán.
> Que lo cuida la Virgen morena,
> que los cuide y los deje pelear.

Desgraciadamente, desde el comienzo la participación del Escuadrón 201, formado el 8 de marzo de 1944 con 299 integrantes de la Fuerza Aérea Mexicana, estuvo plagada de aprietos, desde enfrentar el constante mal clima del Pacífico, la dificultad de pilotar aviones ajenos como el P-47 Thunderbolt, hasta no entender las órdenes y señales que se les indicaban, pues más del 60% del equipo no hablaba ni una palabra de inglés. Del escuadrón, un piloto fue derribado, otro se estrelló en combate y tres se quedaron sin combustible durante misiones y murieron en el mar, mientras otros tres murieron en accidentes durante el entrenamiento.

Fuera de la participación del Escuadrón 201, México no tuvo otra acción bélica contra los alemanes, con la excepción de una muy especial, digna de ser conmemorada y aplaudida:

En aquel tiempo, en la capital de México, uno de los cafés más concurridos por artistas, intelectuales, torerillos, burócratas, periodistas y golfemios en general era el Café París, ubicado en la calle 5 de Mayo. Pues a este parnaso cafetero llegó un día un perro callejero que se convirtió en la mascota de la clientela bohemia, aquellos que pasaban horas interminables *culiatornillados* sin consumir mucho. Primero al perro lo llamaron el Güero, después el Güero Literato y finalmente Literato a secas, esto porque se decía que el can "era inédito". Lo cierto es que al perro se le trataba mejor que a muchos parroquianos, quizás porque él sí era agradecido y convertía cualquier sobra de comida en un verdadero banquete.

El escritor Marco Antonio Campos comenta que "el gran momento en la vida del perro Literato (corrían los años de la Guerra Mundial) fue sin duda el merecido homenaje que le brindaron los clientes del café por su proeza de haber mordido a un alemán".

Esta heroica acción le valió al perro una presea y una celebración "a todo hueso". Entre los organizadores del magno evento estaban nada menos que los hoy famosos poetas León Felipe y Andrés Henestrosa, los escritores Juan de la Cabada y Ermilio Abreu Gómez, y el músico y compositor Gerónimo Baqueiro Foster.

Después de exprimir los bolsillos de los compañeros y otros piruetistas sableadores, se procedió a la fiesta con el siguiente programa:

I.   Barbacoa con todos sus complicados accesorios: guacamole, salsa borracha y dos cervezas Corona Extra.
II. Dimensión pluridimensional del perro en las artes y las ciencias (discurso).
III. *La bamba* —sólo de chirimía—, por Baqueiro Foster.
IV. Relaciones morfológicas entre los perros estetas a secas (conferencia).
V.   *El aria del perro*, romanza por el tenor José Pulido.
VI. *Nosotros, los perros*, confesiones y ensayo por el Perro Lomelí.
VII. Espontáneos.

Lo que nunca se supo fue en qué parte del cuerpo mordió al alemán el chucho Literato, pues no es lo mismo que te muerdan la pantorrilla a la entrepierna... Misterio por resolver.

Cielito lindo
sólo hay uno

ielito lindo es, sin duda, uno de nuestros muchos himnos nacionales, como también lo son *La marcha de Zacatecas, México lindo y querido, Qué bonita es mi tierra*, etcétera, y no hay expatriado que se respete que no eche lágrima tequilera y ande repartiendo abrazo a quien se le ponga enfrente después de entonar a grito batiente: "¡Ay, ay, ay, aaaayyyyyy... canta y no llores...!". Y tampoco faltará partido de futbol en cualquier parte del mundo, donde de pronto se escuche el desgarro de las sufridas gargantas cantando: "¡Porqueeee cantando se aleeeegran, cielito lindo, los corazones!".

Si bien la letra de la canción habla de un amor tristón, *Cielito lindo* nos da en el clavo en nuestra singularidad nacional, pues en el fondo por un rato nos convierte a todos en ese ranchero de buen corazón y tierra amable de antaño, y no en los hijos tóxicos de un "ya merito" urbano sin futuro.

Nada de eso. Con esta pieza musical la tierra donde nacimos es un gigantesco y lindo rancho, de esencial cielo azul y sauce llorón, donde la gente, dice Carlos Monsiváis, "goza y sufre (en medio de la naturaleza) pasiones en serio, impulsos propios de la vida al aire libre sin adornos". Por lo mismo, la patria es *ella*, la que nos infunde el fervor y nos hace olvidar la visión de los vencidos, por lo menos en lo que duran los *ay, ay, aaayyy*:

> De la sierra morena, cielito lindo,
> vienen bajando un par de ojitos negros,
> cielito lindo, de contrabando.

Aunque existe una controversia sobre la autoría de esta canción, lo cierto es que *Cielito lindo* está registrada en la Sociedad de Autores y Compositores de México (SACM), con el número 45 701, a

nombre del hoy un tanto olvidado pero prolífico compositor Quirino Fidelino Mendoza Cortés, quien compuso esta obra hacia 1882.

Quirino Mendoza nació en 1862 en el pueblo de Tulyehualco, Xochimilco. Desde niño creció entre música, pues su padre, Policarpio Mendoza Ocampo, era organista de la parroquia local. De él recibió las lecciones para aprender a tocar órgano, violín, guitarra y flauta desde temprana edad. Ya mayor tomó la estafeta del padre en los quehaceres musicales religiosos, aunque también comenzó a incursionar con gran aptitud en la composición de otro tipo de obra. La primera de ellas data de 1880 y fue de corte religioso, que en obvia efervescencia religiosa tituló *Mi bendito Dios*, faltaba más.

A sabiendas de que en ese tiempo (ahora también) la música dejaba más trompadas que besos, Quirino primero se enlistó en el ejército y después ejerció cabalmente como maestro de primaria rural. Mas nunca dejó de componer, ni de ser un feliz organista de iglesia por aquellos rumbos de Xochimilco y Milpa Alta.

Y mientras la vida continuaba, el maestro Quirino componía tanto himnos religiosos como piezas de diversos géneros. No en balde el fecundo compositor dejó 102 canciones, 73 himnos, 57 cantos escolares, 50 huapangos, dos grandes himnos y un gran número de polkas, mazurcas, corridos, valses, huapangos, pasodobles, marchas, boleros y canciones rancheras para cualquier bendita ocasión.

La tradición cuenta que en sus tiempos libres el profesor Mendoza gustaba de pasearse a caballo por la serranía. En uno de sus paseos conoció a Catalina Martínez, "una bella mujer con un llamativo lunar junto a la boca, quien lo conquistó de inmediato".

La verdad es que Quirino conoció a Catalina Martínez en la escuela, pues también era maestra. Eso sí, lo del lunar era muy cierto:

Ese lunar que tienes, cielito lindo,
junto a la boca, no se lo des a nadie,
cielito lindo, que a mí me toca.

La pareja sostuvo un noviazgo milenario, como era la costumbre en esos tiempos, hasta que se casaron. Tuvieron tres hijos. En su libro *Vida y obra. Quirino Mendoza Cortés* (1977), Sergio Espinosa Cordero, el autor, comenta:

Inspirado por su sentimiento idílico al mirar en lontananza el Popocatépetl y el Iztaccihuatl [el cantautor] rememora la dulce leyenda de sus amoríos, por la imagen de la prometida [Catalina Martínez] y de la dulce visión de la Virgen. Recuerda a la joven de sus sueños y canta: *Vamos al Téuhtli, cielito lindo, a admirar el campo. Allí los dos juntos, cielito lindo, nos amaremos. Tenochtitlán, de aquí se mira, con tantas lindas mujeres, cielito lindo, que a ti no igualan. Ay, ay, ay, ay, entre las bellas sólo tú me consuelas, cielito lindo...* Así nace la primera versión de una canción destinada a interpretarse en todo el mundo, fechada el 10 de mayo de 1882, día de su cumpleaños.

La polémica sobre la autoría de la canción dice que ésta es de origen andaluz, pues la Sierra Morena a la que refiere la letra no existe en nuestro país, pero sí en una región entre Extremadura y Andalucía, en España. Sin embargo, especialistas argumentan que se trata de un error de puntuación: "De la sierra, [pausa] morena, cielito lindo...", o sea que el compositor se refería a una morenaza bajando de la sierra, no a la cordillera andaluza.

Por otro lado, la canción menciona la palabra *contrabando*, que se trata de un mexicanismo que en aquel tiempo no existía en España, donde se solía decir *estraperlo*. Y, por si fuera poco, el mexicano es un pueblo que ante la desgracia canta, lo que precisamente nos provoca *Cielito lindo*, *ergo*: es mexicana. Listo.

Es así como don Quirino, gracias a las regalías que le dio su tonada de amor y nostalgia campirana, vivió muchos años tranquilo. Al morir las regalías pasaron a su nieta, Gloria Mendoza de Moreno, hasta que la canción se convirtió de dominio público.

Otros de los grandes éxitos del compositor son *Jesusita en Chihuahua, Rosalía, Joaquinita, Xochimilco, La noche tiende su manto, Honor, Gloria, Las espuelas de Amozoc* y *Alegría de vivir.*

Su biografía de la SACM dice: "De los momentos más significativos en su vida fue cuando le compuso un himno al rey de España, Alfonso XIII, que le presentó en el Palacio Real de Madrid, España, el 12 de octubre de 1919. Como agradecimiento, su majestad, el rey, le entregó una carta de felicitación y una medalla".

A seis meses de cumplir los 100 años, don Quirino Mendoza Cortés murió de una embolia cerebral, en noviembre de 1957.

Nancy Cárdenas: la mujer que cambió las cosas en vivo

Si cambiamos el futuro,
cambiamos el pasado.
NANCY ESTRADA

Nadie vio venir el bombazo, nadie se lo imaginaba. Era una noche entre semana a finales de 1973, y corría en vivo el noticiero entonces más visto de la televisión mexicana, *24 Horas*, con Jacobo Zabludovsky. Ese día el periodista entrevistaba a una mujer menuda, de lentes de búho y sonrisa de Gato de Cheshire; inteligente y desinhibida, bastante preparada y con el carácter suficiente para armar pelotera en donde se pusiera, como lo hizo esa noche.

Se trataba de Nancy Cárdenas. Dramaturga, directora de teatro y cine, poeta, periodista, actriz y locutora, de pronto, frente a las cámaras en vivo y a todo color, dijo, con toda la calma del mundo, ser *homosexual*. ¡Corte... corte!, comerciales por favor...

El escándalo no se hizo esperar y la vida de Nancy Cárdenas, entonces con 39 años, cambió en un par de minutos para convertirse en la primera mujer mexicana en defender públicamente —¡y en televisión!— la diversidad sexual, la homosexualidad como opción de vida digna.

Lo que jaló el gatillo en aquella entrevista fue cuando se tocó el tema del reciente despido público de un dependiente de Liverpool por el simple hecho de ser homosexual. La sociedad mexicana, como muchas del mundo, veían entonces la homosexualidad como una "degeneración", cosa de depravados. Bueno, simplemente a principios de los años setenta en Estados Unidos, la homosexualidad seguía dentro de la lista de enfermedades mentales en la American Psychiatric Association (APA).

Tampoco existía el término *gay*, y decir homosexual era tanto para hombres como para mujeres, si bien preferíamos vocablos más burdos y machistas, como *amanerado*, *maricón*, *joto*, *invertido*, *marimacha* o, el favorito del bando vaticano, *sodomita* (claro, *gomorrita* ya sería mucho). Si un juez en México lo veía pertinente, podía meter hasta seis años a la cárcel, sin derecho a libertad bajo fianza, a uno de estos "corruptos" por "faltas a la moral y apología de un vicio".

A días de su aparición en televisión Nancy comentó:

"Haz de cuenta que hubiera organizado un encuentro nacional. Fue algo realmente llamativo, fuertísimo. Me hizo una imagen nacional en 15 minutos... Nadie se me acercó para agredirme, todo lo que recibí fueron felicitaciones, amabilidades, todo perfecto, pero nadie me dio trabajo... O las amigas que se atrevían a salir conmigo disminuyeron a la mitad o a la cuarta parte. Mi familia dijo: 'Qué bien una participación nacional de esa envergadura, pero lástima que fuera para el tema de los jotos'".

Nos parece increíble, pero fue hasta 1975 que se utilizó por primera vez en nuestro país la palabra *lesbiana*. Sucedió en la Conferencia Mundial por el Año Internacional de la Mujer, cuando un grupo de mujeres presentó públicamente una "Declaración de las lesbianas de México", "el primer manifiesto en la historia mexicana elaborado por un grupo de lesbianas, en el que expresaron que sus sentimientos son naturales, normales, dignos y justos [...]. 'La liberación de los homosexuales' es una forma más de liberación social".

Ese mismo año Nancy fundó la primera organización homosexual de México, llamada el Frente de Liberación Homosexual (FLH), y, junto con los escritores Luis González de Alba y Carlos Monsiváis, escribió el "Manifiesto en defensa de los homosexuales en México". También en ese año se organizó la primera Marcha del Orgullo Gay en México.

Nancy Cárdenas Martínez nació en Parras, Coahuila, en 1934, "un pueblo de 400 años, con un millón de árboles, 20 000 gentes y una sola vía de entrada", dijo en una ocasión. Pese a que su familia era

de tradición norteña, se respiraba un ambiente liberal, lo que también ayudó a Nancy a seguir sus estudios con empeño: a su doctorado en Filosofía y Letras en la UNAM siguieron estudios de cine y artes escénicas en la prestigiosa Universidad de Yale, y más tarde en Lodz, Polonia.

Sin embargo, su verdadera pasión era el teatro y el cine. En 1973 dirigió y presentó la primera obra de teatro gay en México, *Los chicos de la banda*, de Mart Crowley. Por supuesto, las represalias no se hicieron esperar: directora, actores y uno que otro distraído terminaron en los separos de la delegación la noche del estreno. En 1988 montó y dirigió la primera obra en México que abordó el tema del sida con la puesta en escena de *Sida... así es la vida*, de William Hoffmann, en una época donde esta enfermedad ya no era un problema de moral, sino de salud pública.

Como cineasta su trabajo más importante se estima que es el documental *México de mis amores* (1979), trabajo conjunto con su amigazo y compañero de fatigas, Carlos Monsiváis. En él Nancy dirige, produce y coescribe con Monsiváis el guion. El documental era una formidable retrospectiva de 80 años del cine mexicano, narrado por sus principales protagonistas. En un rítmico vaivén bien ejecutado entran y salen en escena luminarias como Fernando Soler, Sara García, Marga López, Manolo Fábregas, Silvia Pinal, Adalberto Martínez *Resortes*, El Santo, Antonio Aguilar, Miroslava Stern, Ninón Sevilla, Gabriel Figueroa, Ernesto Alonso y muchas más. "Hubiera sido muy fácil burlarse o hacer bromas ante un cine que tiene tantas películas con mala fortuna, tantas incidencias en el melodrama barato, una cámara que tardó 30 años en empezar a moverse [...]. Nosotros emprendimos la búsqueda de los momentos clave de esta cinematografía que, fuerte o endeble; enajenante o liberadora, es la nuestra", comentó la directora.

Como poeta escribió dos libros de erótica lésbica, y como periodista, oficio que ejerció por más de 25 años, escribió en suplementos culturales y revistas como *Vogue*, *Revista de la Universidad*, *El Día*, *Siempre!*, *Excélsior* y un largo etcétera.

A la muerte temprana de Nancy, el 23 de marzo de 1994, por cáncer de seno, un desconsolado Carlos Monsiváis escribió una carta memorable:

> Qué voluntad la tuya, las relaciones amorosas se extinguen y tú escribes para tener presente que empezaron y que te enriquecieron y te permitieron desplegar tu vocación magisterial y tu historia sensual. Escribes para que no te atrapen los recuerdos, y escribes para dar constancia de tus encuentros con la literatura, el teatro, el valor de ser distinta, el activismo, la humanización de tu (nuestra) realidad. ¡Qué necia y qué formidable eres, Nancy!

Desde el Café

Si no fuera por el café,
no tendría ni la más mínima
personalidad.

DAVID LETTERMAN

Vámonos encafeinando desde el principio.

La fiebre del café invadió la Nueva España a finales del siglo XVIII, cuando en 1789 se abrió la primera cafetería, misma que duraría hasta el siglo XX. El Café de Manrique, situado en la calle de Tacuba, esquina con la hoy Monte de Piedad, donde, aparte de servir café, ya sea solo, con leche o con partes iguales de aguardiente (los famosos *fósforos* o *fosforitos*), también se servía chocolate y pan tostado con manteca. Pero sería hasta principios del siglo XIX que el Café (con mayúscula para referirse al establecimiento, no a la bebida) pasó a ser también madriguera de políticos, intelectuales, artista y bohemios, transformándose en sitios donde se podía discutir y expresar opiniones sin temor a ser amenazados por el *statu quo*. En ellos, la fauna variopinta bebía taza tras taza, disolviendo conversaciones a merced de un reloj sin agujas.

En el mundo, el Café pronto se convirtió en testigo y coprotagonista de una homogeneización cultural y social sin precedente. La Revolución francesa y la norteamericana fueron planeadas en cafeterías. Y qué decir de esos revoltosos amigos, Fidel Castro y el Che Guevara, echando cotorreo denso en el Café La Habana (todavía existente en la avenida Bucareli, esquina Morelos), planeando entre humo de cigarro, puro y café derrocar a Batista allá en la isla. No olvidemos la sentenciadora frase del doctor Ernesto Guevara: "Si no hay café para todos, no habrá paz para nadie".

Entrado el siglo XIX, el Café ya era oficialmente "sitio de reunión, club político, de tertulia literaria, mentidero, guarida de confabuladores y espías, mesa para jugar dominó, ajedrez o cubilete y salón de lectura de periódicos", como apuntó el historiador Luis González Obregón.

Este empuje llevó a los Cafés a modernizarse rápidamente, sobre todo para atraer más clientela. Así, en 1842 en México, el Café La Sociedad del Progreso se convirtió en el primer lugar en ofrecer helados italianos. A él asistían los de la *high* y uno que otro colado de la *low*. En 1851 abrió sus puertas el Café de la Bella Unión, que, además de cafetería, era fonda, heladería y pastelería fina. Ese mismo año el Café del Bazar, uno de los más prestigiados, donde se brindaba, para asombro de todos, ¡pan caliente, mantequilla y servilletas!, ofreció un helado que causó furor: el llamado Pío-Pío, en honor al papa Pío IX. A la puerta de este Café, los carruajes hacían larga cola para que las señoritas, que regresaban del paseo vespertino, pudieran gozar de un vasito de helado de fresa: "Sólo las audaces se atrevían a bajar al salón para verse con el novio", cuenta el escritor de la época, Guillermo Prieto.

La mayoría de los Cafés eran bastante democráticos, como lo hace notar el mismo Prieto, hablando del Café del Sur: "... la concurrencia iba muy de acuerdo con el destartalado café: militares retirados, vagos consuetudinarios, abogados sin bufete, politiqueros sin ocupación, clérigos mundanos, torerillos hambrientos y criminales por igual...". Pero los exiliados italianos acudían al Café Cosalvi, mientras los franceses, belgas y austriacos que participaron en la invasión a México iban al elegante Café del Hotel Iturbide.

Un momento decisivo en la historia de las cafeterías fue cuando en 1875, el Café del Progreso abrió sus puertas y se vio por primera vez a mujeres atendiendo las mesas. La polémica no se hizo esperar y la liga de la decencia puso el grito en el cielo, pero la clientela del Café no pudo más que aplaudir tan innovadora, inspiradora y bella propuesta.

Por ese tiempo el *signore* Fulcheri, dueño del Café de la Bella Unión, dio a conocer a la familia mexicana la crema chantillí, el que-

so crema y los helados napolitanos. Para cuando Benito Juárez entró triunfante en la capital en 1867, dando paso a un régimen republicano, federal y laico, había 29 cafeterías en la ciudad. Dos años después se abrió el primer Café Cantante, en los bajos del Hotel Iturbide, donde además de beber el vibrante brebaje, vino o licor, se disfrutaba de canciones y, ¡ay, Dios mío!, del sugerente meneo de las bailarinas de cuerpos regordetes.

Pero quienes rotundamente ganaron sobre sus competidores, años después, fueron los dueños del Café Colón, cuando en 1883 adquirieron un aparatejo futurista fuera de serie llamado refrigerador, de donde salían ¡cervezas heladas!

Para la década de los ochenta ya había 44 Cafés en la ciudad.

Famosa es la fotografía de 1914, cuando los convencionistas tomaron la capital y el fotógrafo Casasola disparó su cámara inmortalizando a dos zapatistas remojando sendos bizcochos en sus tazones de café en el Café Sanborns, establecimiento fundado en 1903 por los hermanos Walter y Frank Sanborns, sobre la calle de Filomeno Mata. Una vez que el negocio prosperó, se mudaron en 1918 con bombo y platillo a la famosa Casa de los Azulejos, con lo que comenzó así una deliciosa tradición cafetera hasta nuestros días (aunque el café sepa a agua de calcetín atareado).

Ya en las décadas de los cincuenta y sesenta del siglo XX existieron otros Cafés de gran zarandeo artístico e intelectual, como el Café París, sobre la calle 5 de Mayo, abrigadero de grandes pintores de la escuela mexicana y jóvenes poetas, como Octavio Paz y Efraín Huerta. A este Café también acudían otras personalidades, como Pablo Neruda, el destronado rey Carol II de Rumania o la divina Estela Ruiz Velázquez, aquella mujer de belleza natural que por tres décadas pasó por las manos de millones de caballeros, pues estaba retratada como india tehuana en los billetes de 10 pesos (jamás recibió un peso de regalías).

A principios de los años veinte del siglo pasado, el abogado, escritor y poeta veracruzano Manuel Maples Arce caminaba en un día lluvioso por la entonces avenida Jalisco (hoy Álvaro Obregón), en la colonia Roma. Como buen poeta se le había olvidado el paraguas, por lo que cuando arreció el chubasco prefirió guarecerse en lo que parecía una cafetería, esto en el número 100 de la misma avenida: "No había nadie en el lugar. Pasó a otra pieza, donde sólo halló una cafetera que hervía. Se sirvió, regresó a su mesa y se tomó el café. Como nadie vino a cobrar le pagó a nadie y dejó una propina a una camarera que nunca vio. Y así fue y así regresó otras noches al café donde nunca encontró... a nadie", comenta Marco Antonio Campos en su recomendable libro *El café literario en Ciudad de México en los siglos XIX y XX* (2001).

Fue así como el misterioso lugar pasó a llamarse el Café de Nadie y se convirtió en guarida del grupo de artistas de vanguardia más interesante de ese entonces en México: los estridentistas, sinónimo de escándalo en poesía, música, pintura y literatura.

Si más de un movimiento intelectual estuvo ensopado en café, el vanguardismo mexicano no fue la excepción. Maples Arce, conocido por su pulcritud en el vestir (polainas, bastón, flor en el ojal incluida, que rayaban en lo estrambótico y un fervor apasionado por las mujeres), estaba desengañado y quiso buscar una nueva sensibilidad que reflejara la complejidad del nuevo siglo, su modernidad. Fue así como Maples Arce propuso "ser ruidoso, estrepitoso, *estridente*: exaltar las máquinas, vivir emocionalmente y ponerse en marcha hacia el futuro. Somos la informidad, el grito lírico para sacudirse la pesadez".

Así nació, en diciembre de 1921, el estridentismo, cuyo cuartel general fue el Café de Nadie, donde Maples Arce lanzó un encafeinado manifiesto, pagado por él mismo, que decía: "Es necesario exaltar en todos los tonos estridentes de nuestro diapasón propagandista, la belleza actualista de las máquinas, [...] el humo de las fábricas, las emociones cubistas de los grandes trasatlánticos [...], el régimen industrialista de las grandes ciudades...".

La búsqueda artística de los estridentistas estaba regida por la imaginación, pero sobre todo por el humor. Al llamado a formar la extravagante cofradía acudieron poetas y escritores, como Luis Quintanilla, Germán List Arzubide, Arqueles Vela y Salvador Gallardo; artistas plásticos y músicos como los hermanos Fermín y Silvestre Revueltas, Diego Rivera, Manuel M. Ponce y Carlos Chávez, y también asistían personajes como el fotógrafo Edward Weston y Tina Modotti, o el director ruso Serguéi Eisenstein, desesperado porque no conseguía dinero para seguir filmando. La meta era ser absolutamente moderno, "a pesar de nosotros mismos", dijo Maples Arce.

En el Café de Nadie, Maples Arce hizo firmar a sus cofrades un segundo manifiesto estridentista: "A los que no están con nosotros se los comerán los zopilotes. El estridentismo es el almacén donde se surte el mundo. [...] Sólo los eunucos no estarían con nosotros. Apagaremos el sol con un sombrerazo. ¡Viva el mole de guajolote!".

Los estridentistas usaron como vehículo publicitario el periódico *El Universal Ilustrado*. En él, Arqueles Vela publicó su novela corta *La señorita etcétera* (1922), texto quizás demasiado corto (10 páginas), pero que es considerado la primera novela vanguardista hispanoamericana.

Hacia 1926, Maples Arce consiguió trabajo (¡por fin!) y se mudó a Xalapa, Veracruz, donde trató de fundar sin éxito su "Estridentópolis". Desgraciadamente el movimiento se fue apagando.

La única novela mexicana que tiene como motivo y escenario un Café es la escrita precisamente por Arqueles Vela, *El Café de Nadie* (1926): "Una pasmosa historia de amor imposible en un café que es un mundo", dice la solapa. El tema no podía ser más "progre": se trata de un Café que tiene pocos clientes, pero hay dos que van todos los días a sentarse en el mismo gabinete a hacer nada. No piden nada, no toman nada, nada desean más que "estar y ser". De ahí en adelante la novela se vuelve demasiado "modernista" y no se entiende ni papa, hasta que al final la protagonista, Mabelina, sale por la puerta del Café de Nadie "con la esperanza de algo nuevo".

Como punto final: en la actualidad se consumen cerca de 100 000 toneladas de cafeína al año en el mundo, lo que equivale a 14 veces el peso de la Torre Eiffel. ¡Ah!, y Garfield es el único gato que toma café.

El Zapata de las palabras

H asta ahora, el único mexicano que ha intentado independizar nuestro lenguaje del agobio y dolor de cabeza que ha sido (y es) la ortografía española fue Alberto M. Brambila.

Este gran *vervíboro* (que se alimenta de verbos) dedicó parte de sus 90 años de vida a luchar a palabrazo limpio contra lo que él creía era "el yugo que nos impide encontrar una identidad nacional", y ese yugo, entre otras cosas, son las letras C, H, LL, Q, RR, V, W, Z, pues, como el mexicano no las pronuncia, ¡PA KE LAS KEREMOS!

El mismo Brambila comentó: "Si para los españoles es difísil la ortografía kasteyana, para nosotros es impraktikable. Konsekuensia lójika: o ablamos komo los españoles, o escribimos komo ablamos de akuerdo kon nuestra fonétika".

El legado literario de Brambila era impresionante, y si bien aparece en la historia como un escritor menor y hoy está olvidado, dos trabajos lo consagran en las letras mexicanas: *Homofonología* (1928), su obra cumbre ("libro absolutamente increíble y ciclópeo"), y *Lenguaje popular en Jalisco* (1957), delicioso estudio escrito en colaboración con su amigo, el historiador y paleógrafo, también tapatío, Luis Páez Brotchie.

Nacido en Ayutla, Jalisco, hacia 1884, Alberto Magno Brambila Pelayo se distinguió por tener un carácter explosivo que muchas veces lo metió en problemas. Sin embargo, esa misma rebeldía y tenacidad lo llevaron a salir de la pobreza forjándose por sí solo. Al mismo tiempo que estudiaba por su cuenta y leía vorazmente, trabajaba de peón, cantinero, sastre, peluquero, ayudante de cirujano y hasta como violinista (sí, también compuso varias canciones).

Al conseguir por fin un puesto de gobierno se dio cierto respiro para dedicarse a lo que en verdad le gustaba: las letras. Así colaboró en periódicos y revistas, publicando investigaciones y tratados sobre el lenguaje, pero sobre todo escribiendo poesía, su pasión en corto (una de sus muchas obras, *Ecos nacionales* —1927— contiene más de 13 000 versos).

El intento de Brambila por liberar nuestro idioma del chanclazo ortográfico no era nuevo. Desde el siglo XIII, Alfonso X el Sabio quiso disponer que se escribiera según la fonética, pero la influencia etimológica era apabullante. Después cayó un relajo rapaz, pues la ortografía era patrimonio de quien la enseñaba: unos eran partidarios del fonetismo y otros del etimologismo. Antonio de Nebrija, el autor de la primera gramática castellana, en 1492, era fonetista: "assí tenemos de escrivir como pronunciamos i pronunciar como escrivimos".

Así, entre el estira y afloja, llegó 1624, cuando Gonzalo Correas Íñigo publicó en el Viejo Continente lo que sin duda fue el primer tratado serio para intentar reformar la ortografía castellana bajo la consigna de que "se escribe como suena". Su *Nueva i zierta ortografía kastellana* causó revuelo, pero al final los etimologistas se salieron con la suya y a don Gonzalo lo pasó a visitar un representante de la Inquisición para tomarle medidas de cráneo.

Mientras tanto, en la trinchera lingüista en Jalisco, Alberto Brambila no daba tregua a la lucha por *rasionalisar* la lengua y demostrar que el sistema ortográfico español no funcionaba, pues, además de las letras que no se pronunciaban, permitía montones de homófonos (palabras que suenan igual, pero significan diferente): botar-votar, cesto-sexto, basto-vasto...

Armado hasta los dientes de palabras, el revolucionario de Ayutla resumió su sistema en su obra *Ortografía rasional mejikana*. De ahí se lanzó a poner su propia imprenta (a la que no le fue nada bien como negocio), y al grito de "¡Que se mueran las feas... letras!" fundó, en 1926, junto con su compadre Páez Brotchie, el sistema Rasional Ortográfiko Hispanomerikano, destinado a evitar usar las letras con parecido sonido (la b y la v, o la s, z y c), esfuerzo para acomodar la ortografía del mexicano a su oralidad.

El escritor Fernando de León dijo: "La propuesta de Brambila facilitaría el aprendizaje ortográfico, pues bastaría con hablar

correctamente para escribir con igual corrección: en el aprendizaje de todo idioma, el individuo pasa de la oralidad a la escritura;
así, este paso sería más sencillo. Es evidente que no resolvería los
problemas actuales del aprendizaje de la ortografía, pero facilitaría su resolución, y esto sería el comienzo de una revolución en
nuestra idiosincrasia".

Al año siguiente Brambila funda y dirige el Grupo Central de Or-
tógrafos Revolucionarios, que marca su independencia de la Real
Academia Española. Para su promoción se publica el *Ortográfiko
kinsenal propagador de la ortografía fonétika řasional.*

El gran año de Brambila es 1928, ya que publica lo que se
convertirá en su magna obra, *Homofonología: Tratado completo
de homófonos.* Su intención era dar a conocer su *Ortografía rasional.* Para esto, él mismo quiso escribir el prólogo. Pero, cuál
fue su sorpresa cuando de pronto se dio cuenta de que llevaba
¡370 páginas de prólogo!: seis capítulos, nueve apéndices y una
gran nota final de suma importancia. Decidió entonces hacer un
compendio, y vaya compendio, pues, sin duda, no hay en la historia de la lengua española un esfuerzo (¿o necedad?) de esta
dimensión.

De entrada, don Alberto recuenta 9 400 palabras homófonas de
nuestro idioma (cuestión de imaginarse el trabajazo de investigación). De ahí se da a la tarea de recolectar 1 100 palabras pa-
ronímicas (cuando dos o más palabras tienen una semejanza
fonética, como *consiente-consciente, chapas-Chiapas, corte-cohorte*
o *yerro-hierro*). Para cerrar con broche de oro, Brambila escribe sus
apéndices "ludolingüísticos". En uno de ellos, escribe 240 textos
breves que ponen en contexto un par de homófonos, como "Yo
mis calzones arrollo / para pasar el arroyo" y "La bulliciosa Manuela,
/ en vez de su libro hojear, / en el templo i en la escuela, / i aun delante de su abuela, / se pone a su novio a ojear".

El último apéndice, llamado "Juegos de palabras", contiene
más de 100 quintetos paronomásicos, como "bazo, beso, biso,
bozo, buzo", "rata, reta, Rita, rota, ruta" o "sarro, cerro, cirro, zorro,
zurro".

Si para los españoles
es difísil la ortografía
kasteyana, para
nosotros es
impraktikable.
Konsekue... lójika:
o ablamos ... o los
españoles ... ribimos
komo a...
akue...
oné...

En fin, se trata de una obra única, "un ejemplo excelso del combate interior entre la razón y la pasión en el ámbito verbal. En la mente del autor, ambas pulsiones devienen monstruosas, y el resultado es equiparable, en lo lúdico, a la refriega que debe darse en la mente de un censor cuando se aplica a ejercer su criterio ante fragmentos de obras artísticas consideradas pornográficas", señaló Màrius Serra, filólogo catalán, quien le apodó el Zapata de las Palabras.

Como bien se sabe, sobre todo en México, este tipo de trabajos son de difícil digestión y la mayoría de las veces pasan al archivo. Sin embargo, el titánico esfuerzo de Brambila no pasó desapercibido del todo, ya que dejó influencia en una de las obras cumbre de la literatura hispanoamericana, *Rayuela* (1963), de Julio Cortázar, quien no sólo menciona el periódico el *Ortográfiko*, sino que escribe por completo el capítulo 69 en "español rasional":

OTRO SUISIDA:
Ingrata sorpresa fue leer en *Ortográfiko* la notisia de aber fayesido en San Luis Potosí el 1 de marso último el teniente koronel (asendido a koronel para retiralo del serbisio) Adolfo Ábila Sanhes...

Al final de *Homofonología*, Brambila confiesa: "Muchos me felicitan por los homófonos sin darse cuenta de que esto sólo es un punto de estrategia para emprender una revolución [...]. Alguien dirá: ¿Y cuál es el objeto de gastar energía, tiempo y dinero en levantar un lujoso castillo para luego pretender derrumbarlo con la dinamita de la ortografía rasional? [...] Pues sí, debo ser leal [...] para conquistar nuestra absoluta libertad".

MORALEJA: DE ABER SABIDO NI NASCO.

El demoledor atareado

Juan José Baz nunca pudo realizar su sueño dorado: demoler a cañonazos la Catedral de la Ciudad de México.

Se dice que cuando este militar tapatío pasaba por una iglesia, suspiraba e imaginaba cuántas casas, escuelas y edificios se podrían construir con aquella cantera y terreno. En efecto, Baz *el Demoledor* fue una de las más grandes amenazas que hemos tenido contra el patrimonio arquitectónico en nuestra historia.

Nacido en 1820, Juan José fue hijo de una familia distinguida de ascendencia aristócrata. Su padre, Diego Baz, español y realista hasta las cachas, llegó a ser de los hombres más ricos de la provincia de Nueva Galicia, hoy el estado de Jalisco. Quién fuera a decir que su tumba quedaría al lado de la de Benito Juárez, en el Panteón de San Fernando de la Ciudad de México.

Juan José participó en las batallas contra la invasión francesa y norteamericana. Su carácter, en palabras del escritor y académico Enrique Fernández Ledesma, era "impulsivo, tozudo, delirante de acción; anticlerical, insolente y hasta obsceno cuando le ganaba la exaltación; gustaba de las exhibiciones de su valor, siempre lleno de ardores y de penachos haciéndose llamar 'el inmaculado'".

Fue cuatro veces gobernador de la Ciudad de México, la primera a los 26 años y a instancias de Benito Juárez, quien vio en el güerito a alguien astuto y lleno de energía, no para sacar adelante a una ciudad en crisis, sino para arremeter contra ella.

¿Por qué Baz veía la Catedral Metropolitana como su peor enemigo?

En el siglo XIX, durante la Semana Santa, era costumbre invitar al presidente en turno a participar en la misa de Jueves Santo en la Catedral, donde se le ofrecían las llaves del recinto como símbolo de obediencia de la Iglesia al gobierno. Todos los presidentes habían cumplido con la ceremonia hasta 1857, cuando se impusieron las Leyes de Reforma, las cuales prácticamente desplumaron a la Iglesia de sus propiedades y privilegios religiosos. Por supuesto, Baz era del bando que veía en el clero a una pandilla de explotadores que por siglos venían enriqueciéndose del pueblo.

Obviamente, ese año la Iglesia mandó una "no invitación" al entonces presidente Ignacio Comonfort, otro anticlerical, y Comonfort decidió mandar en su representación al terrible Baz. Sin embargo, cuando éste se presentó en la Catedral le negaron rotundamente la entrada. No era para menos: Baz quería entrar a misa montado en su caballo.

La negativa de los curas lo indignó de tal manera que al día siguiente regresó con la artillería, la cual dispuso frente y a los lados del sagrado inmueble. El pueblo reaccionó de inmediato: en medio del fervor religioso que caracteriza tales fechas hizo frente a la milicia. La situación se puso tensa y a punto de estallar, por lo que Baz prefirió la retirada. Así, el radical *comecuras* se quedó con las ganas de reventar en mil pedazos la iglesiota.

A los pocos días el escritor Ignacio Aguilar y Marocho publicó un panfleto titulado "La batalla de Jueves Santo", en el que ridiculizaba el hecho y a Baz. Varias ediciones circularon por las calles de la ciudad mientras que "militares y paisanos, amas de cría, arrapiezos y hasta señoras repetían sus versos de memoria":

Fija, cual buen general,
su primera paralela en medio de la plazuela,
para sitiar la Catedral.

Pero, ¡oh, sorpresa!: más tarde Ignacio Comonfort publicó un comunicado donde, entre otras cosas, decretaba la demolición de edificios religiosos y la ocupación de terrenos para causa de la utilidad pública. Por supuesto, no pudo haber mejores noticias para Juan José Baz, quien con entusiasmo de termita en aserradero comenzó a demoler todo a su paso, principalmente si con ello fastidiaba al clero.

Pocos dirigentes han logrado en tan corto tiempo cambiar radicalmente el paisaje urbano de una ciudad. El escritor Vicente Quirar-

te dice: "Entre 1861 y 1867, bajo el mandato de Baz, se demolieron total o parcialmente los conventos de San Francisco, Santo Domingo, San Agustín, San Fernando, La Merced, La Concepción y Santa Isabel".

Para derribar tanto edificio clerical, construcciones originalmente concebidas para funcionar como fortalezas medievales, Baz gustaba de usar un método que perfeccionó con cariño: "Untar de brea grandes vigas para atorarlas entre piso y techo y, posteriormente, prenderles fuego para que el edificio se derrumbara", y si no, pues siempre había un buen cañón a la mano.

Además, el gobernador de la ciudad era un destructor rapidísimo: cuando Benito Juárez visitó el cadáver de Maximiliano, dispuesto éste en la iglesia de San Andrés, temía que el recinto se convirtiera en una especie de centro de peregrinación de los partidarios del imperio. Entonces Baz, solícito, se ofreció a destruir el templo, cosa que consiguió en una sola noche.

De igual forma, en una sola noche, abrió la calle de Independencia y derribó parte del convento de San Francisco. También abrió la calle de 5 de Mayo, de la que el poeta Ramón López Velarde escribió: "Le soy adicto, a sabiendas de su carácter utilitario, porque racionalmente no podemos separarla de las engañosas cortesanas que la fatigan en carruaje, abatiendo, con los tobillos cruzados, la virtud de los comerciantes".

Sorprendentemente, sobre todo para un demoledor tan atareado, Juan José Baz tuvo tiempo para construir la Escuela Industrial de Huérfanos, una institución que pasó a ser un verdadero modelo en su género, pues además de la esmerada instrucción primaria que se ofrecía, se enseñaban oficios artesanales y mecánicos, como carpintería, herrería, imprenta, zapatería, sastrería, etcétera. El plantel llegó a albergar a 400 alumnos (hombres).

Mientras ejercía su sexta vuelta como gobernador de la ciudad, Juan José Baz murió en 1887.

En el barrio de La Merced hay una plaza pequeña y monona que lleva su nombre, aunque se le conoce más como la plaza de La Aguilita, pues se dice que fue ahí donde los aztecas hallaron el águila devorando la serpiente.

La tiendita
de la esquina

Pese a la imposición y virulenta aparición indiscriminada de las hoy famosas tiendas de conveniencia, Oxxo, 7-Eleven, etcétera), la humilde TE (tiendita de la esquina) sigue siendo para miles de nosotros la salvación. Por lo regular se trata de un establecimiento familiar, quizás atendido por generaciones, lo que lleva a un trato diferente, pues te conocen y por lo mismo te dan servicio personalizado. Por ejemplo, si vives cerca, te llevan las cosas, dejan comprar a tu hijo de siete años las caguamas y cigarros para que te los lleve, y, algo que no sucede en las dichosas tiendas de conveniencia, si andas corto de dinero, existe la bendita posibilidad del "al rato se lo traigo, doña Chona".

El concepto del comercio al menudeo en México es relativamente nuevo, si tomamos en cuenta la larguísima tradición de los centros de abasto desde tiempos prehispánicos, sobre todo en la capital.

Por centro de abasto se entiende "una instalación cerrada y de ordinario cubierta, situada en determinados puntos de las poblaciones, para el suministro de todo tipo de bienes y objetos de servicio para el hogar". Dentro de su historia, México ha tenido varios tipos de centro de abasto, desde el famoso y prehispánico *tianguis*, las *alcaicerías* (mercado cerrado de textiles), las ferias (de origen medieval), los mercados, hasta llegar a la tiendita de la esquina, con todas sus variantes. Si nos fijamos bien el afamado centro comercial,, no es más que un tianguis con ínfulas de grandeza.

En la Nueva España el comercio al menudeo tomó fuerza a finales del siglo XVIII, a partir de que Carlos III, harto de estar en bancarrota, cambió diametralmente las relaciones comerciales entre España y sus colonias. Siendo un rey calzonudo, mandó a todos a freír castañas y quitó los millones de trabas burocráticas que la Corona imponía a los comerciantes, con lo que quedaron libres de transitar con sus mercancías por todos los puertos del reino. Esto no sólo propició un libre comercio, sino que además acabó con los grandes monopolios: "Simultáneamente a la libertad que se concedió a los comerciantes peninsulares, se facultó en 1774 a las colonias para que intercambiasen sus productos, después de que durante largo tiempo estuvo prohibida toda comunicación y comercio entre ellas", dice José Antonio Martínez Álvarez en su *Tianguis, ferias y mercados en México* (2018). Esto trajo enormes beneficios a la metrópoli y convirtió a muchos comerciantes no sólo en magnates, sino en gente de peso en lo político y social.

El primer mercado permanente y cerrado de la época virreinal fue el *parián*. La palabra es de origen filipino y significa precisamente "mercado", aunque tiene otra acepción de origen paquistaní, que significa "lugar de descanso o parada temporal en un viaje extenso". A partir del siglo XVII se construyeron estos tipos de centros comerciales en diversas ciudades del país, donde vendían principalmente sedas, telas, zapatos, perlas, especias, entre muchos otros productos finos, la mayoría llegados de Manila, puerto donde confluían mercaderías de diversas partes del Lejano Oriente.

Los parianes estaban divididos en "cajones", donde se vendían las mercancías. Por ejemplo, el parián capitalino de principios del XIX contaba con 180 cajones y otro tipo de almacenes. Estos cajones eran comprados no tanto por los mayoristas, sino por particulares con solvencia (cajoneros), aunque también era común que una persona le rentara su cajón al dueño o que varias personas formaran una compañía para rentar uno o varios cajones. La mayoría de los cajoneros no pretendían entrar a las grandes ligas de los mayoristas, pues para hacerlo era necesario un enorme capital, lo que significaba o vender las posesiones familiares, o endeudarse hasta las manitas.

Con el crecimiento de la ciudad y su población, los mercados y parianes comenzaron a ser insuficientes. Así, los mayoristas, opulentos y ambiciosos, y uno que otro próspero cajonero, comenzaron a comprar partes de una o varias casonas no sólo en la ciudad, sino también a las afueras, e inclusive en provincia. En esas casas nace la *tienda de abarrotes*. El término hace referencia a cuando se le ponían "barras" a una carga, o sea, una carga pesada "se abarrotaba", se afianzaba bien para su transporte.

Sin embargo, al principio y durante mucho tiempo a este tipo de tiendas no se les llamó de abarrotes, sino *pulperías* y *mestizas*. La diferencia era que una tienda mestiza vendía en mayores cantidades (por libras, más que por onzas).

A diferencia de los puestos al aire libre que vendían nada más comestibles y artículos baratos, la pulpería y mestiza estaba dentro de un inmueble y tenía un mostrador que daba a la calle. En los dos tipos de tienda se vendían las mismas mercancías: pequeñas cantidades de artículos importados, especialmente ropa y herrajes, junto con una variedad increíble de ferretería, telas de producción local, petates, alimentos básicos y bebidas. Además, aceptaban como pago tanto fichas como artículos que el cliente dejaba en prenda, y tenían un horario regular de 5:30 a. m. a 10:00 p. m.

Las pulperías se convirtieron en las tienditas de la esquina porque por reglamento debían estar en las esquinas, si bien a finales de la Colonia se les permitió ponerse en cualquier parte de la cuadra. Aun así, la costumbre hizo que hacia finales del xviii más de la mitad de estas tiendas estuvieran plantadas en las esquinas.

Por supuesto, pronto hubo más pulperías abarroteras que mestizas: "En una encuesta llevada a cabo en 1795 para determinar cuáles tiendas deberían vender pan, los panaderos identificaron 154 establecimientos separados, propiedad de 131 individuos. Contrariamente a lo que ocurría con los más grandes negocios al menudeo, pocos propietarios de pulperías poseían más de un expendio, y no se encontró ningún caso en que un pulpero tuviera una tienda fuera de la ciudad. De los 131 dueños, dos tenían tres tiendas, 17 tenían dos, y los 114 restantes sólo una cada uno", comenta John E. Kicza, en su *Empresarios coloniales. Familias y negocios en la Ciudad de México durante los Borbones* (2008).

Cabe mencionar que en ese mismo año nueve mujeres eran dueñas de pulperías. Ahora bien, ser dueño de una tienda pulpera era el sueño de todo propietario de puestos pequeños. Significaba por fin poseer una tienda "de a deveras", aunque el salto era bastante riesgoso. Por principio tenía que invertir cuando menos 1 000 pesos en la tienda. De ahí debía darle al gobierno 1 500, con los cuales garantizaba las fichas que iba a expedir y la mercancía inicial.

Lo cierto es que un abarrotero trabajador podía vivir cómodamente con toda su parentela y en ocasiones hasta dejar buena herencia a los hijos. Además, por costumbre, las tiendas eran manejadas físicamente por empleados a sueldo o socios del propietario que no tuvieran pretensiones de "subir" a las grandes casas comerciales: "Había una barrera social muy bien definida en el mundo comercial de la ciudad entre, por un lado, aquellos que trabajaban en las grandes casas comerciales, sus principales sucursales, otras tiendas propiedad de particulares que vendían mercancía en general y a gran escala, y, por otro, quienes estaban empleados en los niveles más bajos del comercio local, tales como la venta de licores al menudeo, abarrotes, artículos básicos para el hogar y artículos de producción doméstica", vuelve a decir Kicza.

Estas gentes estaban íntimamente ligadas a la vida de la tienda y la mayoría de las veces eran transferidas con todo y pulpería si ésta se vendía. Por ejemplo: "Tomás Castro administraba la pulpería de Vicente Bustillo a sueldo, pero cuando Bustillo vendió la tienda a Joaquín Palacios, este último retuvo a Castro y lo ascendió e hizo su socio. Tres años más tarde, como la compañía era un éxito, renovaron la sociedad bajo nuevos términos. Palacios invirtió 4 800 pesos (una cantidad mayor a la de su precio de compra original), y Castro aportó 1 289 pesos de su propio dinero", Kicza *dixit*.

Según Pedro Fernández, vocero de la primera Expo Tendero, "hoy en día hay alrededor de un millón de tienditas de la esquina en todo el país y 200 000 sólo en el Valle de México; aportan 7% del producto interno bruto (PIB) y concentran 42% de los abarrotes que se facturan en el país", aunque la ola de las cadenas presumidamente llamadas "de conveniencia" y minisúper sigue creciendo.

Así fue como de la prioridad de abastecer eficazmente las necesidades básicas del pueblo, sobre todo de bajos recursos, nació el negocio familiar de las tiendas de la esquina o de abarrotes, miscelánea, estanquillo, cremería o tendejón, aunque ahora lo *hipster* es decir tienda de barrio. Pero eso sí, algo es seguro: mientras haya esquina, habrá tienda... con todo y su don Toño.

Mariana Yampolsky: la empoderada del clic

Nuestra historia mexicana está llena de grandes mujeres empoderadas, mucho antes que la frasesilla se pusiera de moda en el discurso político, aunque realmente fue
acuñada en 1995 durante la Conferencia Mundial sobre la Mujer, en
Pekín, China.

Una de estas mujeres fue Mariana Yampolsky, cuyo "empo-
deramiento" lo realizó a través de la cámara fotográfica. Susan
Sontag decía que fotografiar nos permite apropiarnos de momentos donde se nos pone en relación con el mundo, pero con
poder.

Toda la razón, y ¡vaya poder! Gracias a él, Mariana viajó por más
de 40 años a lo largo y ancho de nuestro país; llegó a los rincones
más peliagudos para dejar así su "poder" en más de 50 000 imágenes, 50 exposiciones personales y aproximadamente 150 exposiciones colectivas a nivel mundial, que siguen hasta hoy mostrando
no sólo la riqueza y vitalidad de la cultura mexicana, sino también
su inquietante dualidad en la vida cotidiana, donde pasado y presente hablan como uno mismo.

Elena Poniatowska, amiga de toda la vida de la fotógrafa, escribió que, de tanto andar por los caminos de México, Mariana se volvió parte del paisaje: "Nació en Estados Unidos, pero le enfermaba
que la consideraran gringa, porque amó a México como sólo los
conversos suelen amar a Dios".

Mariana Yampolsky Urbach vino al mundo en 1925. Sus padres,
Hedwig Urbach y Oscar Yampolsky (escultor, pintor, maestro, ebanista y políglota), huyeron a Estados Unidos del antisemitismo europeo. Mariana fue criada en una granja en Illinois por sus abuelos
maternos, quienes fueron de los primeros en huir de Alemania a
causa de la amenaza nazi. Eran intelectuales y librepensadores (su
tío Franz Boas fue el fundador de la antropología moderna en Es-

tados Unidos y uno de los primeros intelectuales en manifestarse contra el fascismo en Europa).

Hija única, querida y consentida, Mariana no supo que existían otros niños hasta los seis años cuando entró a la escuela. Claro, el vecino más próximo estaba a 100 kilómetros.

Mariana vivió en aquel ambiente campirano y liberal hasta terminar la preparatoria. Como era de esperarse, el banjo y el arreo de gallina no eran lo de la joven, quien heredó el carácter inquieto y artista de su padre, y la intelectualidad e idealismo socialista de su madre, así como su pasión por la lectura (pocas personas sabían tanto de Shakespeare como Mariana, quien al morir dejó un legado de 6 000 libros).

Este bagaje la llevó a estudiar Ciencias Sociales y Arte en la Universidad de Chicago. Fue ahí que escuchó una conferencia sobre el Taller de Gráfica Popular de México (TGP), un colectivo mexicano que utilizaba el arte como plataforma para causas revolucionarias, fundado en 1937 por el maestro Leopoldo Méndez, el grabador más importante de México, que, entre otras cosas, se dedicó a plasmar al indigenismo mexicano.

Para Yampolsky fue amor a primera vista. Inmediatamente después de graduarse en Arte, por la Universidad de Chicago, en 1944 (año en el que también falleció su padre), Mariana decidió venirse a vivir a México. Era la primera vez que se subía a un avión. El gusto le duró poco: a medio camino, en Texas, los bajaron a todos para utilizar el avión en el transporte de tropas militares. Tuvo que seguir su viaje en camión y tren hasta la capital mexicana. Al día siguiente que llegó, abrió las cortinas de su cuarto y vio una buganvilia encendida iluminando un muro triste. "Éste es mi país", dijo.

La sede del Taller de Gráfica Popular estaba en una calle del Centro, más apta para la prostitución que para el arte. Dentro del taller había dos prensas de mano y un litógrafo destartalado; un cuarto era para imprimir, otro para grabar y un tercero para vender productos artísticos y hacer asambleas, que siempre terminaban en fiestón, pues el taller hervía de jóvenes artistas,

idealistas de izquierda, que se convirtieron en los abanderados del "arte al alcance de todos", en un país donde el alboroto político era intenso. Con pocos recursos producían carteles, panfletos y grabados en un lenguaje estético realista, los cuales pegaban en paredes y postes para apoyar "la causa", cualquiera que ésta fuera.

Cuando Mariana se presentó al Taller no hablaba una palabra de español. El costo de la inscripción era de 15 pesos. Los colegas rápidamente le dieron la bienvenida a aquella güeraza de carácter recio y articulado, quien se convirtió en la primera mujer en ser admitida como grabadora en el Taller, si bien no la última: al colectivo se unieron grandes "empoderadas", como la muralista Fanny Rabel, la pintora Leticia Ocharán, la también muralista Andrea Gómez y Mendoza (invitada personalmente por Mariana y que además fundó la Casa de Cultura del Pueblo y el Taller de Dibujo Infantil Arco Iris, en Temixco, Morelos) y la afroamericana Elizabeth Catlett Mora, cuyas pinturas y esculturas abanderaron el movimiento de los derechos civiles de los negros en Estados Unidos. Paralelamente a las actividades que realizaba en el Taller, estudió en la Escuela Nacional de Pintura, Escultura y Grabado "La Esmeralda".

A finales de los cuarenta Mariana tomó un curso de fotografía en la Academia de San Carlos, bajo la tutela de Lola Álvarez Bravo. Amor a primer clic. Sin embargo, el verdadero apoyo en el oficio fotográfico, comenta el periodista Rafael Miranda Bello, "lo recibió del arquitecto suizo Hannes Meyer, exdirector de la Bauhaus, al encargarle la realización de los retratos de sus compañeros grabadores para la publicación del libro que conmemoraba los 12 años del TGP, y en el que también colaboraron Manuel Álvarez Bravo, Rafael Carrillo y Leopoldo Méndez".

Comienza así la aventura fotográfica del maravilloso ojo de Mariana Yampolsky, quien siempre sonriente viajaba en su vw blanco, junto con su inseparable cámara, para retratar campesinos e indígenas, casas de adobe, iglesias, ruinas, sombras ocultas en magueyes y hojas de plátano, paisajes, fiestas religiosas —o no— y mercados, "haciendo poesía con los caminos de tierra", como dijo la escritora Raquel Tibol, pues, en palabras de la misma Mariana: "No tenemos que inventar nada, todo está ahí, sólo hay que descubrirlo, fotografiarlo y gozarlo".

Ojalá muchos de nuestros "empoderados" de hoy dijeran como Mariana: "Si uno ama al pueblo, al país, también ama todo lo que rodea al ser humano. Creo que se tiene que amar, amar mucho al país que miras".

Gran parte de su obra está comprendida en los libros *La casa que canta. Arquitectura popular mexicana* (1982), *La raíz y el camino* (1985), *Estancias del olvido* (1987), *Tlacotalpan* (1987) y *Mazahua* (1993), que publicó en conjunto con Elena Poniatowska.

Los golpes
de José Rolón

Así como en su momento el joven Johann Sebastian Bach caminó más de 300 kilómetros para escuchar a su ídolo, el organista Dietrich Buxtehude, José Rolón, uno de los más importantes pedagogos musicales de nuestra historia y de los primeros compositores en usar temas autóctonos mexicanos en sus obras, decidió en 1899 subirse a su caballo y cabalgar noches y días a la Ciudad de México para escuchar a su ídolo, el pianista polaco Jan Paderewski, entonces un virtuoso de greña necia y vestimenta estridente que andaba de gira por América.

Zapotlán el Grande (hoy Ciudad Guzmán), Jalisco, es cuna de personajes como la compositora Consuelo Velázquez, el pintor José Clemente Orozco y el escritor Juan José Arreola, quien la describió como "un valle redondo de maíz, un circo de montañas sin más adorno que su buen temperamento, un cielo azul y una laguna que viene y se va como un delgado sueño". En ella nació, en 1876, José Paulino Rolón Alcazar, cuya vida estuvo llena de episodios pintorescos, aunque la mayoría dramáticos.

Su padre, Feliciano, de ascendencia francesa, era dueño del rancho El Recreo, pero también músico, fundador y director de una orquesta local y hombre sensible a la cultura. Su madre, doña Eduviges, tocaba el arpa con talento. Así que el niño José tuvo influencia musical por las dos orejas. Pero también le inculcaron el amor por la tierra y el trabajo del campo, que de alguna manera supo más tarde imprimir y sublimar en sus composiciones.

La música comenzó a tener un importante lugar en la vida del joven José, pero, para cumplir los deseos de su madrecita, se metió al seminario de Zapotlán, una institución inaugurada en 1868 en donde enseñaban esmeradamente hasta astronomía, pero no música. Vale la pena mencionar que este seminario dio gente muy sabia dentro de las ciencias, como el padre José María Arreola, pionero en el estudio del clima, de la vulcanología y de la sismología a principios del siglo xx. Una de sus grandes obras es *Nombres indígenas de lugares del estado de Jalisco* (1935), por supuesto, hoy olvidada. Pues nada. El joven Pepe no se veía con sotana, pero siguió en el seminario hasta los 20 años, cuando sorpresivamente vino el primer golpe: la muerte de su madre, experiencia que lo marcó profundamente. Al poco tiempo, aunque ya casado por segundas nupcias, la salud de su padre decayó y el músico promesa se tuvo que encargar del rancho, tarea siempre demandante. Segundo golpe: muere el padre.

Un poco más holgado económicamente, José se animó a pedir la mano de la joven Mercedes Villalvazo, con la que contrajo matrimonio en 1899, año en que vio a su ídolo tocar el piano en la capital y en que nació su primera hija, María Luisa.

La vida en el rancho parece continuar el camino del arado y la parsimonia del ganado cuando cae el tercer golpe: dando a luz a su segunda hija, la amada esposa muere. La niña se llamó Mercedes, en honor a la madre. A los 24 años José Rolón era huérfano y viudo con dos hijas pequeñitas.

Con el apoyo de su suegro, don Tranquilino Villalvazo, quien acepta cuidar a las niñas, Rolón vende el rancho y se va a Guadalajara a estudiar composición, piano y órgano bajo la tutela de Francisco Godínez. Se dan las primeras composiciones, que ya traen un carácter mexicano impreso y que posteriormente le darán un lugar merecido entre los grandes compositores nacionalistas.

Con sus ahorros, Rolón decide que el único lugar donde puede desarrollarse, como Euterpe manda, es París. Durante dos años estudia con los mejores maestros y es aplaudido por su talento. Pero viene el cuarto golpe: su hijita Mercedes muere, por lo que Rolón deja su ascendente carrera para regresar a Guadalajara. Entonces comienza su verdadero apostolado: la enseñanza musical en tierra apache. Apache porque México en ese entonces atraviesa otro de sus incontables zipizapes históricos y el horno no está para musiquitas.

Contra viento y marea, José funda, en 1907, su Academia Rolón, dedicada a instruir músicos con seriedad. Sus esfuerzos florecen cuando, en 1915, forma con sus alumnos más avanzados la primera orquesta sinfónica del país, después convertida en la Orquesta Sinfónica de Guadalajara. Ese año también funda la Escuela Normal de Música.

El año 1927 es importante en la vida de Rolón porque hace su segundo viaje a París; se casa con su alumna, Ana de la Cueva, y gana el primer lugar del concurso de composición del Primer Congreso Nacional de Música, organizado por la Universidad Nacional y el periódico *El Universal*, con su obra *El festín de los enanos* (1925), obra basada en la canción folclórica *Los enanos*, de la época de la intervención francesa:

> Estos franchutes ya se enojaron
> porque a su nana la pellizcaron.
> Estos franceses ya se enojaron
> porque sus glorias les eclipsaron.
> Se hacen chiquitos, se hacen grandotes,
> y nunca pasan de monigotes.

A partir de 1929 Rolón se dedicó en cuerpo y alma a la enseñanza y a componer. Entre sus muchas obras están el *Concierto para piano*, el poema sinfónico *Zapotlán*, danzas indígenas para piano, canciones, cuartetos, etcétera.

La hora de celebrar a José Rolón sigue encerrada en el retraso. Le tocó vivir en destiempo. Hasta ahora pocos han sabido valorar su decisiva importancia en la pedagogía musical y difusión de la cultura en México.

Al morir en 1945, su hija María Luisa comentó: "El espíritu de mi padre perdurará siempre en la salvaje fogosidad del danzante sonajero de Zapotlán; en la primitiva y sobrecogedora insistencia del tambor indígena; en la dulce tristeza de las chirimías, en el suave aliento de la lengua chimalhuacana, en el intenso olor del surco y en la briosa acometida del mariachi".

La historia de nuestro primer barco guerrero

Definitivamente no somos un país marinero. Pese a nuestros 11 122 kilómetros de costas, preferimos ir al mar a rascarnos la barriga y a pelar camarón que conquistarlo como otras naciones aventureras, como Portugal, Holanda o la misma España. Además, nuestra mayor amenaza la tenemos sobre la cabeza, no a los costados.

Por lo mismo, nuestra historia bélico-marítima ha sido relativamente tranquila, mas no ajena a hechos sorprendentes. Hay muchas páginas que van desde lo heroico, como cuando con tan sólo dos navíos, el Guadalupe y el Moctezuma, se venció en 1840 a una flota norteamericana de seis barcos (que ayudaba a Yucatán en su intentona de querer anexarse a Estados Unidos), hasta lo chusco, como cuando los ingleses nos embargaron precisamente el Guadalupe, a poco tiempo de la mencionada victoria, por nada más haber pagado el enganche (¡¿cómo?!, ¡¿era a mensualidades el bote?!).

Una de estas páginas de nuestra tierna historia marinera se dio hacia 1825, cuando en Veracruz los pocos españoles que quedaban en suelo ya mexicano seguían dando la lata atrincherados en la inexpugnable fortaleza de San Juan de Ulúa. Desde allí disparaban tercamente sus cañones, interrumpiendo la siesta jarocha y haciendo tiradero. Había que sacarlos de una vez por todas. Sin embargo, la mejor manera de hacerlo no era por tierra.

Aunque nuestra incipiente nación mexicana estaba prácticamente en bancarrota y endeudada hasta los bigotes, se decidió pasar el sombrero para comprar un buen buque. Se adquirió así el navío de línea español Asia, buque de guerra de dos puentes, tres palos y velas cuadradas que cargaba 74 cañones y 542 tripulantes. Nada mal. Éste se convertiría en el primer navío de guerra de la Marina mexicana.

La historia del Asia parece sacada de una aventura folletinesca, aunque un tanto triste. En 1823 el buque había zarpado de Cádiz, comandado por Roque Guruceta, capitán déspota y vinagrillo. Para 1825 el Asia andaba ya en las Filipinas con una tripulación cansada que no tardó en amotinarse. No era para menos: aparte de ser un agrio y hurgarse la nariz sin importarle el qué dirán, Guruceta no había cumplido con los pagos, había abandonado a su suerte a la tripulación de mayor edad en una isla desierta, las condiciones de vida en el barco eran pésimas y además llevaban tres años combatiendo para un muerto: la monarquía española en América. A su vez, la tripulación, con excepción de los oficiales, estaba formada por gente de leva (cuando la persona es obligada a enlistarte al ejército), todos ellos salidos de los nuevos países americanos.

Después de una escaramuza digna de película, los amotinados tomaron el barco. A continuación, bajaron por la tabla a capitán y oficiales en un islote, muy a la Robinson Crusoe. Meses después serían rescatados por un ballenero inglés y llevados a Manila.

Más tarde el Asia tocó puerto en Monterrey, en la Alta California. Las autoridades aceptaron los términos de los amotinados: "Recibir sueldos atrasados, jurar fidelidad a México y obtener, para los que no quisieran permanecer en México, facilidades para partir a donde desearan". Se acordó un precio y a continuación el Asia navegó con dirección a Acapulco, ondeando con orgullo la bandera verde, blanco y rojo.

Llegó a Acapulco el 28 de noviembre de 1825. Ahora bien, muchos piensan que una de las causas de la desventura de este buque fue haberle cambiado el nombre, ya que en un arranque de sublimada inspiración poco antes vista lo rebautizaron: "Congreso de la Unión". ¿Por qué no mejor de una vez "Artículo 128, sección 4a, foja 28-bis"? Además, en esa época el Congreso estaba disuelto. Misterios por resolver.

Una vez medio acostumbrados al nombre, vino el detalle de cómo trasladar el Congreso de la Unión de Acapulco a Veracruz, una travesía que se antojaba zarandeada, pues era ir a darle la

vuelta hasta Tierra del Fuego (el canal de Panamá se utilizó por primera vez hasta 1914).

Pues nada, desde que salieron de Acapulco los descalabros cayeron cual mosquitos kamikazes sobre el barco y sus tripulantes: amotinamientos, enfermedades, tormentas, descomposturas, pero, sobre todo, el problema que siempre hay en cualquier gran aventura: la falta de presupuesto. En Chile se acabó el último doblón, por lo que estuvieron anclados varios meses, hasta que un magnate se compadeció y le prestó al gobierno mexicano 25 000 pesos para que el navío pudiera continuar. Una deuda más, por qué no.

En el trayecto entre Venezuela y Yucatán, el Congreso de la Unión se midió a cañonazos contra un bergantín de nombre San Buenaventura, que llevaba cientos de soldados españoles a La Habana. Curiosamente ésa sería la única participación en batalla del Congre, de la que, por cierto, salió victorioso, lo que levantó el ánimo de los insurgentes.

Por fin nuestro primer navío guerrero llegó a Veracruz el 9 de marzo de 1827. Pero para entonces ya no había españoles que cañonear, además de que el Congreso de la Unión había llegado con un capitán norteamericano y tripulación inglesa, sudamericana y hasta afroamericana. Pese a todo, el naciente gobierno mexicano estaba feliz con su nuevo barco, aunque nadie estaba capacitado para operarlo. Entonces ofrecieron recontratar a la tripulación recién llegada. Sin embargo, la tripulación les dio las llaves del bote y se despidió por estribor.

Sin nadie que lo supiera manejar o reparar (en ese entonces sólo en Cuba se hacían reparaciones navales), el pobre Congreso de la Unión quedó meciéndose en las aguas del puerto de Veracruz a merced del tiempo. Primero lo ocuparon como almacén, después como cuartel y al último se convirtió en prisión. Los cañones se bajaron y hoy en día gran parte de ellos pueden verse en hileras en San Juan de Ulúa. Para 1832, las maderas del buque abandonado se iban pudriendo. Entonces se decidió llevarlo hacia el bajo del

Pastelillo, donde se fue hundiendo poco a poco. "Glu... glu...", dicen que dijo.

Pero no todo quedó en el olvido. La historia de este insigne navío impactó y conmovió a uno de los más famosos entonces y hoy escritores del mundo: Julio Verne, quien escribió un relato sobre la aventura del Asia/Congreso de la Unión, titulado *Un drama en México* (1845). Verne era un declarado admirador de las causas independentistas en América, y la historia del barco, su tripulación y su periplo oceánico fueron suficientes para estimular la imaginación del autor de *Viaje al centro de la Tierra* y *La vuelta al mundo en ochenta días*, que, como sabemos, le sobraba. Atlas en mano (Verne jamás salió de Europa) describió en escasas 30 páginas la saga de nuestro primer buque guerrero.

Como última anécdota cabe mencionar que el interés por escribir de Julio Verne se dio cuando su maestra de escuela le contaba anécdotas de su marido marinero: Verne y el mar siempre fueron uno mismo.

Rara avis: un presidente honrado

Rescatemos a una *rara avis*, un viejo mandatario, personaje singular hoy traspapelado, don Melchor Múzquiz, quien fuera nuestro séptimo presidente. La razón es una: de todos los presidentes que han pasado por el tan ambicionado taburete, Múzquiz ha sido de los contados que, con una honradez impecable a prueba de todo (por lo mismo murió en la pobreza), se entregó en cuerpo y alma a buscar sencillamente una cosa: el bien del país. Es algo tan raro, pero tan raro...

Cuando tomó la presidencia, en 1832, México estaba en la ruina. Pero Múzquiz aceptó el puesto diciendo: "Soy mexicano y debo hacer a mi patria todo el bien que esté a mi alcance". Le faltó tiempo, pues duró cuatro meses, suficientes para sentar un precedente de que sí se puede ser de una pieza y gobernar. Tampoco era un primerizo, pues, aunque idealista, tenía gran experiencia política: fue el primer gobernador del Estado de México, en 1824, y repitió la gubernatura cuatro veces más.

Hijo de españoles vascos, José Ventura Melchor Ciriaco de Eca y Múzquiz de Arrieta (¡olé!), nació en 1790 en Santa Rosa, Coahuila, poblado hoy atiborrado de narcos, que lleva su nombre. Como todo joven soñador interrumpió sus estudios para unirse a las tropas insurgentes, primero a las órdenes de Ignacio López Rayón, después bajo el mando de Guadalupe Victoria, hasta consumada la independencia.

Al llegar a la presidencia, Múzquiz era querido por todos por su probada honradez, por la fortaleza de sus propósitos, y por la sencillez y buen trato para con los demás. Sin embargo, en su búsqueda del bienestar patrio, a don Melchor le daba por ser en extremo ahorrativo. El historiador José Villalpando comenta: "En efecto, era un hombre que aborrecía profundamente la corrupción y el robo de los caudales públicos, y exageraba tanto sus previsiones que le gustaba concentrar el producto de los impuestos en una habitación que hubo que apuntalar para que no se derrumbara por el peso de las monedas".

En otras palabras: para salir bien en las cuentas y demostrar que mientras él estuviera a cargo no iba a haber una sola malversación de fondos, don Melchor procuró, hasta el final, no gastar un solo peso en absolutamente nada. Desgraciadamente, llegaron momentos en los que era necesario gastar. Fue cuando a este incorruptible presidente se le ocurrió, en vez de gastar, imponer impuestos nada menos que por ventanas y puertas de inmuebles, asilos y conventos incluidos.

Melchor Múzquiz subió al poder supliendo a Anastasio Bustamante, quien solicitó licencia para pelear contra el dolor de muelas del momento: Santa Anna. Desde el principio, como presidente, don Melchor intentó rodearse de gente a la altura que exigía su ética de trabajo. Tenía grandes planes. Sin embargo, no tardó en caer la mosca en la sopa, cuando su querido jefe y amigo Bustamante negoció la paz con el odioso Santa Anna, dejándolo vilmente fuera de la jugada.

Desairado, Múzquiz presentó su renuncia. Al no aceptarla el Congreso, el buen hombre se vio obligado a regresar al trabajo. No obstante, al poco tiempo cuál sería su sorpresa al enterarse, por los periódicos, de que ya no era presidente: Santa Anna y Bustamante hicieron un pacto, donde lo destituían y ponían de presidente a un títere, Manuel Gómez Pedraza. ¡Nadie le había avisado! Acto seguido, Múzquiz se encaminó a la puerta del Palacio Nacional y se fue a su casa.

Eso sí, don Melchor no se quitó las ganas de regresar a decirle públicamente a Gómez Pedraza que no sólo era un usurpador, sino un monigote pagado por traidores.

Gómez Pedraza le dio decreto de baja del Ejército, la institución que Múzquiz más amaba. A partir de ahí su vida y la de su familia no fue fácil, pues eran tratados como apestados. Murió en su casa en el Centro Histórico de la Ciudad de México, el 14 de diciembre de 1844.

Cierto, la honradez y el honor lo llevaron a la ruina.

La historia del cuadro jamás devuelto

A insistencia de sus amigos y colaboradores, la fotógrafa y artista Lola Álvarez Bravo echó a andar, a principios de los cincuenta del siglo pasado, una galería de arte en lo que era su estudio fotográfico, ubicado entonces en la calle de Amberes 12, hoy la famosa y acalorada Zona Rosa.

Un discípulo de Álvarez Bravo, el pintor y escultor Raúl Abarca, quien se asoció con ella en la galería, recuerda: "Encontré en la colonia Juárez, en la Zona Rosa, una casa habitación de dos pisos en la calle de Amberes 12, que alquiló Lola. Después de unas pequeñas adaptaciones, allí abrió su estudio, pero no tuvo mucho éxito porque su estilo de fotografía no se prestaba para tener clientes. No retocaba las caras, por ejemplo. Fotografiaba de manera realista. A las personas les salían los poros, los granos y eso no les gustaba. Querían verse bonitos, pero no era su estilo".

La escasa clientela y falta de liquidez llevaron a Lola a tratar de cerrar el estudio. Sin embargo, junto con Abarca y el pintor Juan Soriano, decidió fundar la Galería de Arte Contemporáneo, cuya intención era impulsar la plástica mexicana en todos sus aspectos.

La galería, la tercera en su tipo en México, duró nada más siete años. Pero en su andar tuvieron una exposición importantísima, parteaguas en la historia del arte mexicano: del 13 al 27 de abril de 1953 se exhibió por primera vez la obra de Frida Kahlo, a quien Lola, amiga leal, admiraba e inmortalizaría a través de su cámara: "La cámara afectuosa de Lola hizo que Frida explayara su espiritualidad. Las imágenes dan cuenta de un poético encuentro entre las dos amigas", comentó Raquel Tibol.

Los galeristas venían acariciando la idea un año antes, pero para completarla tuvieron que pedir prestados varios cuadros que Frida había vendido a particulares, entre ellos, uno al compositor y director de orquesta Carlos Chávez, entonces director del Instituto Nacional de Bellas Artes y un ferviente coleccionista de arte mexicano. El cuadro se titulaba *Naturaleza muerta* y había sido adquirido años antes.

La misma pintora escribió una carta al compositor:

Coyoacán, diciembre de 1952

Carlitos:

Me dicen que estás en la mejor actitud de prestarme tu cuadro. No sabes cómo te lo agradezco. Que esta carta te sirva de recibo para recuperar tu cuadro. Cómo estás. Yo hace siglos que vivo aprisionada en la cama, salvo determinados días que me sacan a pasear algunos amigos. Mis saludos cariñosos a todos los de tu casa.

FRIDA

Carlos Chávez atendió rápido al llamado de la artista:

15 de diciembre de 1952

Fridita:

Recibí tu carta hace pocos días en la que me pedías prestara a la galería de Lola Álvarez Bravo la pintura tuya *Naturaleza muerta*, de mi propiedad, para la exposición completa de tu obra. Entregué el cuadro al muchacho que me trajo tus líneas y me entero por ellas de que tu misma carta sirve de recibo. Estos renglones no tienen más objeto que confirmarte mi gran deseo de cooperar, aunque sea en esta forma tan pequeña, con el éxito de tu exposición.

CARLOS CHÁVEZ

La exposición fue un éxito total, tanto para Frida como para el arte mexicano. Años después la gente todavía recordaba el emotivo momento cuando Frida entró en la galería. Para entonces la pintora padecía tremendos dolores a causa de un injerto de hueso que su organismo había rechazado. Pasaba los días en agónico dolor, postrada. Los doctores le prohibieron levantarse, pero cuando la fecha de la exposición llegó, Frida, con una voluntad férrea y los pantalones bien puestos, hizo que la llevaran a la galería en su cama.

Abarca comenta: "Estaba muy enferma. Llegó en una ambulancia. Habían mandado su cama que estaba en el salón principal. Allí estaban los retratos de Lenin y de Trotski. La cargaron para ponerla en la cama. Había tanta gente que el tráfico no podía pasar. Pedimos ayuda de la policía de tránsito y varias patrullas cerraron dos cuadras de la calle".

Isolda P. Kahlo, sobrina de la pintora, también dice: "Fue tal la conmoción que los fotógrafos de prensa sintieron al verla que dejaron las cámaras en el piso y no fueron capaces de sacar placas en la calle".

Entre los muchos artistas y amigos presentes estaba el poeta Carlos Pellicer, quien leyó un poema, pero las lágrimas no lo dejaron terminar, y el escritor Andrés Henestrosa de pronto se arrancó a cantar a todo pulmón *La llorona*.

Un reportero del periódico *El Nacional* describió la conmovedora escena: "[Frida llegó] sobre una camilla para recibir uno de los más cariñosos y entrañables homenajes que persona alguna pueda recibir de sus amigos personales y de los entusiastas del arte".

Pero el que estaba mal y de malitas era Carlos Chávez. No era para menos, habían pasado seis meses y nadie le regresaba su cuadro:

9 de octubre de 1953

Fridita:

He tratado varias veces de comunicarme contigo por teléfono, pero no he podido obtener comunicación. Siento molestarte para el asunto de la pintura que te presté, de acuerdo con tu carta de diciembre, para la exposición de tu obra..., pero no he recibido todavía el cuadro en devolución. Creo que no será para ti mucha molestia dar instrucciones a quien corresponda

para que me sea entregado. Para evitar confusión te agradece-
ré que me mandes decir con anticipación qué día y qué hora
van a traerlo para que yo lo reciba personalmente.

CARLOS CHÁVEZ

Para febrero de 1954 Carlos Chávez, todavía sin respuesta, se
mostró francamente molesto: en tres ocasiones había solicitado
personalmente a Frida la devolución de su cuadro y la única respuesta que obtuvo de la pintora no podía ser más desalentado-
ra: que por su estado de salud no podía ocuparse del asunto. Por lo
tanto, debía pedírselo a Diego, pues él además lo tenía.

Como era de esperarse, el Sapo Diego —que podía ser muy
canijo—, no dio respuesta ni la intención de querer devolver el
cuadro a su legítimo dueño.

¿Habrá sido una venganza personal de Rivera, porque Chávez prohibió, el mismo año de la exposición de Frida, que se ex-
hibiera su mural transportable *Pesadilla de guerra y sueño de paz*?
El mural era una clara propaganda antiyanqui que Rivera había
pintado en el vestíbulo de Bellas Artes. Chávez, como director
de la institución, lo mandó a quitar, impidiendo que participa-
ra en la entonces importante exposición "Veinte siglos de arte
mexicano", a presentarse también en Londres, París, Estocolmo
y otras ciudades.

Lo cierto es que ese mismo año quedó marcado como el inicio
de una enemistad declarada entre Chávez y Rivera para siempre.

La historia tiene un final poco afortunado para Chávez: jamás
le regresaron su cuadro. Defraudado, el compositor nunca volvió
a prestar una obra de su vasta colección pictórica, como se lee
en una carta de 1978, cuando el más célebre de los museógrafos
mexicanos, Fernando Gamboa, le pidió prestado su Juan Soriano: "La verdad es que desde que Diego Rivera me robó el cuadro
de Frida...".

Hoy el cuadro se exhibe en el Museo Frida Kahlo.

La tercera raíz

El término *tercera raíz* fue acuñado por la etnóloga mexicana Luz María Martínez Montiel (la primera africanista de México), con la finalidad de dar a conocer de manera digna lo que, guste o no, en menor o mayor medida, todos los mexicanos tenemos: sangre negra, sangre esclava.

Para el controvertido tema de la esclavitud es necesario ponerse en el contexto histórico de la época, donde era una práctica común desde tiempos inmemoriales. Al esclavo se le trataba como mercancía, sin ninguna ética o remordimiento de conciencia, ya que se pensaba que se le estaba haciendo un favor adquiriéndolo, en vez de dejarlo a merced de su "pecaminosa vida salvaje".

Fue a mediados del siglo XVI cuando llegaron los primeros negros a nuestras tierras. Conforme fue creciendo el reino novohispano, la demanda laboral se acrecentó (aunado con la baja demográfica de los indígenas debido a las epidemias que disminuyeron tremendamente a la población) y con ella la necesaria importación de esclavos.

Los innumerables trámites y costos para la compraventa de esclavos no eran enchiladas, pues entonces todo estaba centralizado en una de las más burocráticas y fastidiosas estancias del reino: la Casa de Contratación de Sevilla, que controlaba absolutamente todo lo que entraba y salía de las colonias.

El negocio de esclavos era para gente con harto doblón, pues primero había que tener recursos para solventar gastos de transporte, manutención y aranceles, que no eran pocos. Por lo mismo, este tipo de empresas eran solventadas, por lo general, entre varios individuos o compañías, principalmente provenientes de Portugal, Inglaterra y Holanda, los más negreros.

Una vez con la pasta en la mano se debía sacar una licencia y los permisos para poder ir a África a comprar al negro. Esto tardaba meses. Una vez que se iba por la mercancía se tenía que regresar a Sevilla a sacar otros permisos y licencias para poder llevar el cargamento a América. Además de lo tardado y engorroso del asunto, el costo del trámite subía constantemente: si a principios del siglo XVI el mercader pagaba entre dos y cinco ducados por cabeza, a finales del siglo pagaba entre 19 y 22, eso si lo hacía en *cash*, si no, pagaba hasta 25 ducados.

Por supuesto, no tardó en aparecer lo que hoy conocemos como *chanchullo*, y en donde cabía un negro metían a 20. Cuestión de imaginarse las condiciones en las que se transportaba a esta pobre gente, considerando que entonces un viaje de Sevilla a Veracruz, si todo iba bien y no había huracanes, piratas, motines, ataques sorpresa de sardinas con colmillos o cero vientos, tardaba un promedio de tres meses.

Llegando al puerto novohispano las autoridades verificaban que cada esclavo contara con un permiso. Les importaba un cacahuate si venía con cabeza o no (hasta 1571 se comenzó a reglamentar el tema de la salubridad en los barcos). En caso de no traer su "carné", la mercancía era decomisada y posteriormente rebotada a España, cosa que jamás sucedía, pues, casualmente, el negro "se perdía en el camino" (para ser revendido en algún otro lado).

Hechos todos los trámites, que también se tardaban lo suyo, por fin bajaban a los esclavos del barco, para embutirlos en una bodega, hasta que fueran transportados a sus destinos, no sin antes levantar más actas y hacer más papeleo, hasta por el uso de veredas y caminos reales.

Una vez llegado a su destino, el negro era expuesto en una plaza pública (en la capital, Tlatelolco era la favorita). Entonces los pregoneros de voz taladrante pedaleaban la mercancía y los esclavos eran divididos según su actividad comercial. Las minas, para el uso doméstico o para la agricultura. "Los negros castellanos tenían un valor más alto. Los de mayor demanda eran los de entre 20 y 30 años, y si alguno sabía un oficio subía de precio. La familia de negros era vendida como uno solo, las mujeres valían menos, las mujeres con hijos pequeños también eran vendidos como un solo individuo y los esclavos que eran revendidos (normalmente por ser rebeldes) eran los más baratos", dice el historiador Juan de Dios González Ibarra.

Escogido el esclavo, el comprador realizaba sus pruebas para comprobar la "calidad" del producto. Si todo estaba bien, entonces procedían al pago y a la elaboración de un contrato minucioso sobre cada una de las características físicas y distintivas del negro, sus cualidades, si tomaba o no, si era agresivo o rebelde, de dónde venía, a qué grupo pertenecía y un verdadero largo etcétera.

Para cuando sus mercedes terminaban de redactar y leer el contrato, la mercancía ya se había comido al cura, al monaguillo e iba por la segunda monja. Sin embargo, este requisito, que se fue haciendo más irritable con el tiempo, se debía a que "la protección legal a la esclavitud fue, durante la Colonia, una de las preocupaciones legislativas más importantes, pues se consideraba coaligada a las prescripciones mercantiles", como dice González Ibarra.

Ahora bien, la esclavitud africana no sólo era permitida socialmente en México, sino protegida por la ley, ya que, gracias a la intervención de fray Bartolomé de las Casas a partir de 1542, estaba prohibido esclavizar al indígena. De las Casas defendió al indígena en las Cortes madrileñas alegando que no eran animales, sino seres humanos con alma, por lo que entonces pasaban a ser súbditos del rey, como cualquier otro.

A la exención del indígena en el trabajo esclavo hay que sumarle la gran demanda de mano de obra dura que entre 1535 y 1545 suscitó el descubrimiento sucesivo de sensacionales yacimientos de oro y plata en el territorio nacional. Esto convirtió a nuestro país en el principal destino de esclavos. El padre de la antropología mexicana, Gonzalo Aguirre Beltrán, calcula que a mediados del siglo XVI y principios del siglo XVII llegaron a nuestro suelo unos 250 000 esclavos, "el equivalente al número de españoles asentados en México durante los tres siglos de dominación colonial", aunque otros entendidos, tomando en cuenta el contrabando, elevan la cifra a 400 000.

¿De dónde venían? Muchos eran provenientes del sur de Estados Unidos, algunas islas del Caribe, Mozambique, Congo, Sudán, Angola y otros tantos de Guinea. Claro, comparados con la población indígena parecían ser pocos, pero, hacia finales del siglo XVII, hubo muchos pueblos donde la raza negra superaba a sus contrapartes. Por ejemplo, en Acapulco el 95% era de raza negra, 61% en Cuautla y 57% en Colima, por decir algunos.

Muchos negros no tardaron en rebelarse y fugarse de sus campos de concentración. Cuando esto sucedía de manera individual se les llamaba *negros cimarrones*. Cuando lo hacían en conjunto, se les llamaba *palenque de negros*. Una vez en libertad, la sociedad lidiaba con gente brava, bien organizada y con una sorprendente habilidad para adaptarse a su entorno, por lo que no tardaron en convertirse en un peligro en ciertas zonas. Por ejemplo, a fines del siglo XVI muchos cimarrones fueron una verdadera amenaza para el tráfico de mercancías entre Veracruz y el centro.

Uno de los más famosos cimarrones fue Nyanga, negrazo de miedo que, hacia 1570, después de achicarle la cabeza a uno que otro negrero que se las debía, escapó y se refugió en lo que hoy es Córdoba, Veracruz. Lideraba un grupo numeroso que se convirtió en la pesadilla de las autoridades al asaltar caminos, haciendas y también —¿por qué no?— conventos e iglesias, hasta que el virrey no le quedó más que negociar con ellos.

Los seguidores de Nyanga fueron creciendo hasta asentarse en los alrededores del Pico de Orizaba. Al pueblo lo llamaron Yanga, que significa "príncipe", con fecha legal de fundación del 6 de enero de 1609 y reconocido por el virrey en 1630. Éste fue el primer pueblo libre de todo el continente.

El papa Urbano VIII promulgó una bula con fecha del 22 de abril de 1639, en la que prohibía la esclavitud en las colonias americanas de España y Portugal. La medida fue aprobada por el rey de España, Felipe IV, sobre los indígenas, pero permitió la esclavitud en los africanos. Por lo mismo este denigrante comercio tardaría en detenerse. Sólo hasta el siglo XVIII dejaron de llegar esclavos a Nueva España, entre otras cosas, porque las mezclas entre las distintas castas se habían incrementado y su comercio ya no era redituable.

La esclavitud en México fue abolida por Miguel Hidalgo el 6 de diciembre de 1810, durante la guerra de Independencia, aunque fue hasta el decreto oficial del 15 de septiembre de 1829 cuando se prohibió oficialmente en México.

Otro tipo
de satisfacción

"El duelo es una enfermedad social de la que ninguno está exento", escribió el coronel Antonio Tovar en la introducción de su *Código nacional mexicano del duelo* (1891): "Sin embargo, vale más morir por la honra que vivir deshonrado", remató. A través de la historia, el duelo fue una necesidad de honor en los países civilizados, cuando no se pide justicia, sino uno se la hace.

La costumbre tiene origen legendario, si bien los primeros embates públicos fueron los practicados en Europa por las tribus germánicas que conquistaron la Galia durante el siglo v.

En México, a fines del siglo XIX, defender el honor era una práctica empapada de romanticismo afrancesado, y, como todo lo francés, también el duelo estaba de moda, aunque sin regulación alguna, por lo que los caballeros se mataban como podían, pero eso sí: a la francesa. Algunas personas tenían acceso al entonces libro de cabecera del duelista madrugador, el *Essai sur le duel* (1836), del conde Châteauvillard. Se trataba de una guía didáctica de cómo llevar a cabo un duelo de principio a fin, en la que el honor era lo más sagrado.

Para entonces en Francia el duelo había alcanzado su apogeo, por lo que madrugar para ir a empuñar la espada o sacar el pistolete comenzaba a aburrirle a la gente, aunque no faltaban los necios que buscaban nuevas y estrafalarias maneras de defender su honor. Ejemplo de esto es cuando dos personas decidieron batirse a duelo en globos aerostáticos volando sobre París. Uno ganó aguijoneando el globo contrario, el otro cayó al vacío con todo y padrino dentro de una gran canasta de pícnic.

En México el concepto de honor era un verdadero rompecabezas. Para ser honorable un hombre no sólo debía tener valentía, honradez, integridad, inteligencia, decencia y lealtad, a su vez debía tener madre, hermanas, esposa e hijas recatadas y, sobre todo, castas. Pero no bastaba que el hombre poseyera el enjambre de virtudes mencionadas, también era necesario que sus amigos lo consideraran un hombre de honor: "De ahí la necesidad de conservar el buen nombre o la buena reputación, y de ahí el peso de un cuestionamiento o de una afrenta, porque el honor descansaba en acciones y opiniones. Quien lo perdía por acciones propias no lograba recuperarlo, pero quien lo perdía a causa de acciones ajenas podía defenderlo y recuperarlo", dice la investigadora e historiadora Elisa Speckman Guerra.

Entre la alta y mediana clase, poseer, preservar y defender el honor era lo más importante. Pero mientras estaba claro que el individuo injuriado en su honor debía buscar "satisfacción", nadie se ponía de acuerdo sobre un código o reglamento de ejecución, lo que llegaba a consecuencias bastante excéntricas, como cuando el coronel y diputado Francisco Romero sostuvo un duelo a martillazo limpio con un súbdito francés, de apellido Lefebvre, quien había soltado una expresión despectiva contra los mexicanos (Romero sólo disponía de su herramienta de trabajo, era herrero).

Con la publicación del *Código nacional mexicano del duelo*, cuyo prefacio, curiosamente, lo escribió el coronel Romero, Tovar se convirtió en la autoridad sobre el tema, dejando en claro desde el primer capítulo que sólo había tres ofensas que ameritan el duelo: la pública, la privada y la de hecho: "Las dos primeras pueden ser de palabra, por escrito, dibujo o gesto. La de hecho es pública o privada y debe estimarse en igual grado de gravedad".

En las ofensas de hecho entran golpes o heridas proporcionadas intencionalmente, así como la seducción de la esposa, hija o hermana, "cuando estas dos últimas sean menores de 25 años".

Por otra parte, la publicación del coronel Tovar tuvo una repercusión social más profunda y acertada, al tratar el tema de los entonces rijosos periodistas. Me explico: durante el porfiriato no hubo partidos de ideología, por lo que los grandes debates entre políticos se daban a periodicazos: no que se dieran con el perió-

dico en la cabeza, sino publicando artículos en los diarios más influyentes del momento. Muchas veces los escritos eran dardos hirientes que dañaban la moral de personas o familias enteras y el perjuicio quedaba impune, pues por lo regular se publicaban anónimamente. Gracias al *Código* del coronel Tovar (capítulo 2, artículo 10) se obligó a que los periodistas firmaran sus artículos, porque si no la responsabilidad caía en el director del periódico, quien tendría que responder el perjurio batiéndose a duelo con el siguiente ofendido en turno.

Un ejemplo muy sonado entre periodistas de la época fue cuando el poeta y escritor Santiago Sierra (hermano del fundador de la Universidad Nacional, Justo Sierra) se hizo de palabras a través de diversos artículos con Ireneo Paz (abuelo de Octavio Paz y quien editó e imprimió el código duelista de Tovar). El problema fue escalando hasta que uno retó al otro. Ninguno dio paso atrás y el resultado fue la muerte de Santiago, el 27 de abril de año de 1880, a las nueve de la mañana, de un balazo en la frente. Así se perdió a una de las más brillantes plumas mexicanas del siglo XIX.

¿Cómo se llevaba a cabo un duelo? Una vez ofendido el caballero, "dirigía" su desafío al contrincante de manera verbal, escrita o por medio de su padrino. A continuación, se escogía una de las cuatro armas permitidas: pistola, florete, espada o sable (este último de orden militar).

Habiendo escogido con qué matarse, los caballeros pasaban al campo de batalla convenido. En el duelo a pistola la distancia correcta era 30 pasos a partir del centro, y se podía estrechar la distancia "avanzando los combatientes dos metros cada uno después de cada disparo convenido". Cuando el juez gritaba "¡uno!", se apuntaba con el arma; "¡dos!", se disparaba, y al "¡tres!" era obligatorio bajar el brazo. En el caso de la espada los combatientes se colocaban a cuatro metros uno del otro. Todo se valía menos tocar con la mano o brazo la espada del contrario, herirse después de un desarme, atacar cuando uno se caía o arrojar la espada como proyectil contra el contrario.

Volvería a ser el inquieto coronel Francisco Romero protagonista definitivo en la historia de los duelos cuando, en septiembre de 1854, desafió nada menos que al administrador de la renta
del timbre, el copetudo José Verástegui, "porque escuchó cuando
lo tachaba de inepto", si bien la verdadera razón era que los dos
compartían la misma amante. Se pactó duelo con pistola a muerte en los alrededores del Panteón Español. Verástegui recibió la
bala fatal. A Romero lo desaforaron y procesaron, algo sin precedente, pues por primera vez en la historia se condenaba a un
duelista.

Este embate motivó al mismo Porfirio Díaz a decretar la prohibición del duelo en 1895.

La revolución
de la cocina mexicana

A mitad del siglo pasado, Josefina Velázquez de León fue de las primeras mujeres que luchó incansablemente por darle a la cocina mexicana una identidad propia que unificara las diferentes regiones de nuestro país, que en materia culinaria no tiene par.

Este esfuerzo no sólo se vio en los más de 150 libros publicados por la señora Velázquez (a veces publicaba cinco libros por año), sino también en sus apariciones en programas de radio y televisión, y hasta dando clases por correspondencia, con lo que levantó un verdadero imperio desde su fogón.

Lo suyo fue una verdadera revolución que concedió a la pluralidad étnica de los platillos mexicanos y sus tradiciones una signatura única, la cual dio paso a la consolidación de una gastronomía nacional hasta entonces poco atendida. Su atinado leñazo fue llegar especialmente a las amas de casa de la "clase media" que comenzaba a fortalecerse socialmente, quienes con gusto adaptaron los platillos típicos mexicanos a la dieta diaria de sus familias. Por fin se le hizo justicia a la enchilada, al tamal y al sope, entre otras miles de joyas gastronómicas que tenemos y que antes de ella eran menospreciadas.

Nacida en Aguascalientes, en 1899, Josefina fue la mayor de cuatro hijas de una familia *de la high* de Guadalajara. Vivió sus primeros años feliz y holgada en una hacienda de las que allá se dan generosas. En 1905, su padre, el ingeniero Juan Luis Velázquez de León, decidió mover a la familia a la capital del país, decisión inteligente que lo favoreció todavía más económicamente.

Josefina, curiosamente, se casó bastante grande para la época, a los 30 años. Su esposo era también un próspero hombre de negocios. Desgraciadamente el hombre falleció meses después de la boda. Este devastador evento la llevó a abrazar ferviente la fe católica y a entregarse por completo a lo que mejor sabía hacer: cocinar.

Así fue como comenzó lo que se convertiría en una próspera industria bajo su lema "Saber cocinar es la base de la economía". Doña Josefina fue la primera chef en recopilar recetas de diferentes regiones del país, catalogarlas, hacerlas accesibles al público y publicarlas. Estableció así "la relación entre el buen comer y la economía de la familia [...], que sirvió para definir un nacionalismo específico de la clase media basado en las tradiciones religiosas y conservadoras familiares", comenta el historiador culinario Jeffrey M. Pilcher.

Mujer de brío e inteligencia sorprendente para los negocios, doña Josefina comenzó publicando pequeños folletos, llamados *Tele Cocina*, con una selección de las recetas que daba en sus clases por televisión. Estos folletines comprendían un menú semanal y promovían artículos e ingredientes que listamente vendía en sus dos academias de cocina (primeras en su género). En ellas las damitas podían aprender desde cocina mexicana y repostería sencilla hasta cocina moderna, gelatinas artísticas y pastelería rococó. También fue la primera mujer en conducir programas de cocina en radio y televisión, además de escribir incansablemente para periódicos y revistas (por más de 10 años tuvo una columna en la revista *Social*).

Entonces México atravesaba por un periodo de cierta bonanza. En 1946 fue elegido Miguel Alemán Valdés, el primer presidente no militar favorecido mediante elecciones pacíficas después de la Revolución. Alemán ha sido uno de los muy pocos presidentes que fue simpatizante de la cultura. Así, al compás del mambo, México se industrializó a pasos agigantados y fluyeron las grandes inversiones.

Las modernas construcciones de carreteras hicieron que los costos del transporte de alimentos bajaran, por lo que "las visitas diarias a los mercados se convirtieron en una exploración de las cocinas regionales. El intercambio de recetas entre vecinas adquirió un nuevo significado a medida que la migración interna ponía en contacto a personas de todos los rincones del país", comenta Pilcher de nuevo. Fue cuando la gente comenzó verdaderamente a experimentar un sentimiento de pertenencia a la comunidad nacional.

Ese mismo año Velázquez de León publicó uno de sus mayores bestsellers: *Platillos regionales de la República Mexicana*. En la introducción escribe:

> Hago extensiva esta dedicatoria, además de las señoras y señoritas con quienes estoy ya familiarizada, a toda mujer que tenga el mismo gusto que yo, para dedicarse al conocimiento profundo y desinteresado del buen comer y para quienes la suerte les depare formar de nuevo un hogar o dirigirlo, y agrade entrar al conocimiento de la cocina sacando de ella trabajo nunca remunerado, pero de grande satisfacción efectiva para los demás.

Cierto, doña Josefina veía en el manejo de la sazón un verdadero apostolado. Al ama de casa de clase media que se iniciaba le aconsejaba:

> Toda esposa, que se enorgullezca de serlo, debe dedicar una gran parte de su tiempo al estudio y perfeccionamiento del arte culinario, ya que es un axioma para llegar al corazón del hombre.

Esto dicho por una señora cuyo marido no le llegó al año. Títulos como *La cocina como negocio, Cómo aprovechar los sobrantes de la comida, Cocina económica, Cocina para la recién casada, 12 industrias en el hogar* o *Los 365 menús del año* —que se publicaron a manera de calendario, verdadera innovación mercadotécnica— hicieron de doña Josefina Velázquez de León no sólo una potentada de la cocina, sino una protagonista de la identidad gastronómica de México que ayudó a cambiar la manera en que la gente se alimentaba.

Sus últimos años la reina del menú los dedicó a viajar por todo el país enseñando y recopilando recetas. Mujer de recia devoción, en cada cocina que llegaba colocaba la imagen de santa Eduviges, patrona de los menesterosos.

Dejó toda su herencia, que no fue poca, a la Iglesia católica al morir a los 69 años.

De ambulancias y potosinos

E l primero en utilizar en México (y en América) una ambulancia para transportar heridos o enfermos desde el campo de batalla fue el doctor mexicano Ignacio Gama Salcedo, quien participó en las batallas de la Angostura y Padierna, sostenidas contra el ejército yanqui en 1847 (la ambulancia para atender civiles se dio hasta 1865, en Estados Unidos).

La batalla de la Angostura fue de las más encarnizadas de ese entonces: dos días de feroz combate entre 14 000 mexicanos con buena caballería, pero con viejos cañones de poco alcance y 7 000 invasores mejor posicionados, con más experiencia militar, que además contaban con moderna artillería con el doble de alcance que la nuestra. Las bajas entre muertos o heridos fueron de 3 500 mexicanos y 650 norteamericanos, por lo que es fácil deducir quién sí anduvo ocupado: en efecto, el doctor Gama.

En otro aspecto de relevancia médica, cabe mencionar que, durante esta invasión gringa, se utilizó por primera vez la anestesia, poniendo a México en el cuarto país del mundo en usarla (por lo menos la serruchada de brazo o pierna ya no la veía uno).

Unos dicen que la palabra *ambulancia* es de origen francés (_ *hôpital ambulant_, es decir un "hospital ambulante"*); otros, que fue acuñada por los Reyes Católicos de España en el siglo xv. Lo cierto es que fueron los españoles de esa época los primeros en introducir al trajín militar los hospitales de campaña y las ambulancias. La misión de éstas era trasladar enfermos o heridos amarrados en mulas o caballos. Sin embargo, para hacer esto tenían que esperar a que terminara el zafarrancho, lo cual era terrible para los heridos, que muchas veces ya no llegaban al hospital.

Sería hasta finales del siglo xviii que el célebre cirujano de las tropas napoleónicas, el barón Jean Dominique Larrey, cambió el concepto de las ambulancias al convertirlas en vehículos que trasladaban a los médicos con su instrumental al mismo campo de batalla. A diferencia de un mero vehículo de transporte, las ambulancias de Larrey podían recoger heridos durante la batalla, para de ahí ser llevados a las unidades de retaguardia a darles las primeras curaciones y después distribuirlos en los hospitales militares convenientes. Con esto la mortalidad en los ejércitos franceses se redujo considerablemente, a diferencia de sus enemigos. El doctor Larrey también fue creador de las unidades de cuidados intensivos.

Nacido en 1820, en Guadalajara, José Ignacio Matilde Gama Salcedo es una de las figuras más ilustres e innovadoras en la historia de la medicina mexicana. Persona forjada en el fuego de su propio esfuerzo (quedó huérfano a los 12 años), Gama se tituló como médico en la Universidad de Guadalajara en 1843.

Dos años después lo encontramos en el cuerpo médico militar como jefe de sanidad, donde, sin duda, tuvo muchísimo "material" para practicar su carrera: simplemente en el transcurso de 22 años (1845-1867) México sufrió dos intervenciones (norteamericana y francesa), una sangrienta guerra de castas (Yucatán) y la espeluznante guerra de Reforma, sin contar las eternas explosiones de guerrillas y sublevaciones a lo largo y ancho del país.

Después de su quehacer y carrera militar, el buen doctor pasó a radicar por el resto de su vida en San Luis Potosí, donde la práctica médica tenía una "efervescencia peculiar". Ahí se casó con la señorita María Concepción Cruz y tuvo, por qué no, 18 hijos.

En San Luis, junto con otros, el doctor Gama Salcedo fundó la Casa de Salud para Niños (1893), además de ser director del Instituto Científico y Literario. También abrió la Escuela de Medicina, en 1877, y fundó la colonia militar de San Ciro. Fue magistrado, diputado y al final por fin pudo dedicarse a su gran pasión: dar clases.

Dije "efervescencia peculiar" porque, curiosamente, la ciudad de San Luis Potosí tiene en su historia muchas aportaciones médicas de primer nivel. Por ejemplo, el mismo doctor Gama Salcedo no sólo fue el primer introductor de las ambulancias tipo Larrey; también tiene la primicia mundial, en San Luis Potosí, de la invención y empleo de tubos de hule para la canalización quirúrgica. Desgraciadamente, como suele suceder con los hombres geniales pero distraídos, no documentó ni patentó su idea, por lo que la autoría pasó dos años después al doctor francés Chassaignac, en 1859.

En 1863, en la mencionada entidad, tuvo lugar la primera ligadura de carótida (las dos arterias principales que llevan sangre rica en oxígeno del corazón al cerebro) en el continente. Fue hecha por el doctor Alberto Alcocer Andalón, quien se anunciaba publicitariamente como "experto en sacar ojos, arreglar bocas, formar párpados nuevos y sacar piedras de vejiga".

Hacia 1872, también en San Luis Potosí, se utilizó por primera vez en el mundo de la cirugía militar la antisepsia, práctica destinada a prevenir y combatir las infecciones. En 1876, otra vez en San Luis, el doctor Esteban Olmedo puso en marcha el primer quirófano del país, sala especial para llevar a cabo operaciones quirúrgicas, aislada y separada de los pabellones, y para operar en un sitio limpio y fuera de la contemplación de los demás enfermos.

Otro ejemplo es el del reconocido oftalmólogo, doctor José Ramos, presidente de la Academia Nacional de Medicina, quien fue el primero en el mundo en extirpar con éxito un cisticerco intraocular a finales del siglo XIX.

Y bueno, no olvidemos los chicles Canel's, otra gran aportación de San Luis Potosí para el mundo, que a tantos dentistas ha ayudado a ganar algo de dinero.

¡Qué rico
el mambo!

La verdad sea dicha, nunca hemos tenido presidentes mexicanos que sean buenos para el baile. Que nos hayan bailado encima sobran, pero que se distingan por ser prestos para el danzón, la cumbia, el mambo, la quebradita o ya de perdida para el boogie woogie, jamás. Desgraciadamente no es requisito para el puesto. Desgraciadamente, porque de alguna manera los sensibilizaría, recordando el viejo adagio de que la música aplaca a las bestias.

Lo que sí hemos tenido son sexenios que han sido zangoloteados por la fiebre del baile. Uno de ellos fue el alemanismo (1946-1952), donde el baile formó parte importante de una proyectada "prosperidad" nacional que no se había vivido antes en la historia de nuestro país.

Desde joven, Miguel Alemán Valdés, nacido en Veracruz en 1900, fue simpático, amiguero, hiperactivo y supo rodearse de gente con ambición. Recordando las palabras que su padre, el general revolucionario Miguel Alemán González, le dijo antes de suicidarse ("Elige una profesión más estable que las armas"), decidió estudiar abogacía y, más tarde, junto con un grupo de amigos, fundó un despacho que le dio el respaldo económico necesario para comenzar lo que fue el negocio de su vida: la urbanización. Para esto, el grupo de amigos adquirió extensos terrenos colindantes a la capital, viejas haciendas derruidas compradas a precio de oportunidad que se convirtieron en magníficos desarrollos inmobiliarios. Fue así como, por ejemplo, el viejo rancho de Polanco (nombre de un río que cruzaba la zona) se convirtió en una lujosa zona residencial. De ahí fraccionaron grandes extensiones de tierra que iban desde los llanos de Anzures hasta la hacienda de Los Morales, todo aquello antaño propiedad de la princesa Tecuichpo, hija mayor de Moctezuma. Esto le dio a Alemán, en sus palabras, la seguridad necesaria para proseguir libre de presiones su carrera política, ambición que culminó con su llegada a la presidencia, en 1946.

Con Alemán, la Revolución se bajó del caballo para andar en Cadillac. De sonrisa contagiosa, siempre optimista y rodeado de amigos (fue el mejor caudillo del *cuatismo*), supo conciliar obreros y caciques, sindicatos y líderes charros. Comenzó la época donde el presidente no era mandatario, sino rey, y si él preguntaba la hora se contestaba: "¡La que usted guste, señor presidente!". El club de amigotes alemanistas no tardó en apoderarse del país, aunque también hizo crecer y benefició a muchos sectores económicos, desde el industrial hasta el hotelero. De esta manera se fortaleció por primera vez en la historia la "clase media".

Esto llevó a un crecimiento demográfico nunca antes visto. Por eso, en 1949, se estrenó en México la primera vivienda vertical "multifamiliar" (en lo que hoy es el eje Félix Cuevas), llamada, ¡faltaba más!, "Miguel Alemán", diseño del arquitecto Mario Pani al grito de "¡Para qué hacer una si se pueden hacer mil... pero p'arriba!".

De igual manera, en esos años se da el triunfo de la llamada época de oro del cine mexicano, si bien no tardaría en cambiar el gusto del público del drama lacrimógeno del ranchero de buen corazón a temas más picantes, como el de las "rumberas" o "exóticas", mujeres que no se avergüenzan de sacudirse la modestia a ritmo de bongó, bellezas que evocan lugares exóticos y que elevan la temperatura pasional de los espectadores: las tortas de piernón loco se ponen de moda.

La máxima exótica del alemanismo fue Yolanda Montes, Tongolele. Esta estadounidense, originaria de un pueblo rural del estado de Washington, llegó a México gracias al cantante cubano Miguelito Valdés, Babalú, quien vio en la bailarina de ascendencia sueca, española y tahitiana a la verdadera diosa pantera. Valdés la trajo a México con un sueldo de 70 pesos al mes, de los cuales, 30 eran para los dos tañedores de bongó que la acompañaban sin hacer mucho esfuerzo.

Y mientras tanto, la sociedad, pese a ser una época de registros mochos, se divertía bailando el nuevo ritmo del alemanismo: el mambo, que en lengua kikongo (África central) significa "conversación con los dioses". Se trata de un delicioso coctel de raíces musicales africanas y españolas que se fortaleció de manera comercial en Cuba en la década de los treinta del siglo pasado. De ahí pasó a Nueva York causando furor, para luego brincar al mundo.

Quien verdaderamente llevó el mambo a su máxima expresión fue el cubano Dámaso Pérez Prado, alias Cara'e Foca, que le sumó al género percusiones, batería e instrumentos de metal con un tratamiento jazzístico a la Glenn Miller, el héroe de las grandes bandas.

Hijo de una maestra de escuela y un periodista, Dámaso se mudó a La Habana en 1942 para vivir como pianista. Ahí comenzó a jugar con la idea de mezclar ritmos afrocubanos con el swing americano.

Decidió venirse a México en 1948 para formar su banda en el prestigiado Club 1-2-3. Al año siguiente obtuvo un contrato disquero con la RCA, donde grabó sus famosos éxitos *Mambo no.5* y *Qué rico el mambo*. Sin embargo, el acertado golpe mercadotécnico lo dio cuando "mexicanizó" sus piezas musicales, personalizándolos: mambos para bomberos, periodiqueros, taxistas, politécnicos y hasta para las chicas ricas que bailaban al compás de la canción *La niña popof.*

El mambo era un baile explosivo y jovial que requería condición física. Además, los participantes no se conformaban con sacudir el esqueleto, también montaban verdaderas pantomimas coordinadas de acuerdo al motivo del mambo; por ejemplo, el *Mambo de los taxistas* era aderezado con imitaciones de recios volantazos de izquierda a derecha.

Los mambos de Pérez Prado traspasaron fronteras, pero también causaron escándalo, como en Perú, donde el entonces cardenal de Lima, Juan Gualberto Guevara, llegó a negar la absolución a todo aquel que "bailara ese ritmo lascivo". En su novela *La ciudad y los perros* (1962), el escritor Vargas Llosas no falta de

alabar el mambo. La popularidad del ritmo hizo que la firma Sony, en Japón, desarrollara el primer radio portátil de amplitud modulada operado por baterías, usando un mambo de Pérez Prado como plataforma de venta.

La vida nocturna en tiempos de Miguel Alemán era cosa seria. A la clase media le alcanzaba para salir por lo menos una o dos veces al mes. Entonces brillaban los centros nocturnos como El Ciros, Los Cocoteros, El Patio o el Tap Room, del Hotel Versalles, donde sólo entraba la gente bonita o *apretados*, como se les decía. Ahí, en 1942, se podía ver a Pedro Infante dirigiendo la orquesta. También estaba el Leda y el Waikikí, que se anunciaba como "centro cosmopolita" y donde la prostituta más famosa se hacía llamar Obsidiana; allí todas las cortesanas eran apadrinadas por *quebrantahuesos* o *cinturitas* famosos, como Antonio *Tony* Espino o José Cora, el Colo-Colo, tipo de más de dos metros de altura y una musculatura a lo Tarzán. Éste era hermano de la actriz Susana Cora, que compartió cartel con Luis Aguilar y la guapa Miroslava Stern en *Una aventurera en la noche* (1948), de Rolando Aguilar, director popular por haber hecho *Rancho alegre* (1941).

Todo iba de perlas para el mambo y su creador. Su fama era universal y hasta el director de cine Federico Fellini utilizó la composición *Patricia* en su película *La dolce vita*.

Sin embargo, en 1953, estando en la cumbre de su carrera y sin decir ¡agua va!, de pronto deportaron de México a Pérez Prado. Unos dicen que fue por tratar de poner el Himno Nacional a ritmo de mambo, otros que por *vendettas* de los caciques sindicales de la música. Pero nada, la razón mejor sustentada es la que indica que el inquieto Rey del Mambo se metió en un lío de faldas nada menos que con el mismísimo Miguel Alemán, quien sostenía tórrido romance con la hermosa y escultural joven actriz Leonora Amar, llamada la Venus Brasileña, de la que también Dámaso estaba enamorado. De hecho, el cubano venía ofreciéndole a la guapa de entonces 25 años un contrato de exclusividad con la promesa de convertirla en estrella internacional, comenzando con una gran gira por Japón. La damita, ambiciosa a más, le dijo que sí al cubano. Alemán, despechado, cortó las relaciones de inmediato, no sin antes ordenar la deportación del Cara'e Foca. Y todo para que dos años después Leonora Amar abandonara para siempre el mundo del espectáculo.

El Rey del Mambo sólo pudo regresar a México hasta fines de los sesenta, y en la década de los años ochenta se nacionalizó mexicano. Murió en la capital a los 73 años.

Viva
la Tostada

Delia Magaña fue una de las cómicas más populares y talentosas de los años veinte en teatro y cine mudo, aunque también dejó una huella imborrable de buen humor en sus más de 240 películas, interpretando con brillantez y genialidad personajes inspirados en la cultura popular mexicana (teporochos, indias, marihuanos, peladitos, sableadores, etcétera).

Uno de estos personajes fue el de la Tostada, y junto con la Guayaba, interpretada por Amelia Wilhelmy, hicieron la pareja de borrachitas más cómica y memorable del cine de oro, en la clásica película *Nosotros los pobres* (1948), estelarizada por Pedro Infante.

El domingo 4 de marzo de 1923 se reinauguró el cine Salón Rojo. Para tal ocasión, el recinto, junto con el periódico *El Demócrata*, organizó un concurso de foxtrot, danzón, vals y tango por las siguientes cinco semanas. La final la disputaron tres parejas, y en segundo lugar quedó la pareja formada por Hugo Cervantes y una joven de 17 años, de pseudónimo Celia Hoyo, chaparrita, escandalosa, pura dinamita, que cantó, bailó y se ganó la simpatía del público con su chispa y desenvoltura.

Se trataba de Gudelia Flores Magaña, nacida en 1906: "Mira —dice la actriz—, yo nací en el Distrito Federal, por la calle de Justo Sierra. En mi familia había muchos profesores de idiomas, un doctor, un médico militar, todo, menos artistas. No sé de dónde me vino la locura... Tuve una hermana, pero se dedicó a su casa. Provengo de una familia de clase media un poco acomodada, pero a través de los años tuve que sostener a mi madre". En efecto, al poco tiempo de nacer Gudelia, su padre, de 32 años, murió de una pulmonía mal atendida, por lo que la madre se vio en la necesidad de sacar a su familia adelante.

En una ocasión, el famoso empresario teatral Ricardo Beltri vio a la niña Gudelia en el concurso de baile. Se acercó a la madre a pedirle permiso para que su hija fuera artista, pero ella se negó rotundamente y casi lo sacó a patadas. Pero la abuela, doña Ramona Azpurga de Magaña, la convenció del gran talento que tenía la niña para cantar, bailar y actuar: "A ella le debo todo lo que soy —comenta la actriz de su abuela—, aunque payasita, payasita, siempre fui desde chica, quería lucirme con todos".

Beltri fue quien le cambió el nombre al de Delia Magaña a la hora de debutar en 1923, en el Teatro Ideal, en la obra de revista *La empleada más apta*. Desde entonces el empresario tenía por costumbre llevar a sus artistas a colonias populares y de mala fama, como la Candelaria de los Patos, para que "estudiaran" a la fauna lugareña: albañiles, borrachitos, vagabundos, padrotes, marchantas, vendedores, etcétera. El gran talento de Delia hizo que rápidamente y con naturalidad sorprendente se transformara en aquellos personajes.

A partir de la década de los veinte, el público capitalino podía disfrutar desde el teatro banal de la carpa hasta zarzuela, ópera, teatro costumbrista de buenos dramaturgos nacionales, piezas de *boulevard* picaronas y dramas de calidad mundial en manos de compañías internacionales. Por supuesto, el teatro frívolo era el más concurrido, no sólo por su ligereza y buen precio de entrada, sino también porque la mayoría de ellos era itinerante: hoy estaban en Peralvillo, mañana en Santa María la Ribera y pasado en Cuautitlán, atendiendo hasta tres funciones por día.

Del teatro frívolo y de carpa, Monsiváis comenta: "Allí se da en abundancia el humor, que es, y notablemente, sentido de observación, improvisaciones delirantes, creaciones únicas de los cómicos. Se trata de un estilo desenfadado y algo obsceno por parte de las cómicas [...]. Pero la energía de este teatro permite la vitalización del habla popular, la introducción de términos, la flexibilización del lenguaje mediante el albur y el duelo con el público y por fin la eliminación del acento español impostado en el teatro mexicano".

Lo más importante de este tipo de teatro es que, gracias a su soltura y desempacho, aun con el uso de "obscenidades" y "malas palabras", el espectador se identificó con los personajes, pues és-

tos eran ellos mismos: lo grotesco era realidad, y en ella habitaban el indio ladino, el ranchero, la sirvienta, el policía corrupto, el marihuano, el "pasado de lanza" y todos aquellos tipos que enriquecían el día a día de ese perenne surrealismo. Por eso fue un teatro riquísimo en temas y tramas en el que se lanzaban sátiras y ataques contra políticos o militares, junto a la eterna queja del "nunca alcanza para nada", todo entre un humor ácido e improvisado donde nadie escapaba a la burla.

Uno de estos teatros-carpa estaba por el rumbo de Tacuba y era administrado por una señora de pocas pulgas, Anita Zuvareva, cuya hija se casó en 1934 con un *peladito* que llamaban Cantinflas.

A los seis meses de su debut, Delia Magaña ya era una sensación. Y, así como salía cantando con poca ropa en un picante cuplé y sonrojaba a los bigotudos, bailaba folclor como china poblana o albureaba al respetable como peladita.

A finales de los treinta llegó a México el productor Robert J. Flaherty (productor y director del primer documental en la historia del cine), quien a instancias de la compañía Fox buscaba una nueva estrella. Después de ver a Delia, de inmediato la invitó a hacer *casting*, pero la chiquita y picosa resultó también tímida, y lo dejó plantado varias veces: "Me encontré en el salón con tantas muchachas bonitas y elegantes, casi todas de la mejor sociedad de México, que temí un desaire". Cuando finalmente fue a la audición, Flaherty la invitó a un cabaret, y tras pedir una botella de champaña le dijo: "Magañita, dentro de un año espero que usted me invite a su hogar de Hollywood a tomar una copa de champaña". Dos semanas después Delia recibió el contrato por correo y se fue a Estados Unidos. Era la época en que Dolores del Río triunfaba, y la sensual Lupe Vélez, excompañera de Magaña, comenzaba a despuntar también en el ambiente norteamericano. Allá, Magaña hizo una docena de películas, pero nunca se adaptó al *American way* de vida.

De regreso a México, Delia retomó el teatro frívolo, donde rápidamente se convirtió, otra vez, en la favorita del público, sobre todo por sus imitaciones de otras artistas de moda, como Carmen

Miranda o la misma Lupe Vélez, entonces ya famosa en Estados Unidos (la llamaban la *Hot Tamale*), quien se ponía furiosa cuando su vieja amiga la imitaba.

Llegó el arranque del cine nacional y Delia Magaña comenzó a trabajar en sus películas. Sin embargo, fue hasta los años cuarenta que entró de lleno a la cinematografía.

En 1940, *Ahí está el detalle* se convirtió en la primera película en la historia del cine donde un cómico, Cantinflas, era protagonista. Desde entonces el género se consolidó como uno de los favoritos del público y Delia trabajó con los mejores comediantes de su tiempo, como Joaquín Pardavé en *El gran Makakikus* (1944); con Cantinflas en *El siete machos* (1951); en la primera película de Tin Tan, *El hijo desobediente* (1945); con Resortes en *Voces de primavera* (1947), y un largo etcétera.

Pues nada, la famosa Tostada no paró y siguió haciendo teatro, cine y televisión hasta entrada la década de los ochenta. Murió a los 93 años de neumonía en esta misma capital.

Si van a Hollywood y se dan una vuelta por el paseo de la fama, en la banqueta del famosos Teatro Chino verán la estrella, nombre y huella de Delia Magaña.

Rosa King:
la marcha
de la muerte

Uno de los testimonios más impactantes de la Revolución mexicana es el de la inglesa Rosa E. King, quien en 1935 publicó *Tempestad sobre México*, donde narra sus experiencias como dueña del entonces mejor hotel de Cuernavaca, el Bella Vista. Ahí atendió a huéspedes como Porfirio Díaz, Francisco Madero, Victoriano Huerta y a la alta sociedad mexicana, que además asistía a su bello salón de té, entre días de ocio afrancesados y meñique estirado.

Pero también en ese testimonio la inglesa narra sus vivencias en el ojo del huracán zapatista, cuando en 1914 el caudillo del sur cercó Cuernavaca durante 74 días y la gente padeció asesinatos crueles, hambre y enfermedades, hasta el desalojo de la ciudad que culminó con la trágica "Marcha de la Muerte": una fila de 8 000 personas, en parte organizada por la señora King, que salieron huyendo a pie, acosados en el trayecto por los zapatistas —de gatillo y machetazo fácil—, hasta ser rescatados días después por los carrancistas. De esta marcha sólo 2 000 sobrevivieron.

Rosa Eleonor Cummins nació en Bombay, India, en 1865. Su familia llevaba tres generaciones teniendo plantaciones de té, así que la niñez de Rosa se dio entre sirvientes con turbante, elefantes y tigres como mascotas, y viajes a África, Europa y Asia, hasta que la familia se mudó a Estados Unidos. Ahí conoció a Norman King, encargado de los negocios petroleros de su tío, con quien se casó y tuvo dos hijos.

En 1905 los King visitaron México. Convertida en una mujer refinada, inteligente y de gran sensibilidad, Rosa no tardó en enamorarse de la belleza de este país y su cultura. Convenció a su marido de quedarse. Vivieron una vida feliz y un tanto holgada, hasta que el esposo murió repentinamente en 1907.

Viuda con 42 años, dos chiquillos y sin nunca haber trabajado en su vida, Rosa mandó a sus hijos a Estados Unidos con los parientes, y con el poco dinero que le quedó sacó la vena empresarial que traía en la sangre y rentó una casita de un piso en Cuernavaca. Ahí puso el primer salón de té y una tienda de curiosidades típicas de la región.

No tardó en tener su casa llena de turistas extranjeros y a la *socialité* mexicana que se daban cita para pasar un rato agradable, tomar té y sandwichitos de pepino, todos vestidos elegantes, educados, comportándose con aire cosmopolita y dejando escapar frases en francés o inglés con el consabido dedo meñique estirado.

Con el éxito de su negocio y la ayuda de su amigo Pablo Escandón, que se convirtió en gobernador de Morelos, la señora King compró el viejo hostal Bella Vista, ubicado en el lado norte del Jardín Juárez. Así, sin cambiarle el nombre, inauguró su lujoso hotel en junio de 1910. Al respecto dice: "El hotel tenía tres patios donde se agrupaban 30 comodísimas habitaciones con baño privado, un patio central con una vieja fuente, un servicio excelente, cantina, comedor, mesas de lectura, escritorios, candiles, pisos de mosaico, cuadros y jarrones".

De esta manera, la dueña organizaba karaoke (ella tocaba el piano y un huésped cantaba), conciertos, pequeños bailes, partidas de bridge, días de campo, cabalgatas y, por supuesto, tardes de té. En sus cuartos llegó a hospedarse Victoriano Huerta, a quien ella describe como "un hombre en extremo imponente e impenetrable como esfinge". Aunque Huerta no hablaba inglés le gustaba platicar y comer ciruelas con ella. Todas las tardes el general, un durísimo bebedor (no en balde murió de cirrosis hepática), bebía hasta que lo llevaban cargado a su cuarto. Pero a la mañana siguiente, como si nada, montaba su caballo y arreaba a su ejército a la sierra en busca de Zapata.

Cuando por fin Huerta tuvo rodeado al caudillo, el presidente Madero, sin más, le ordenó dejarlo ir: "Se cree que esa humillación fue la semilla del odio que lo llevaría a traicionar y ordenar el asesinato del presidente Madero", dice la doctora en Historia Andrea Martínez Baracs.

Al romper relaciones Madero con Zapata, los federales se dieron a la tarea de perseguirlo. ¿Dónde se hospedó entonces el alto mando?... Claro, en el Bella Vista, donde llamaban a la dueña "mamacita", si bien siempre fueron respetuosos con la norteamericana. Uno de ellos, el capitán Federico Chacón, tuvo gran amistad con la señora King (Chacón le salvaría la vida más tarde). También conoció al general Felipe Ángeles; al terrible Juvencio Robles, quien después de colgar a decenas de hombres y mujeres para que parecieran "aretes de árboles", le llevó *Las mañanitas* a su ventana; y al general chihuahuense Manuel Asúnsolo, tío de Dolores del Río, un "hombre educado, de familia acaudalada, lleno de vida y gusto por el ragtime", quien moriría de un balazo poco tiempo después.

Desde su balcón la señora King presenció la entrada de los zapatistas a la ciudad: "Tropas de facha indómita, indisciplinadas, semidesnudas y montadas en caballos flacos. Sin embargo, cabalgaban como héroes y conquistadores...".

La dama inglesa también tuvo oportunidad de ver a Zapata de cerca: "Un hombre moreno, de figura masculina elegante y gallarda, con un bigote espeso y negro que hacía relucir sus espléndidos dientes, vestido de pulcro traje de charro y montado sobre un hermoso caballo".

El 9 de febrero de 1913 un grupo de militares se levantó contra Madero en la capital. ¿Dónde se refugió Madero?, correcto: en Cuernavaca, en el Bella Vista. La dueña mandó rápidamente a izar la bandera británica para proteger a su huésped de honor. Tres días después, Madero regresó a la capital con un contingente de 9 000 hombres que Felipe Ángeles proporcionó. ¿Dónde pactó Felipe Ángeles con Zapata para que no atacara el convoy de Madero ni la ciudad de Cuernavaca (resguardada por pobres 250 soldados)? ¡Claro!, en el Bella Vista.

Pero pronto Cuernavaca fue presa de la terrible violencia revolucionaria. El porrazo final llegó cuando Zapata dinamitó las vías del tren, con lo que dejó totalmente aislada la ciudad.

Según Rosa King, este terrible ataque se hizo gracias "a la labor de espionaje de una muy bella joven rumana de buena familia, tremendamente *chic*, Helène Pontipirani, corresponsal de periódicos franceses" en México. Meses atrás Rosa King se la había presentado a Victoriano Huerta: le aseguró que la Pontipirani era espía de Pancho Villa y que al irse con ella a pasar una temporada en su hotel estuvo pasando información.

Totalmente incomunicados, la gente de Cuernavaca dejó de recibir provisiones. Rosa King y sus hijos fueron protegidos de milagro por un soldado fortachón, bruto y un tanto borracho pero noble, que, desde tiempo atrás, estaba enamorado de la inglesa (y al parecer ella de él), el capitán Federico Chacón: "Chacón fue su protector desde los inicios del sitio, la hizo sobrevivir con pollos sorpresa y otros milagros, y la acompañó personalmente hasta su liberación dos meses después. Más tarde, en Orizaba, ella le devolvió la lealtad ocultándolo en el depósito de carbón de su casa por un mes, cuando fue perseguido por la policía carrancista", comentó Martínez Baracs.

El asedio de Cuernavaca se hizo insoportable. Los perros se devoraban los cadáveres que nadie levantaba, mientras la gente sólo comía quelites, guayabas y azúcar con agua: "Nos acostumbramos a tener hambre. Ya no sentíamos el agudo y apremiante dolor de siempre, sino una debilidad que, misericordiosa, embotaba cualquier sensación. Ni pánico ni histeria. El fatalismo indígena, el humor latino y el orgullo nórdico nos sostuvieron".

Entonces, la noche del 13 de agosto de 1914, decidieron escapar. Ocho mil personas salieron por el sur, primero caminando cinco horas sobre terreno plano, una "huida bajo las balas zapatistas, arrastrando a los animales por el lodo y los hoyos dejados por las lluvias y la artillería pesada", escribió King.

No tardaron los zapatistas en truncarles los principales caminos, por lo que los perseguidos se metieron por veredas angostas de difícil paso. Al término del terreno plano vino la subida a una empinada montaña, pasando por desfiladeros en donde muchas mujeres cayeron y fueron dejadas "entre gritos de angustia". En varios pueblos, todos quemados, fueron emboscados, muchos de ellos pasados a cuchillo.

Ya rumbo a Malinalco, en plena sierra, la señora King sufrió un accidente: "... intentando protegerse de la lluvia de balas, sujetada a matorrales en una empinada cuesta, una mula la aplastó con todo su peso al desbarrancarse herida de muerte. Quedó lastimada por el resto de su vida", dice Martínez Baracs.

Los que sobrevivieron llegaron a Malinalco. De ahí unos 1 500 no quisieron esperar y salieron en la madrugada, pero pronto fueron ultimados por los zapatistas. De los restantes sólo los que pudieron pagar una suma de dinero salieron protegidos, hasta alcanzar Tenango, donde por fin estuvieron a salvo.

Después de vivir en varios lugares de México, Rosa Eleonor King regresó en 1923 a Cuernavaca: "Yo soy de allá", les decía a sus hijos. Murió en la ciudad de la eterna primavera a los 90 años.

De mitos y héroes chiquillos

El 13 de septiembre de cada año se conmemora el asalto al Castillo de Chapultepec por los norteamericanos en 1847, y con ello la muerte de los famosos Niños Héroes, que ni eran tan niños y ni fueron tan héroes.

En alguna ocasión el legendario Germán Dehesa dijo en su programa de radio: "El insostenible mito de los Niños Héroes de Chapultepec es una pura invención fabricada para explotar el patrioterismo y las manipulaciones de los políticos que padecemos". Por supuesto el gobierno lo censuró y multó, como multaba al viejo Loco Valdés cuando en su programa *Ensalada de locos* llamaba "bomberito Juárez" al sacrosanto benemérito oaxaqueño.

Pero Dehesa tenía razón, la historia de nuestro país se maneja al antojo del bando gubernamental en turno. Hoy en día es más difícil por el gran acceso a la información que tenemos, pero las entonces "versiones históricas oficiales", como la de los Niños Héroes, en búsqueda de romantizar y sublimar el espíritu patrio, llegaron a ser verdaderamente ridículas. Vayamos simplemente a la lógica: ¿en serio seis cadetes "niños" enfrentaron a 1 200 hombres armados y entrenados profesionalmente? Esto significa que cada uno de los nenes patrios —que además en la realidad tenían un promedio de 20 años de edad—, se encargaron de nalguear a 200 güeros cada uno. ¿Acaso eran ninjas?

Hoy en día los historiadores —no afiliados al gobierno— nos dicen que el famoso guiso de los Niños Héroes contra los norteamericanos no fue como nos lo enseñaron. Primero: "Aquel 13 de septiembre había poco más de 800 soldados mexicanos, que fueron apoyados por el batallón activo de San Blas con 400 hombres más, y medio centenar de cadetes del Colegio Militar, no sólo seis", comenta el gran divulgador de la historia, Alejandro Rosas.

El hecho de que sí, en efecto, murieron muchos chamacos entregados de corazón a la causa patria fue usado por los políticos en turno para ensalzar fervores patrios, lágrima incluida. Hasta el poeta del momento, Amado Nervo, se la creyó y se arrancó con su famoso poema titulado "Los niños mártires de Chapultepec" (1903) en donde canta:

> Morían cuando apenas el enhiesto
> botón daba sus pétalos precoces,
> privilegiados por la suerte en esto:
> que los que aman los dioses mueren presto,
> ¡y ellos eran amados de los dioses!

Sin embargo, la verdadera historia nos dice que al final de la batalla de Chapultepec más de 400 soldados mexicanos salieron por patas desertando, y que fueron alrededor de 600 los que murieron, chiquillos patrios incluidos. Entonces, ¿por qué nada más tenemos que festejar la muerte de seis?, ¿y los otros?

La historia "oficial" nos cuenta que el cadete Juan Escutia prefirió envolverse en la bandera mexicana y aventarse desde lo alto del cerro antes de que el gringo la profanara. La verdad es otra: en primera, Escutia no era cadete del Colegio Militar, sino un soldado del batallón de San Blas que se llamaba Juan Bautista Pascasio Escutia y Martínez, quien además era un tirador apostado en la ladera y que al ser baleado cayó desde lo alto: "Escutia no murió por un salto ni envuelto en una bandera, cayó abatido a tiros junto con Francisco Márquez y Fernando Montes de Oca cuando intentaban huir desde arriba hacia el jardín botánico", vuelve a comentar Rosas. Al final de la trifulca, la bandera mexicana sí fue capturada y profanada por los norteamericanos y devuelta a México hasta el sexenio del presidente José López Portillo (1976-1982).

Sería durante el periodo del presidente Miguel Alemán (1946-1952) que el gobierno se apresuró a sacar algo de su "clóset de las conveniencias históricas" para engrandecer el orgullo patrio, esto

a raíz de que por primera vez en la historia un presidente norteamericano, Harry Truman, pisaba suelo mexicano, esto en 1947.
Además, se conmemoraban 100 años de la paliza que nos pusieron
en Chapultepec, así que fue buen momento para sacar el conejo
del sombrero de copa, y qué mejor que el cuento de la chiquillería
combatiendo heroicamente a los güeros. Así se mandó a construir
el hoy conocido Monumento a los Niños Héroes, en Chapultepec,
en donde el presidente norteamericano para tratar de caernos
bien colocó flores y dijo: "Un siglo de rencores se borra con un minuto de silencio".

Vuelve Rosas a decir: "El homenaje tocó las fibras más sensibles
del nacionalismo mexicano y desató el repudio hacia el vecino del
norte, a tal grado que, al caer la noche, cadetes del Colegio Militar
retiraron la ofrenda del monumento y la arrojaron a la embajada
estadounidense".

Lo peor vino después, cuando el gobierno de Alemán, dando
patadas de ahogado, mandó a decir que, de pronto, a pie del peñón de Chapultepec, se encontraron seis calaveras, pertenecien-
tes éstas a los seis chiquillos héroes: "La supuesta autenticidad
fue apoyada por varios historiadores y por el Instituto Nacional
de Antropología e Historia. Nadie se atrevió a contradecir la 'verdad histórica', avalada por el presidente, con un decreto donde
declaró que aquellos restos pertenecían indudablemente a los
niños héroes". O sea: entre los cientos de muertos regados por
todos lados, seis de ellos amanecen sepultados en el mismo lugar "para gloria de México". Ahora díganle NO al presidente.

Desde entonces la leyenda de los Niños Héroes sigue vigente
y, aunque sabemos a ciencia cierta que la historia oficial y sus calaveras son un "fraude óseo", la creencia en la historia bonita del
héroe tierno caído ante el perverso enemigo nos sigue mitificando
las tremendas ganas de justificar nuestras pérdidas y, como dijo
el poeta Carlos Pellicer, nuestras dos obsesiones como pueblo: el
gusto por la muerte y el amor por las flores.

Los dos amores
de Carrillo Puerto

¿Qué sentirá una mujer cuando mueve la inspiración de un hombre y en su honor se compone una canción que trasciende en el tiempo, arrancando nostalgias y aromas de belleza perpetua?

Comenzaba la década de los veinte del siglo pasado cuando, en una sucesión de rápidos eventos, se dio, primero, el asesinato de Venustiano Carranza. Después, a dos meses de las elecciones presidenciales que favorecieron a Álvaro Obregón (que, la verdad sea dicha, fue un dirigente competente dedicado a restaurar la paz y a tratar de materializar las metas de la Revolución), éste también terminó asesinado de 13 balazos, siete por parte del pésimo caricaturista De León Toral, y los otros seis hasta ahora de misteriosa procedencia, tal vez disparados para quitarle el ánimo al muerto por si se quería parar.

En ese tiempo, un ejemplo donde se comenzaban a lograr con claridad y a comprobar que los ideales posrevolucionarios sí funcionaban fue Yucatán. Estos esfuerzos fueron orquestados por el entonces gobernador, Felipe Carrillo Puerto, quien sólo gobernó 20 meses, suficientes para, por fin, poner en jaque a la intocable "casta divina" yucateca, abrir 417 escuelas, fundar la Universidad Nacional del Sureste, promover la presencia indígena y de mujeres en cargos públicos, comenzar el reparto de tierras e impulsar el urgente rescate de las zonas arqueológicas en la región. ¡Con razón lo mataron!: hacía demasiadas cosas en el pro de la gente.

Felipe Carrillo Puerto nació en Motul, Yucatán, en 1874. Fue el segundo de 14 hijos. Su padre, un abarrotero, le regaló una pequeña parcela como premio por terminar la primaria. Desde entonces, Felipe se enamoró de lo que significaba trabajar la tierra con mano propia. Felipe hablaba con soltura el maya y el español, y desde joven sus lecturas socialistas lo llevaron a la lucha social: a los

18 años alborotó a un grupo de campesinos para que derribaran una cerca que un hacendado había puesto por sus pistolas, impidiéndoles el acceso a sus tierras. Terminó en la cárcel, pero logró su cometido.

Carrillo Puerto fue desde leñador hasta conductor de ferrocarriles. Sin embargo, el periodismo le dio el vehículo idóneo para la denuncia social. En 1907 fundó su periódico *El Heraldo de Motul*. Por supuesto, esto lo metió en el caldo político, y pronto Felipe se vio o apoyando candidaturas, enfrentando caciques o acusando a corruptos. Precisamente una de estas broncas lo llevó a matar en defensa propia a un político de apellido Arjona en 1911. Felipe pasó dos años en la cárcel, donde aprovechó para traducir al maya la Constitución de 1857 completa.

A su salida se une a Zapata y comienza así su carrera ascendente como político, hasta llegar a gobernar su estado en 1922. Hombre de gran sensibilidad, Carrillo Puerto, apodado el Apóstol de la Raza de Bronce, dirigió su primer discurso oficial como gobernador en lengua maya. La gente de su tierra lo llamaba *suku'un*, que en maya significa "hermano".

En ese tiempo Yucatán tenía más afinidad con Europa que con el centro de la República. A la península sólo se podía llegar por barco o por avión, hasta la construcción tardía del ferrocarril en 1937. El renacimiento de ese México indígena atraía mucho al extranjero y, por otro lado, también crecía una ferviente inquietud por participar en la exploración y explotación arqueológica de centros mayas, lo que vivificó el flujo de visitantes a la península.

Entre esos visitantes a Yucatán se encontraba la entusiasta periodista norteamericana Alma M. Reed, enviada por el *New York Times* para comentar sobre las excavaciones en Chichén Itzá llevadas a cabo por el Instituto Carnegie. Fue ahí cuando conoció a Felipe Carrillo Puerto: amor a primera vista.

Alma M. Reed era una periodista de San Francisco. Tenía una columna llamada "Mrs. Goodfellow", dedicada a contestar preguntas de gente que buscaba consejo legal o no tenía recursos para procurarse un abogado, la mayoría de ellos, obviamente, mexica-

nos. Recibía miles de cartas y su reputación como defensora del marginado era grande, sobre todo cuando salvó por medio de su columna a un adolescente mexicano sentenciado a muerte en San Quintín. A raíz del suceso y su periodicazo, las leyes de California cambiaron.

Ya en Yucatán —enamorada como la más—, miss Reed viajó del brazo de Carillo Puerto fascinada por la cultura maya. Al final de su visita, el gobernador decidió acompañarla a San Francisco para conocer a su familia y comunicarles sus planes de boda.

Sin embargo, de regreso a México, Carrillo Puerto se encontró con una crisis política de fuertes dimensiones: ante la imposición de Plutarco Elías Calles como candidato presidencial, había estallado la rebelión delahuertista. Miss Reed debía reunirse con él semanas después, pero esto nunca sucedió.

Jamás se volvieron a ver.

Doce días antes de la boda, la intocable casta divina yucateca se desquitó del gobernador fusilándolo junto con 10 de sus colaboradores en la pared de un cementerio yucateco en 1924.

Quizás regalarle una canción a alguien puede ser pretencioso, pero no cuando se está enamorado en la tierra del Mayab, donde su bohemia produce obras de un romanticismo y sentimiento inigualable. Carrillo Puerto le obsequió a su amada la canción *Peregrina*.

Pero dejemos que la misma Alma Reed nos cuente que la primera vez que escuchó la letra fue al salir del Museo Arqueológico, rumbo a una fonda ubicada en el Paseo Montejo:

En febrero de 1923 acompañé a Felipe y su gran amigo, el poeta Luis Rosado Vega, al modesto hogar del compositor Ricardo Palmerín. El objeto de la visita era la coordinación de la letra de *Peregrina*, escrita por Rosado Vega, con acompañamiento musical que Palmerín estaba trabajando.

Felipe mismo había dado nombre a la canción y, de hecho, había inspirado las ideas y hasta sugerido algunas de las palabras que el gran poeta yucateco iba diestramente entretejiendo en sus versos [...]. Y mientras estábamos reunidos en el jardín, Palmerín anunció que creía haber encontrado finalmente el tema musical apropiado y con una sonrisa radiante se sentó al piano para interpretar la estructura esencial de la conmovedora canción que estoy orgullosa de haber inspirado. Felipe, quien era un apasionado de la música, que tocaba muy bien la flauta y que en su juventud había sido miembro de una orquesta profesional, quedó tan extasiado que corrió a abrazar a Palmerín.

[...] Desde las primeras notas llenaron la noche tropical con el latir de un sentimiento profundo y una delicada sensación de dolor inminente y sin nombre [...] En la dulce cadencia melancólica palpitaba el encanto misterioso de la tierra yucateca, y el orgullo congénito de Palmerín por la majestad y belleza de la antigua civilización de sus antepasados. En cierto modo, aquellos compases expresaban el anhelo de una raza; sugerían el dolor de que tanta grandeza hubiera desaparecido [...]. Tengo conciencia de que en esta tierra conocí el Paraíso, en aquel encantado momento en que nació la canción *Peregrina*.

Alma Reed murió en la Ciudad de México en 1986, pidió que sus cenizas fueran sepultadas enfrente del amor de su vida, Felipe Carrillo Puerto, deseo que fue concedido.

La novia Fidelita

El 10 de junio de 1944 el maestro mecánico José Cardoso se levantó temprano, se vistió con su mejor traje y se apresuró a llegar a su taller, donde más tarde le estrellarían una botella de champaña a su novia.

Los grandes talleres de Acámbaro, Guanajuato, estaban de fiesta: se inauguraba la segunda locomotora de vapor hecha por obreros mexicanos, bajo la dirección del maestro Cardoso y, por fin, sin ninguna asesoría estadounidense.

La importancia del evento no tenía precedente, pues demostraba que la capacidad y creatividad mexicana, pese al eterno problema de los recursos, era de primera, y más entre los obreros de Acámbaro, cuyos puestos se veían constantemente amenazados por proyectos de reorganización empresarial y rezago mecánico.

Al evento asistió un representante del presidente Manuel Ávila Camacho, quien estaba acompañado por un nutrido séquito, entre ellos, una mujer que no paró de llorar en toda la ceremonia. Se trataba de la esposa del ingeniero Andrés Ortiz, por entonces gerente general de Ferrocarriles Nacionales de México. La máquina había sido bautizada con el nombre de la hija (única) que recién habían perdido: Fidelita.

A las 11 de la mañana, la señora de Ortiz tomó la botella de champaña y la quebró en una de las ruedas de la locomotora número 296, que, a partir de ese momento, pasó a llamarse Fidelita, la Novia de Acámbaro.

Y así, entre música, vítores y silbatinas, el maquinista encendió motores. Ya en ese entonces el ferrocarril era parte del paisaje mexicano, un objeto natural, pero hecho por la mano del hombre, en esa ocasión de manos mexicanas. El poeta chileno Jorge Teillier canta:

El silbato del conductor
es un guijarro

cayendo al pozo gris de la tarde.
El tren parte con resoplidos
de boxeador fatigado.
El tren parte en dos al pueblo,
como cuchillo que rebana pan caliente.

El primer recorrido de Fidelita fue de Acámbaro, Guanajuato, a Tacubaya, Ciudad de México: "Fidelita iba llena de flores, con sus dos banderas mexicanas y en el centro una pintura del cura Hidalgo que dibujó un muchacho del taller. Las locomotoras mexicanas tenían mayor capacidad de arrastre, y en las pendientes Fidelita tenía ventaja sobre las locomotoras americanas", comentó Salomón Vega, de oficio garrotero, que vivió el primer viaje.

La historia del caballo de hierro en México comenzó cuando se construyó el primer tramo en 1850, que con tan sólo 11 kilómetros comunicaba el puerto de Veracruz con El Molino, cerca del río San Juan. El plan era comunicar el puerto con la capital. Pero, como siempre, comenzaron los consabidos sombrerazos entre unos y otros, y sólo 23 años después se pudo terminar la vía, un recorrido de 678.8 kilómetros que pasaba por Orizaba, Veracruz, y Apizaco, Puebla.

Desde que subió al poder, a don Porfirio le urgía industrializar el país (léase: enriquecerse él y su pandilla). Pero el país era un desgarriate, por lo que para apurar su cometido comenzó a dar concesiones en todos los sectores, incluido el ferroviario, al mejor postor (léase: norteamericanos, ingleses, Escandones, Braniffs, etcétera).

Lo cierto es que para cuando terminó Díaz su primer periodo, en 1880, ya había 1 073 kilómetros de vías férreas, y para 1900, el sistema ferroviario mexicano contaba con 13 615 kilómetros de vías a lo largo y ancho del país (léase: sí fue negocio).

Sólo hasta 1937 el general Lázaro Cárdenas expropió el ferrocarril, aunque en cuestiones técnicas y de manufactura se siguió dependiendo de mano extranjera, hasta la llegada de Fidelita, una aguilota de hierro sobre un nopal devorando... mucho carbón.

La construcción de Fidelita fue una verdadera hazaña. Con escasez de maquinaria pesada, como tornos y martinetes, los talleres de Acámbaro estaban olvidados desde la Revolución y sólo se dedicaban a hacer trabajos de reconstrucción para la rama de la división Pacífico.

A principios de los cuarenta, construir una locomotora en México costaba alrededor de 80 000 pesos, contra los 385 000 pesos que costaba comprar el mismo tipo de máquina. Por eso la simple existencia de Fidelita puso en el ojo del huracán las negociaciones entre ambos países, si bien quedó en claro que México, si de trenes se trataba, ya no dependía tecnológicamente de Estados Unidos.

Regresando a su primer recorrido: Fidelita arrancó con paso digno y entre el fierro que truena y el vapor que canta fue agarrando vuelo. Cuando llegó sin problemas a Maravatío, inmediatamente telegrafiaron a Acámbaro para comunicar el éxito. Allá la pachanga continuaba y la señora de Ortiz "seguía tímidamente llorando". Al día siguiente Fidelita entró a la estación de Tacubaya. Ahí estaba un ansioso grupo de técnicos, miembros de la Misión Americana, que la revisaron de arriba abajo: "Se quejaban del olor a pulque, pero tuvieron que aceptar que estaba perfecta. Tuvieron que felicitar a Fidelita. ¡Ja, ja!", rio don Salomón Vega.

Al mes de la inauguración, el maestro Cardoso envió una carta al presidente Ávila Camacho: "De manera respetuosa y atenta me permito suplicar a usted, señor presidente, nos dé su ayuda moral para construir otras dos locomotoras y, posteriormente, que nos brinde la oportunidad de manufacturar también máquinas de vía ancha, que tanta falta hacen para descongestionar las vías de nuestro país".

Desgraciadamente, así como el tranvía fue el apocalipsis de los burros, las máquinas de diésel lo fue el de Fidelita y las de su alcurnia. ¡Cuál Hamlet, cuál Otelo!, tragedia la de Fidelita, que a los tres años de dar sus primeros pasos fue desterrada a un camposanto de chatarra para darle paso a una dama más fría pero efectiva.

La hija del maestro Cardoso recuerda a su padre acariciando la caldera: "Hacía pucheros y apretaba la quijada para que no se le salieran las lágrimas ni la dentadura postiza. Recuerdo cómo acarició ese día la caldera; yo nunca había recibido una caricia tan larga como la que le dio a Fidelita antes de partir".

¡Ay, chatito!
La historia de
Félix Díaz Mori

Por lo regular nuestros presidentes suelen tener uno o más hermanos incómodos, fichitas lisas que, al sentirse amparados a la sombra del poderoso, hacen de las suyas a diestra y siniestra causando mucho daño.

Si se quedaran incomodando a los suyos no habría problema, pero la mayoría de las veces quien termina padeciendo los desplantes de prepotencia, abusos de poder y descalzada megalomanía de estos malandros es el pueblo, que se encorva bajo el viejo adagio: "¡Dígale *no* al ampáyer!". Sin embargo, en ocasiones el destino hace justicia y el hermano incómodo, después de su chubasco de fechorías, recibe su gran merecido.

Esto fue lo que le sucedió a Félix Díaz Mori, hermano de Porfirio Díaz, hombre intolerante, *comecuras* despiadado, explosivo, altanero, cruel e injusto con sus mismos paisanos oaxaqueños, a quienes hizo ver su suerte mientras gobernó el estado por cuatro años.

El padre de Díaz, José Faustino Díaz Orozco, negociante y dueño de un mesón, murió víctima del cólera, en 1833, y dejó una viuda joven y cinco pequeños; el más chico fue Felipe Santiago (después cambió su nombre a Félix), de apenas cinco meses. En tan sólo un par de semanas la epidemia mató a más de 2 000, de los 20 000 habitantes en la ciudad de Oaxaca.

Al igual que su hermano Porfirio, tres años más grande y a quien seguía a todos lados, Felipe pasó por el Seminario Conciliar y después por el Instituto de Ciencias y Artes, el cual se distinguía por sus ideas liberales alejadas de la religión. Pero Felipe pasaba más tiempo con las orejas de burro puestas que en el pupitre. Su carácter intempestivo y arrojado lo hacía preferir la vida silvestre entre ríos y cerros. Más fuerte que Porfirio, el Chato —como lo apodaban por sus toscas facciones; inclusive la emperatriz Carlota en sus cartas lo llamaba el Chato Díaz— era un atleta nato que además llegó a ser un espléndido jinete. Años después portaría con orgullo una cicatriz en la cara causada por un flechazo, regalo de los indios apaches que bajaban de Texas a los estados del norte mexicano y que Felipe combatió en San Luis Potosí. Por lo menos ésta le daba originalidad a su fealdad.

En aquel tiempo en la ciudad de Oaxaca sólo se podía estudiar para cura, abogado o médico, por lo que la carrera de las armas fue la mejor opción para el Chato Díaz, quien en caliente quiso meterse como voluntario a un batallón de artillería, pero su hermano Porfirio lo convenció de que lo mejor era estudiar cabalmente en el Colegio Militar de Chapultepec, al que ingresó en 1854.

En la hoja de servicio sus jefes lo calificaron de la siguiente manera:

Ojos: *negros*. Nariz: *chata*. Color: *blanco*. Frente: *regular*. Valor: *se le supone*. Capacidad: *poca*. Aplicación: *ninguna*. Instrucción en tácticas y ordenanza: *ninguna*. Conducta militar: *mala*. Salud: *buena*.

Aun así, además de buena salud, el Chato tenía cualidades especiales que en las posteriores guerras que sostuvo lo convirtieron en un soldado de respeto, tanto para sus oficiales como para los de la tropa, con quienes encajaba perfectamente, quizás por lo primitivo.

Sería también en el Colegio Militar que el Chato hizo amistades importantes para toda la vida, entre ellas, la de Miguel Miramón, héroe de pasado brillante en las reyertas contra los norteamericanos y que a los 28 años se convirtió en el presidente más joven de la historia en nuestro país. El Chato lo siguió al estallar la guerra de Reforma contra Benito Juárez, que él conocía y que su hermano apoyaba. Para el Chato lo único válido era la lealtad, lealtad a la gente, a las instituciones, al país, lo demás eran meras politiquerías. Por lo mismo en esa época se enemistó de su hermano.

Alcanzado el grado de teniente coronel, el Chato y su caballería fueron de los primeros mexicanos en confrontar a los franceses, antes de la batalla del 5 de mayo, en 1862. Al lado de su hermano fueron derrotando poco a poco a los galos hasta alcanzar a ocupar la Ciudad de México el 21 de junio de 1867, dos días después de que fusilaran a Maximiliano en Querétaro.

A partir de entonces, los Díaz se metieron a la política, y mientras el hermano mayor perdía la candidatura a la presidencia frente a su paisano Juárez, el Chato ganaba en 1867 la gubernatura de su estado. Entonces, como dicen, ardió Roma, pues Félix Díaz gobernó como si estuviera en guerra todo el tiempo.

A tres años en el gobierno Félix Díaz era autoritario e intolerante, pero, sobre todo, un antirreligioso violento. Además, no era antirreligioso de panfleto, sino que se encargó de limitar el poder del clero y en cuanto tenía ocasión se presentaba personalmente con su séquito a burlarse de curas, monjas y monaguillos por igual. En una acción sin precedente permitió que se destruyeran pinturas, muebles, retablos y esculturas del templo de Santo Domingo, lo que llevó a la turba a saquear iglesias y conventos. ¡¿Qué hubiera dicho su señor padre?! Un ferviente católico que rezaba a cada rato y hasta llegó a usar el hábito de los terciarios de la orden de San Francisco.

Durante su periodo hubo una sublevación por parte de los juchitecos en el istmo de Tehuantepec: "Tengo la firme certeza de exterminar a los sublevados en 20 días y cortarlos de raíz", escribió el Chato al presidente Juárez. A mediados de 1870 un grupo de juchitecos, gente creyente y aguerrida, atacó un retén del ejército como protesta por las injusticias del gobierno.

La cosa se fue agrandando hasta que el Chato armó batallón y marchó a Juchitán personalmente. Después de fuertes luchas, Díaz venció a los sublevados y mandó a quemar el pueblo entero, para después pasar a cuchillo a los que alcanzaran. Además, capturó y fusiló a varios héroes que habían combatido valientemente a los soldados franceses.

Fue entonces que, ya ensatanado, Chatito Díaz decidió entrar con todo y caballo a la parroquia principal, donde con una cuerda lazó como ternero al santo patrono del pueblo, el dominico san

Vicente Ferrer, y ante la gente horrorizada arrastró al santo por todas las calles.

De regreso a la capital del estado, el Chato se sentía el mismísimo Napoleón de las tlayudas, un gran conquistador, hasta que recibió la llamada de Juárez regañándolo y ordenándole que de inmediato regresara el santo a su gente. Obedeciendo, el Chato mandó a empaquetar la reliquia, pero como no cabía en la caja le cercenó los brazos, los pies y la cabeza, misma que se quedó como trofeo.

Los juchitecos jamás perdonaron la profanación y majadería. Y como nadie es dueño de su destino, el momento de venganza llegó cuando, dos años después, mientras el Chato secundaba a su hermano Porfirio en su rebelión contra la reelección de Juárez (Plan de La Noria), los juchitecos lo apresaron cerca de Pochutla en enero de 1872.

Así, "el gobernador fue atado a un caballo y arrastrado por el campamento, tal como él hiciera con el santo patrón de Juchitán. Con la ropa desgarrada y la piel sangrante, los soldados descalzaron al Chato, y con un filoso machete le cortaron las plantas de los pies, dejándolo sin piel. Acto seguido, lo obligaron a caminar en la arena caliente (otros refieren que sobre carbón al rojo vivo). Las palabras que Félix Díaz escuchaba de los juchitecos eran una repetición constante de 'acuérdate de san Vicente'. Finalmente, al gobernador de Oaxaca le cortaron los genitales y se los introdujeron en la boca, para después cortarle los brazos y la cabeza, de modo que la humillación que él propinó estaba saldada. Los zapotecas istmeños cobraban caro la mutilación y desaparición de su santo".

Años más tarde, cuando Porfirio Díaz ya era presidente, le presentaron a uno de los asesinos de su hermano. Díaz lo miró y ordenó que lo soltaran. Su frase dejó helados a los presentes y pasó a la posteridad: "En política no tengo amores ni odios".

Nostalgia por el prostíbulo como promotor musical

Los primeros prostíbulos en la Ciudad de México se establecieron ya entrado el siglo XVI en la calle de Mesones. Entonces el virrey concedió en 1542 cuatro terrenos para que se pusieran con todas las de la ley cuatro casitas dedicadas a darle jiribilla al cuerpo.

Por orden real, estas casas debían poner en sus entradas una rama de árbol, con lo que se identificaban los servicios que ahí se daban. La costumbre era milenaria, y de ahí deriva la palabra *ramera*, si bien los mexicanos, siempre duchos para la punzadilla verbal estilizada, comenzaron a llamarlas, además de la palabra que empieza con "P" y termina con "A", golfas, zorras, pulgas, pecatrices, busconas, prostibularias, pirujas, perdidas, ganfurronas, malmaridadas, cariñosas, meretrices, pupilas, mosconas, pelanduscas, huilas, changuitas y un eterno etcétera.

Como era de esperarse, el negocio de las trabajadoras en horizontal prosperó tanto que para el siglo XVIII la sociedad mojigata novohispana protestó por los desmesurados lujos de algunas de estas chicas. Así, "una ordenanza encaminada a distinguirlas de 'las personas de calidad' les prohibió (a las prostitutas) usar vestidos de cola y andar por la calle con mozas que se las levantaran. Se les prohibió también usar tacones altos, arrodillarse sobre cojines durante la misa, así como lucir oro, perlas o seda", comenta el cronista Héctor de Mauleón.

En la segunda mitad del siglo XIX, además de las casas de "cita", llegó al país el concepto del hotel, sitios más refinados y salubres que los mesones, que también comenzaron a ser usados para ir a destartalarle los resortes al colchón. Otra modalidad creativa fue la de las carrozas "especiales" que iban de ida y regreso del Zócalo a Chapultepec por la ahora avenida Reforma, suficiente tiempo para subirse, portarse mal y bajar a tiempo para la hora del chocolate en casa.

Fue en esta época que la prostitución por fin se reglamentó, cuando Maximiliano promulgó en 1865 un reglamento basado en el sistema francés con la intención de proteger la salud de sus soldados. Curiosamente este reglamento fue creado por Alexandre Jean-Baptiste Parent du Châtelet (Parent Duchâtelet), un especialista en drenaje y alcantarillado, o sea que sabía bien del negocio.

Con este reglamento se creó una oficina de Inspección de Sanidad, "centro administrativo dependiente del Consejo Superior de Salubridad, encargado de llevar el registro de las prostitutas que habitaban los burdeles, de las casas de cita y de asignación, además del cobro de impuestos fijados por el Estado para autorizar el ejercicio de la prostitución", vuelve a comentar el cronista. La prostituta afiliada estregaba una fotografía al inspector de sanidad y podía ejercer con la condición de estar a 100 metros a la redonda de cualquier escuela u hospital.

Llegado el siglo XX el asunto del *puticlub* ya estaba bien reglamentado y diseñado, aunque el gobierno dispuso que estuvieran en zonas de tolerancia específicas. Las había de primera, segunda y tercera clase.

El tipo de clientela no cambió mucho los primeros 40 años. A los de primera y segunda asistían los burguesitos, la naciente élite revolucionaria, los militares y los leguleyos y burócratas del gobierno. A los de tercera, el obrero, albañiles, el resto de la tropa y, por comodidad, el vecino. Para 1933, en la capital había 900 "accesorias del amor" y más de 2 600 jubilosas trabajadoras.

En todo burdel se ofrecían bebidas alcohólicas y se escuchaba música. Y es aquí donde entramos en tema, pues, para la primera mitad del siglo XX, el prostíbulo, además de ser lugar de desfogues, también era un sitio donde se escuchaba música en vivo y de buena calidad. En él se promovieron muchas corrientes musicales del momento, como el bolero, el blues o el tango. Esto convirtió al congal en una alternativa de trabajo para el artista en desesperación, creando así el arquetipo del músico bonachón y trasnochado de ruda bohemia.

Para muchos músicos de la época estas casas fueron un refugio, un regazo inspiracional donde, además de ganar un dinerito, se fogueaban musicalmente, pues era una especie de laboratorio. Ahí probaban sus obras viendo la reacción del público. Por ejemplo, el primer trabajo de Francisco Gabilondo Soler, Cri-Cri, que tuvo cuando se vino a vivir con su joven familia de Orizaba a la capital, fue en un prostíbulo, La Primavera, donde se dio vuelo tocando lo aprendido en su estancia en Nueva Orleans: foxtrots, swings, dixielands, valses, etcétera, pero también comenzó a enriquecer su repertorio con géneros y ritmos sudamericanos, cubanos y españoles, como el tango, chotis, habaneras, huapangos, sones y jotas que bien supo aplicar en sus canciones para niños, y no tan niños.

Muchas famosas canciones salieron del prostíbulo y sin duda hoy evocan la nostalgia de aquella época, por ejemplo: "Perdida te ha llamado la gente, sin saber que has sufrido con desesperación..." canta el bolero de Chucho Navarro, interpretado por Los Panchos en el culebrón fílmico *Perdida* (1950), con una Ninón Sevilla derramando lágrima a cubeta llena. Mientras tanto, en escena las prostitutas esperan al cliente jugando dominó. La música las acompaña en su soledad de almas perdidas y les hace pasar el rato con dulce amargura, y entre acordes de piano y una voz nostálgica sus miradas se fijan en el pasado que duele y marchita.

El primer bolero de Agustín Lara, *Imposible*, nació en un prostíbulo. Situado en el número 74 de la zona roja llamada Cuauhtemotzin (2 300 metros de longitud), *madame* Margarita Pérez se apiada del Flaco de Oro y lo deja tocar el piano, que está abandonado en un rincón: "Cambias tus besos por dinero, envenenando así mi corazón...".

Burdeles como La Marquesa, La Francis o El Cinco Negro fueron hervideros de músicos talentosos que veían en el prostíbulo la antesala a una mejor vida artística. El cantante Daniel Santos (de La Sonora Matancera) se hace famoso con *Virgen de media noche*, bolero boricua con letra centrada en una linda y virginal —si esto puede suceder— meretriz.

Durante décadas La Casa de la Bandida fue uno de los prostíbulos más populares en México. Si el domicilio cambiaba, no así la calidad ni la atención de sus damiselas. En ese lugar Marco Antonio Muñiz y Pepe Jara hacían dueto para complacer a la audiencia "entre actos".

José José, antes de tocar en el Apache 14, se le encuentra cantando en La Bandida, aunque él no lo recuerda.

El mejor testimonio de un músico en congal se encuentra en la biografía *El andariego*, de Pepe Jara (México, Cal y Arena, 1998).

No es lo mismo la magnesia que la gimnasia

El primer profesor de gimnasia reconocido como profesional en México fue el francés Jean Turin, quien para la década de los cuarenta del siglo XIX impartía lecciones en un local pagado por él mismo. Ahí tenía los aparatos necesarios para promover la "novedosa práctica del ejercicio físico regular".

La revista *Siglo XIX* publicó que *monsieur* Turin era una persona seria y se "había ganado la simpatía de la juventud a la que educaba y el aprecio de los padres de familia de la capital que valoraban mucho cómo la salud de sus hijos se desarrollaba y cómo sus cuerpos se robustecían gracias a los ejercicios que bajo su supervisión realizaban".

Esto se decía porque había otras escuelas poco formales, dirigidas más a la pirueta de saltimbanqui que a la promoción de la salud por medio del ejercicio. Precisamente en esa época un niño murió tratando de seguir los ejercicios dictados por el profesor en una de estas "escuelillas", cuyo dueño se apellidaba Falco. El caso fue muy sonado y la prensa descubrió que el señor Falco ni siquiera era profesor, sino un excéntrico trapecista desempleado al que le gustaba el desfalco, valga la redundancia.

El profesor Turin llegó a México en 1846. Su preparación y técnica venían de ser alumno del reputado coronel Francisco Amorós y Ondeano, considerado el padre de la educación física moderna y cuyo método perduró en México hasta entrado el siglo XX. Ese mismo año Turin inauguró su gimnasio con gran éxito, de tal manera que pronto se vio dando clases en escuelas privadas y públicas. Inclusive gracias a él se implantó la gimnasia como materia en el Colegio de San Juan de Letrán.

Un atleta contemporáneo pinta a Turin como "un hombre de regular estatura, de proporciones académicas, de formas y músculos dignos del estudio de un artista [...] es un hombre de mucha fuerza, bastante agilidad y de muchos conocimientos gimnásticos". Por su parte, el escritor Francisco Zarco lo describe como un "luchador ágil y una verdadera notabilidad gimnástica", aunque consideró un grave error promover en el país "la necesidad de que tales ejercicios se generalicen". Al parecer Zarco era enemigo del zarandeo.

Durante el siglo xix la *gimnástica*, como se le llamaba, se definía como una "serie de ejercicios y movimientos musculares realizados de manera metódica y regular para adquirir mayor flexibilidad y fuerza, realizados en un espacio particular, el gimnasio". Así, la educación física era un compendio de hábitos vitales para mantener la salud, que, además del ejercicio, incluían el asearse regularmente, usar una vestimenta adecuada (holgada, no apretada) y dormir bien, todas estas nociones novedosas para la época. También dentro de la gimnástica entraban otras actividades, como la calistenia, las carreras, las marchas, los saltos (de preferencia sin costal), la natación y los paseos campestres.

Esto no significó que en México no se practicara el ejercicio antes de *monsieur* Turin, nada de eso. Muchos militares franceses que se quedaron a vivir en el país durante los primeros años del México independiente abrieron sus escuelas de esgrima, actividad que siempre tuvo una nutrida concurrencia, sobre todo entre la clase alta, aunque no se consideraba deporte, sino "arte". La lucha y la natación también eran practicados regularmente, aunque no estaban sistematizados.

Por otro lado, durante el siglo xviii uno de los juegos favoritos de la gente fue el frontón, y, por raro que parezca, el mejor y más concurrido fue el que se encontraba en el convento de San Camilo (situado entre las calles de Regina, San Jerónimo y Correo Mayor). En el frontón del convento sólo peloteaban los monjes, hasta que en 1787, viendo la gran afición entre los capitalinos, decidieron abrirlo al público "con la condición de que sólo ingresara al frontón gente de calidad y decencia reconocida, que los asistentes dieran por vía de limosna medio real para sufragar los sueldos de los sirvientes y que lo que sobrara se destinara al Hospital de San Andrés".

Vale la pena contar un poco de este convento: en él no sólo tuvieron el primer frontón para fomentar el juego como ejercicio y espectáculo; también favorecieron la higiene como parte fundamental de la salud al ser de los primeros en instalar baños con regaderas. Asimismo, fue la primera sede del Teatro Ángela Peralta, "el teatro de barrio como una nueva 'diversión ilustrada'", y ahí se fundó la primera secundaria federal del país. Ah, y no olvidemos que también estuvieron ahí unos de los mejores baños para caballos.

Volviendo a la magnesia... digo, a la gimnasia. Cuando las buenas familias mexicanas tuvieron más tiempo libre en sus manos, comenzaron a ver en el entretenimiento una parte importante para sus estilos de vida. Debe tomarse en cuenta que con la paulatina modernización del país la llegada de extranjeros fue más recurrente. Por lo general era gente adinerada, y junto con ella venían las últimas tendencias de la moda y el entretenimiento, ya sea de Europa o de Estados Unidos. Entre esas tendencias también venían los deportes, que los mexicanos, con nuestra innata manía de imitarlo todo, rápidamente tropicalizamos. No significó que se jugara polo en burro, pero sí hubo en varias prácticas deportivas un sincretismo cultural, como en el boxeo.

La inquietud por tener una buena salud por medio del ejercicio también llegó vía extranjera, esto gracias a las corrientes higienistas de gente como Charles Londe y sus tratados *Gimnástica medicinal* (1821), *Nuevos elementos de higiene* (1829) y *Tratado completo de higiene* (1843). Londe hacía hincapié en la importancia del ejercicio como "función civilizadora" y el fuerte vínculo que existía entre el ejercicio y el intelecto. Catalogó sus ejercicios para cada temperamento, edad y sexo y también hizo notar las bondades de los masajes o "fricciones", como se decían, para prevenir achaques entre la gente sedentaria. Desde 1826 todas sus obras se vendían en México y eran libros de cabecera para el profesor de gimnasia que se consideraba profesional. Estos profesores no sólo daban clases de ejercicios, también enseñaban a sus alumnos nociones de medicina y ciencias afines.

Pero el gran bestseller de la época, que impulsó mucho el gusto por el ejercicio, fue el libro *Gimnástica del bello sexo o ensayo so-*

bre la educación física de las jóvenes (1822), atribuido al español José Joaquín de Mora. El libro se vendía en la famosa librería Galván y, como se dice, estaba dirigido a las mujeres para educarlas, entremezclando lecciones morales con pasatiempos tradicionales. Entre los juegos para ejercitarse estaban el columpio, la gallina ciega y el baile. También estaba la equitación, la natación, el corretearse, el paseo y el entonces famoso "volante", antecedente del bádminton. Y, por si fuera poco, el libro traía ¡10 estampas!

La gimnasia pronto se hizo parte de la vida cotidiana de la gente y aunque era atendida principalmente por hombres, no tardó en atraer a las mujeres. Tal es el caso de la señorita Elisa Gen, quien en 1848 abrió su gimnasio para niñas y mujeres.

Mientras tanto, el profesor Jean Turin se casó con una mexicana, quien era conocida como "madama Turin". El matrimonio se ayudó económicamente montando presentaciones públicas de esgrima, gimnasia, equitación y lucha. No se sabe si madama Turin le aplicaba la doble Nelson a *monsieur* Turin o al revés, pero lo que sí sabemos es que Jean Turin fue de los primeros en presentar en la Ciudad de México el espectáculo del "hombre fuerte", al dar una presentación en noviembre de 1846 en el Teatro Nacional, "en la que detuvo con un brazo a un caballo en pleno galope".

No tardó la pareja en tener retoños, Cholita y Victoria, quienes apenas tuvieron edad para treparse al caballo fueron incorporadas al espectáculo que recorrió el país con el nombre de "La gran familia Turin".

PARA LEER MÁS

María José Garrido Asperó, *Para sanar, fortalecer y embellecer los cuerpos: Historia de la gimnasia en la Ciudad de México, 1824-1876*, México, Instituto Mora, 2016.

Lampart: otro héroe olvidado

Como bien sabemos, nuestra historia está tocada por personajes valiosísimos, gentes de una pieza entregados a causas nobles, que entre la aventura de vivir al límite y ser zangoloteados por destinos inciertos nunca fueron doblegados, aunque en muchos el final de sus vidas fuera trágico. Tal es el caso de William Lamport o Lombardo de Guzmán, o Guillén Lombardo, o Guillén de Lampart: se refieren a una misma persona.

Nacido en Irlanda, en 1611, Guillén de Lampart fue astrólogo, poeta, matemático, soldado, cortesano, ladrón de corazones, rebelde, defensor de los oprimidos, aventurero, pero, sobre todo, precursor de nuestra independencia y uno de los pocos hombres en la historia que se atrevió, desde las nada simpáticas mazmorras de la Inquisición novohispana (donde estuvo por 17 años), a documentar y denunciar detalladamente y sin dejarse amedrentar las corrupciones y abusos cometidos contra él y sus compañeros de cárcel. Estamos hablando de un verdadero portavoz de Amnistía Internacional, pero en pleno siglo XVII.

Todo comenzó cuando, siendo estudiante en Londres, Lampart, que como buen irlandés era de sangre brava y rebelde, peleó y escribió panfletos incitando a sus compatriotas a sublevarse contra la tiranía inglesa. Fue atrapado y condenado a muerte, pero logró escapar de manera novelesca.

De ahí se fue a España, donde se unió a los famosos Gansos Salvajes, soldados irlandeses expatriados que se pusieron al servicio del rey español por el hecho de ser católico (algo similar sucedió con el batallón de San Patricio en la guerra contra la invasión norteamericana a México (1846-1948), cuando la religión fue uno de los fuertes factores para que estos irlandeses pelearan por México).

Los Gansos Salvajes eran conocidos por locos y arrojados; ni el hambre ni el frío los echaban atrás. Sin embargo, el joven Lampart tenía más ambiciones, por lo que prefirió dejar las armas para terminar sus estudios en la prestigiada Universidad de Salamanca. En ella se hizo amigo nada menos que de Gaspar de Guzmán, conde-duque de Olivares, hombre riquísimo, culto, protector y mecenas de artistas (Velázquez, Quevedo, etcétera), y quien más tarde se convirtió en el hombre fuerte de Felipe IV.

Durante este tiempo Guillén ayudó a sus compatriotas a redactar una propuesta al rey Felipe IV para que España invadiera Irlanda. Los chicos no fueron tímidos en pedir "100 barcos de guerra, 8 000 españoles, armas para 50 000 hombres, balas y pólvora, un millón y medio cada año mientras durara la rebelión...". A cambio ofrecían su patria como protectorado español.

Felipe IV no ayudó a la causa irlandesa porque andaba como "caballo de circo, que hasta el chango lo monta", ya que su reino estaba en bancarrota, desquebrajado por las guerras y perdía poder en las colonias. Pero la inteligencia de Guillén impresionó al rey, por lo que en 1640 fue mandado a Nueva España en calidad de espía, con la misión de ver e informar secretamente al rey y al conde-duque por qué diablos desaparecía tanto doblón.

Otra de las razones por la que vino Lampart estuvo centrada en el asunto de los *criptojudíos* portugueses. Los criptojudíos eran aquellos judíos que para llevar la fiesta en paz se bautizaban y públicamente jugaban a ser católicos, mientras en secreto seguían practicando su fe. Los criptojudíos portugueses venían apoyando financieramente a España desde el siglo XV, y cuando en 1580 España se comió a Portugal, muchas familias de ellos se vinieron a nuestro país. De ahí el gran interés de Felipe IV de proteger a sus "inversionistas" en cualquier parte de su reino.

Ahora bien, cuando Lampart llegó a México se encontró con la sorpresa de que la Inquisición había desatado una infernal persecución contra estos ricos comerciantes de origen portugués, acusándolos de practicar el judaísmo. Debe tomarse en cuenta una cosa importante: en Nueva España la Inquisición nunca tuvo una base financiera propia y debía costearse ella sola sus propios gastos, sin ayuda del gobierno. Así pues, los salarios de los inquisidores salían de las multas que imponían, pero, sobre todo, de las riquezas y propiedades que confiscaban a los herejes. De tal manera que las famosas persecuciones y juicios de este temible aparato no eran más que una ansiosa y voraz manera de hacerse de recursos para subsistir, yéndose sobre los que más tenían por medio de métodos harto malandrines. Esto y la protección de la Iglesia lo hacían un negocio redondo.

Por otro lado, Lampart también fue testigo de las tremendas injusticias sociales que sufrían indígenas, negros y mestizos, vergüenzas que él mismo padeció en su tierra natal. Como rebelde de buen corazón, a Lampart esto le encendió la mecha y no tardó en hacerse de un plan de película: en 1642, con documentos falsificados, se hizo pasar por el hermano bastardo del rey Felipe IV, con la finalidad de derrocar al virrey y ocupar su puesto para liberar a todos los negros, indígenas y mestizos.

Pese a ser un plan un bastante marihuano y salpicado de ambiciones personales, donde Lampart se veía como un caudillo que salvaría indios y negros, lo echó a andar con buenos resultados. Pero, desgraciadamente, cometió un error: trató de mandar una de sus cartas secretas con un "amigo" que resultó jugar para el equipo de la Inquisición. ¡Ups!

Quizás el problema no hubiera pasado de una multa, pero en la carta interceptada redactaba con lujo de detalle la trama fraudulenta de la Inquisición para apoderarse de las fortunas de 60 familias de judíos portugueses radicados en territorio nacional. ¡Ups, dos veces! Para colmo, al momento de confiscar los bienes del irlandés, se encontró un pequeño cofre donde tenía sus papeles personales, entre ellos, una "Proclama Independista" en la que, comenta la doctora Andrea Martínez Baracs:

Concibe un nuevo régimen con la elevación de la nobleza indígena al rango de la española, la liberación de los esclavos y una igualdad de oportunidades que reaparecerá posteriormente en los ideales de la independencia [...]. Plantea una insurrección, con un sistema de premios y castigos y una visión donde lo importante es la liberación de los nobles indios, y de la cual él sería príncipe y rey.

Como aspirante a la igualdad entre los hombres, Lampart estaba adelantado a su tiempo. Por lo mismo, su pase al ISC (Inquisition Spa Center) fue directo, en donde permaneció por largos 17 años.

Lampart jamás se rindió y siguió exponiendo las corruptelas, injusticias y torturas de los canallas encapuchados. A los ocho años de preso, en 1650, logró escapar. Lo primero que hizo fue clavar en la puerta de la catedral principal una lista de los crímenes cometidos por la Inquisición; de ahí se metió a la alcoba del virrey a dejarle la misma denuncia y pasó a otras iglesias a hacer lo mismo. Horas después lo capturaron cuando iba rumbo a Yanga, la población de negros y cimarrones libres en Veracruz. Era Navidad.

Encarcelado de nuevo, Lampart siguió denunciando, sin descanso, las infamias que sufrían él y sus compañeros, hasta que por fin sus reclamos llegaron a oídos del rey, confrontando así a la Corona con la Iglesia (incluso el mismo Vaticano tuvo que intervenir). Ése fue el principio del derrumbe de la Inquisición, todo gracias a Lampart.

Por si fuera poco, desde las mazmorras el infatigable irlandés también se destacó como un poeta de mérito. La doctora Baracs comenta:

> Entre 1652 y 1654 Guillén de Lampart escribió desde su celda, oculto de sus carceleros, sin papel, tinta ni pluma, sin libros, 918 salmos en latín. Para ello utilizó lienzos blancos que se procuró, plumas de gallina que encontraba en los basureros, y elaboró la tinta con cenizas, cera, chocolate y otros materiales de ocasión. Sus carceleros le quitaron los lienzos, pero el tribunal mandó copiar su contenido, por lo cual contamos con la obra completa hoy en día.

Idealista, luchador tenaz, feroz guerrero, Guillén de Lampart perdió su última batalla cuando, por orden del Tribunal del

Santo Oficio, fue sentenciado a la hoguera. En la placilla frente al entonces convento de San Diego (en la ahora esquina de la Alameda, Doctor Mora y avenida Hidalgo, donde hoy está el Laboratorio Arte Alameda) el Santo Oficio tenía su parrilla para *fritanguear* al personal. Ahí Lampart fue quemado vivo el 19 de noviembre de 1659.

Sería hasta tiempos de Porfirio Díaz en que se reconoció a este personaje, cuando al colocar las estatuas que acompañarían el Ángel de la Independencia se decidió poner una suya. Gran favor le hicieron: la estatua quedó adentro del cubículo en la base de la columna, donde estaban los huesos de las personas ilustres.

Otro héroe olvidado.

PARA LEER MÁS

Andrea Martínez Baracs, *Don Guillén de Lampart, hijo de sus hazañas*, México, Fondo de Cultura Económica, 2013.

La apuesta que se convirtió en himno

La historia de las apuestas es tan antigua como el hombre, quien nunca ha sabido estar quieto y por lo mismo es capaz de apostar hasta su riñón con tal de sacar algo de provecho, ganarle al contrario o simplemente... apostar.

Tal fue el caso de dos amigos mexicanos que, sin tener nada que hacer, apostaron a ver quién componía la mejor marcha musical, una marcha que, sin querer queriendo, se convirtió en otro de nuestros himnos nacionales: la *Marcha de Zacatecas*.

En sus inicios, la marcha —tipo de música que por lo regular se asocia con el ambiente militar— era una estilizada forma de danza que se utilizaba más para dar saltitos de un lado a otro con la damisela en turno, y no para acompañar desfiles militares o procesiones religiosas.

Sin embargo, con el paso del tiempo sus acentuados patrones rítmicos (binarios) y sus melodías pegajosas, interpretadas por lo regular con instrumentos "ruidosos" (percusiones, metales y alientos), fueron convirtiendo el estilo en un nuevo género musical, utilizado, por un lado, en música conmemorativa, de celebración, y por otro, en música para que los ejércitos desarrollaran maniobras de movilización, se coordinaran en espacios abiertos y, por último, enviaran órdenes y señales a distancia.

No tardó que la marcha como género fuera adoptada entre muchos compositores de música "culta". Las marchas militares más antiguas de concierto que se conservan son las del compositor Jean Baptiste Lully, creadas para las bandas del ejército de Luis XIV, el afamado Rey Sol, a quien el sol le quedaba lejos (medía 160 centímetros).

A partir de la Revolución francesa, Cherubini, Hummel, Mozart, Beethoven, Mendelssohn, Chopin, Tchaikovski y muchos otros compusieron marchas con singular alegría, pues, además de ser un género festivo que exalta sentimientos de unión y amor patrio, sus obras tenían una gran difusión como música de autor bien redituadas.

En el ambiente no militar las marchas fueron por años adaptaciones de canciones muy sonadas que la gente se sabía de principio a fin, de ahí su practicidad de interpretación y popularidad.

En nuestro México escuchar música de marchas siempre nos deja un sabor a provincia, a sus plazas y quioscos, a su gente y músicos que le imprimen cierta inocencia que despierta nostalgia y alegra la sangre (de los elotes con crema y queso espolvoreado y los esquites con limón y chile después hablamos).

Un dúo feliz siempre ha sido el de los cohetes y las marchas, sobre todo en siglos como el XIX, periodo inquieto donde prácticamente todo el mundo estaba en guerra. Por lo mismo en él la marcha encontró su mejor momento. Simplemente en ese lapso de tiempo México pasó por una desastrosa guerra de Independencia, tres intervenciones extranjeras, una guerra civil espantosa (guerra de Reforma), santanazos por todos lados, fusilamientos de emperadores, constantes zafarranchos fratricidas y drásticos bandazos de gobierno. Mucha música de la época era utilizada como herramienta para exaltar valores patrios, un vehículo de la ideología que acompañaba al régimen en turno.

Los ritmos festivos de marchas, polkas, mazurcas, etcétera, ayudaban también a impregnar de un nacionalismo cargado de poética sentimentalista aquellas hazañas de algún héroe o evento destacado. Desde luego, hubo marchas importantes que conmemoraron verdaderas proezas, como la *Marcha Zaragoza*, del compositor y doctor hidalguense Aniceto Ortega (por cierto, su nombre completo era Aniceto de los Dolores). Esta obra se interpretó en vez del Himno Nacional durante un periodo del gobierno de Benito Juárez (recuérdese que Juárez duró 14 años en el poder, y si hubiera sido por él, se habría seguido, pero murió) y fue compuesta en honor del héroe que logró la única victoria contra los franceses, considerado el ejército más poderoso del mundo, en 1862. La marcha alcanzó fama mundial y hasta el ejército prusiano la utilizó en su guerra contra los franceses, solamente para recordarles que no eran invencibles.

Genaro Codina Fernández, nacido en Zacatecas en 1852, fue precisamente un entusiasta compositor de música conmemorativa, sobre todo de marchas. Hijo de familia de clase media, mostró desde temprana edad una habilidad excepcional para tocar varios instrumentos, entre ellos, el arpa, su favorita. Sin embargo, tomó la música más como afición que como medio de vida, y prefirió aprender el oficio de cohetero, práctica que ejerció con dedicación no sólo en fiestas patronales y patrias, sino también al servicio del activismo político, donde sus conocimientos de pirotecnia lo llevaron a granjearse problemas con la autoridad y pasar uno que otro día en la cárcel.

Para cambiar de aires, Codina Fernández aprendió de su padre los tejemanejes de la contabilidad y se empleó en la Casa de Moneda de Zacatecas. Por supuesto, no abandonó la música, y además de tocar en grupos *amateurs*, componer danzas, mazurcas, valses y otros géneros de moda, formaba parte de un selecto círculo de amigos, muchos de ellos excelentes músicos, como, por ejemplo, su compadre y concuño, Fernando Villalpando Ávila. Éste también era compositor de grandes marchas, violinista y director de la Banda Municipal del municipio de Zacatecas, y a los 11 años ya andaba en la pelotera tocando corno y clarinete dentro de un batallón a las órdenes del general J. Jesús González Ortega, a quien le compuso una famosa marcha fúnebre.

En 1887 Codina dedica al presidente en turno su *Marcha Porfirio Díaz*, quien, agradecido, le da un puesto vitalicio como contador en lo que sería la Secretaría de Hacienda, en Zacatecas.

Las reuniones de Codina con sus amigos se daban en casa de Villalpando. En una de ellas, en 1891, al amparo de un buen chocolate caliente con piquete, Codina y Villalpando decidieron hacer la apuesta de a ver quién componía la mejor marcha militar dedicada al entonces gobernador del estado, general Jesús Aréchiga Mojarro.

Llegó el día del certamen. El jurado fue conformado por amigos, parientes y público asistente, que con su aplauso elegirían al vencedor. La marcha de Villalpando fue interpretada al piano por Francisco Aguilar y Urízar, mientras que Codina prefirió arrancarse con lo que mejor sabía tocar y en donde había compuesto su obra: el arpa.

La decisión fue unánime a favor de Genaro Codina. Sin embargo, al presentar en público su *Marcha Aréchiga*, el mismo gobernador pidió que se le cambiara el nombre: "De por sí ya soy impopular", dicen que dijo.

La primera instrumentación de la *Marcha de Zacatecas* la hizo el violinista Aurelio Elías, director de la Banda de Música del Hospicio de Niños de Guadalupe. La segunda la llevó a cabo el mismo Villalpando y es la que se toca en la actualidad.

Tanto Codina como Villalpando murieron en 1901, con dos meses de diferencia.

La *Marcha de Zacatecas* trascendió y sigue dando a los mexicanos un espíritu de pertenencia, cuyo ritmo y melodía nos emociona y da identidad nacional ahí donde el mexicano se encuentre.

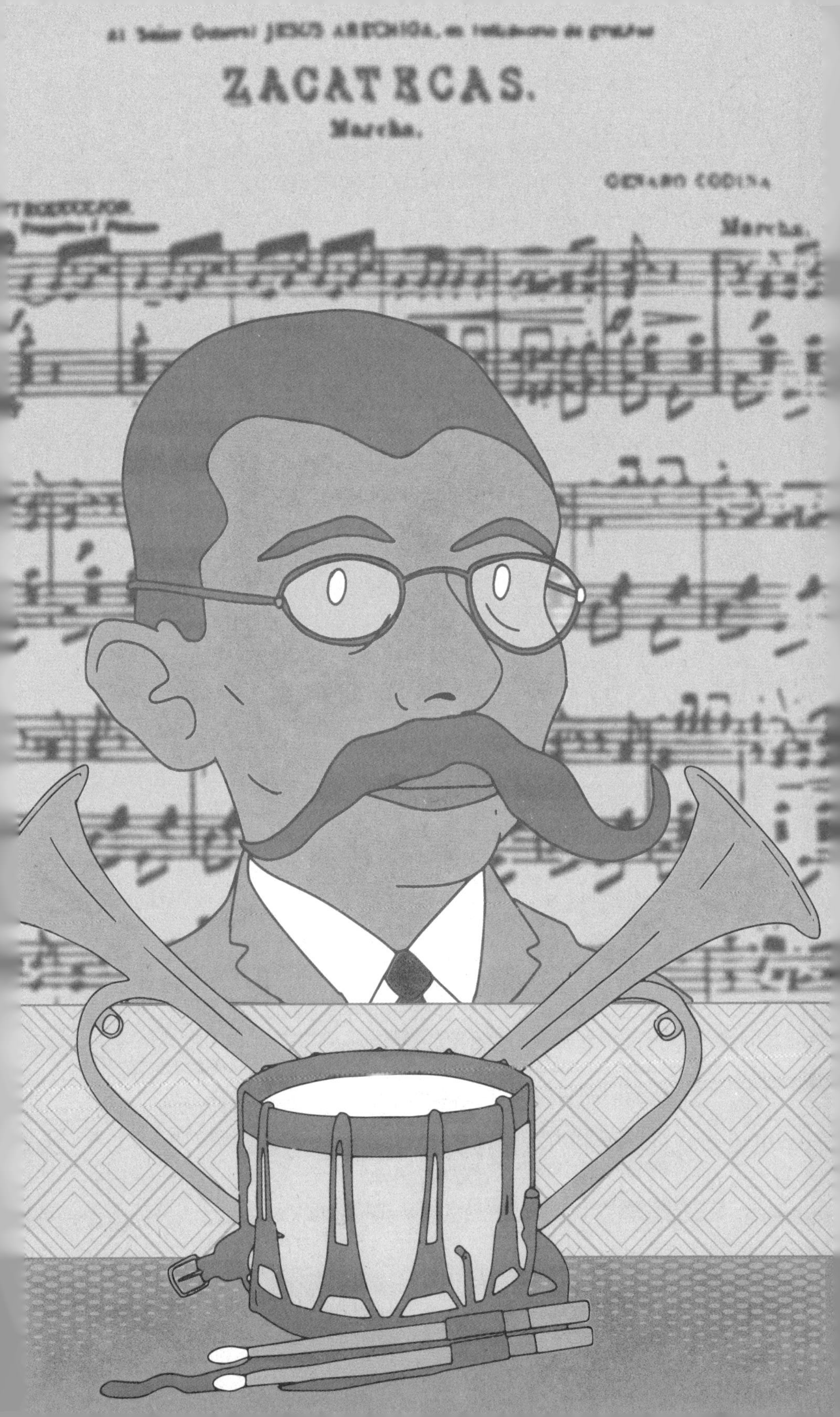
ZACATECAS.
Marcha.
Marcha.

Letra completa de la
MARCHA DE ZACATECAS

Prestos estad a combatir,
oíd llamar suena el clarín,
las armas pronto preparad
y la victoria disputad.
Prestos estad, suena el clarín,
anuncia ya próxima lid,
vibrando está su clamor,
marchemos ya con valor.
Sí, a lidiar marcharemos,
que es hora ya de combatir
con fiero ardor, con gran valor,
hasta vencer, hasta vencer.
Hasta morir.
Prestos estad a combatir,
oíd llamar suena el clarín,
las armas pronto preparad
y la victoria disputad.
Prestos estad suena el clarín,
anuncia ya próxima lid,
vibrando está su clamor
marchemos ya con valor.
Como huracán que en su furor
las olas rompe de la mar,
con rudo empuje y con vigor
sobre la hueste avanzad.
No os detengáis, no haya temor,
pronto el ataque apresurad,
guerra sin tregua al invasor.

Viva la patria y libertad,
viva la libertad, viva.
Viva la libertad, viva.
Que viva, sí, viva.
Oh, patria mía, tu hermoso pabellón
siempre sabremos llevarlo con honor.
Oh patria mía, tu hermoso pabellón
siempre sabremos llevarlo con honor.
Prestos estad a combatir,
oíd llamar suena el clarín,
las armas pronto preparad
y la victoria disputad.
Prestos estad suena el clarín,
anuncia ya próxima lid,
vibrando está su clamor,
marchemos ya con valor.
Como huracán que en su furor
las olas rompen de la mar,
con rudo empuje y con vigor
sobre la hueste avanzad.
No os detengáis, no haya temor,
pronto el ataque apresurad,
guerra sin tregua al invasor.
Viva la patria y libertad,
viva la libertad, viva.
Viva la libertad, viva.
Que viva, sí, viva.

Rosario Ibarra y la nada que le dio el valor

El infierno en la tierra existe. Si no, pregúntenle a cualquier madre cuando le arrebatan a una hija o hijo de manera violenta, y en su desesperada búsqueda sólo obtiene un *nada* como respuesta de las autoridades.

Esto le sucedió a Rosario Ibarra de Piedra el 18 de abril de 1975, cuando el segundo de sus cuatro hijos, Jesús, despareció sin dejar huella tras su detención por las autoridades, acusándolo de pertenecer a la Liga 23 de Septiembre (organización subversiva político-militar clandestina muy activa en esa época).

Pasaron días, semanas, meses... *nada*.

De Monterrey, Rosario se vino a la capital y reclamó en todas las instituciones, cárceles, la Defensa Nacional, la Secretaría de Gobernación y en la Presidencia de la República, pero... *nada*.

Llegó a interceptar personalmente, en más de 34 ocasiones, al entonces presidente Luis Echeverría para pedirle le regresaran a su hijo. Todavía el penúltimo día de su sexenio, Rosario habló con él nueve veces, pero... *nada*.

Elena Poniatowska cuenta que una tarde en su casa dejó a Rosario un minuto para atender una llamada y entre tanto comenzó a llover: "Cuando volví la encontré llorando: '¿Qué le pasa, Rosario?'. 'Es que pensé que donde quiera que esté mi muchacho ha de estarse mojando'. A Rosario, tan valiente, tan controlada siempre, por quién sabe qué mecanismo descompuesto la lluvia figurada sobre la espalda de su hijo le abrió las compuertas del llanto".

Y hasta la fecha... *nada*.

María del Rosario Ibarra de la Garza nació en Saltillo, Coahuila, en 1927. La única mujer de tres hermanos. Su padre fue un ingeniero agrónomo de origen vasco involucrado en las revueltas de 1910. Su madre, ama de casa, mujer afectuosa con brío artístico, tocaba la mandolina, violín y piano. Rosario fue una niña precoz: aprendió a leer a los cuatro años. Estudió en escuela de monjas y después la preparatoria en una institución liberal donde decidió ser abogada, algo atípico en su tiempo, y más en provincia.

Se podría decir que las ideas rebeldes le venían por parte de su abuela materna Adelaida, quien enviudó joven. Era una persona de carácter fuerte e ideas agitadoras. Todos los 21 de marzo hacía ella misma unos botones con los colores de la bandera que decían "El respeto al derecho ajeno es la paz". Estos los repartía a sus clientes en la panadería de su propiedad, que además se llamaba La Voz del Pueblo. Rosario recuerda: "Abrió la panadería sin saber una jota de cómo hacer pan. A todo mundo ayudaba. Quién sabe de dónde mi abuela sacaba esas ideas, ella llevaba a vivir a su casa a muchachas del pueblo, madres solteras que todo el mundo despreciaba, y la criticaban mucho por eso; era muy fuerte de carácter, a mí me impresionaba mucho, linda esa vieja, era de un pueblo llamado Marín, de allá de Nuevo León".

Estudiando leyes Rosario conoció a Jesús Piedra, médico de profesión, 15 años mayor que ella. Rosario se enamoró y hasta ahí quedó la abogacía. La pareja tuvo cuatro hijos. A Rosario no le enseñaron a ser mamá, pero de chica le enseñaron a memorizar muchas poesías, a cantar, bailar y tocar el piano, por lo que sus chamacos jamás se aburrieron: "Me gustaba mucho recitar y bailar, recuerdo que cuando llegaban visitas a mi casa les ofrecía bailar y cantar, me gustaba que me vieran. Ahora me encanta cocinar, pero no sabía hacerlo cuando me casé; de chica no tenía tiempo de trabajar en mi casa, hacía muchas cosas fuera, mi mamá me ponía a estudiar después de la escuela, tenía cursos de todo porque ella quería que yo fuera un estuche de monerías. No sabía guisar ni un huevo; ya casada le preguntaba a mi mamá cómo hacer la comida, me salía a llamarla para que me dijera qué hacer, yo vivía con unas cuñadas y no quería que se dieran cuenta de que no sabía nada. Aprendí a ser mamá porque eso no se batalla nada, lo único que me daba preocupación cuando mis hijos estaban chiquitos era bañarlos, por eso los bañaba mi marido".

Aunque la familia gozaba de una buena posición, Rosario siempre inculcó a sus hijos el no quedarse quietos o callados ante la injusticia: "Yo quería tener un hogar amoroso. Tenía yo 24 años cuando nació María del Rosario; después llegaron Jesús, Claudia Isabel y Carlos. Mis hijos nunca me han cuestionado por qué yo me dedico a lo que hago, al contrario, siempre me han apoyado; cuando me vine a México se vino mi hija un rato conmigo, luego vino la otra y finalmente el hijo menor. Han sido solidarios, comprometidos, jamás me han reclamado que yo me haya dedicado a buscar a Jesús. Mi hijo Carlos tenía 16 años cuando desaparecieron a su hermano. Ellos también han sufrido mucho".

Cuando sucedieron los hechos violentos del 68, Jesusito, como le decía Rosario, cursaba el tercer año de medicina. Buen estudiante, deportista, el joven estaba lleno de inquietudes sociales y políticas. La noche de su desaparición Rosario lo mandó a la tienda a comprar un queso y aceite de oliva. "¡Llévate mi coche!", le gritó desde arriba... Jamás lo volvió a ver, ni a él ni al coche (un Galaxie modelo 1970).

Desde entonces... *nada.*

Agotada la búsqueda en Monterrey, los Ibarra alquilaron un departamento en la capital, de donde Rosario salía diariamente a las dependencias oficiales. Con un plano de la ciudad en la mano y la esperanza en el corazón se abrió paso al Campo Marte, a los Pinos, a la Secretaría de tal o cual. Cualquier mínima esperanza, por absurda que pareciera, era para ella la razón de un día más.

Fueron los gélidos *nadas*, con los que el destino la iba cacheteando una y otra vez en su camino, los que precisamente la fortalecieron para llevar su cruzada hasta las últimas consecuencias, consecuencias que todavía hoy se siguen viviendo.

Dos años después de la desaparición de Jesús, Rosario Ibarra de Piedra, convertida ya en una de las activistas más importantes de México, fundó el famoso Comité Eureka, que reunía a las familias de personas desaparecidas o presas (que no eran pocas) durante los sexenios de los controversiales Gustavo Díaz Ordaz y Luis Echeverría.

Para Rosario y las mujeres del Comité Eureka, todos los desaparecidos eran sus hijos e hijas. ¿Por qué Eureka?: "¡Porque he encontrado! Porque en este doloroso camino nos hemos *encontrado* las madres y familiares para darnos fuerza y razón a nuestro reclamo. Porque hemos encontrado la solidaridad creciente de cada vez más voces de diferentes ámbitos sociales. No se puede negociar una vida humana brotada de nuestro vientre o ligada a nosotros por la sangre, por el afecto o por la afinidad y por las convicciones. Eso nos mantiene. Tener un hijo desaparecido no es vivir en paz, es vivir en la zozobra. El hecho de que me hayan arrebatado un hijo es terrible, no se lo deseo a nadie, no se lo deseo ni siquiera a quienes se lo llevaron".

En 1978, Rosario convocó a una huelga de hambre en los muros de la Catedral Metropolitana. Gracias a esta huelga se logró la Ley de Amnistía que puso en libertad a 1 500 presos políticos, permitió el regreso de 57 exiliados y se obtuvo la dimisión de 2 000 órdenes de aprehensión: "Rosario ha demostrado que la lucha sí sirve; que no es correcto quedarse en el dolor y la queja individuales, que no es suficiente la gestión y el trámite legal, especialmente frente a una práctica absolutamente ilegal como es la desaparición forzada de personas".

Los siguientes años fueron itinerantes para Rosario, quien se entregó en cuerpo y alma a recorrer el mundo para llevar su denuncia. Por su lucha y acciones fue candidata al Premio Nobel de la Paz en 1986, 1987, 1989 y 2006. En este periodo fue también diputada y senadora.

En 1982 Rosario se convirtió en la primera mujer en nuestra historia en ser candidata a la presidencia de México, por parte del Partido Revolucionario de los Trabajadores (PRT); algo insólito si se toma en cuenta que, hasta 1953, la mujer mexicana alcanzó el derecho a votar, esto en un entorno machista recalcitrante.

En su columna, que publicaba desde 1976 en *El Universal*, Rosario escribió: "Es muy dolorosa la desesperanza; produce en nues-

tras almas una enorme tristeza y la pena de sentir que nuestra larga lucha no ha logrado acabar con las enormes injusticias que se siguen cometiendo. Y el dolor más punzante, el que más nos lastima, es no saber lo que sufrieron nuestros seres queridos y sobre todo ¡no haberlos recuperado!".

Desde su departamento en el Edificio Condesa, Rosario siguió, incansable, levantándose a las cinco y media de la mañana y acostándose hasta media noche: "Ya no gasto mucho porque ya no ando de presumida a la última moda. En lo que siempre he gastado mucho es en libros, y leo todo lo que compro. Me gusta comer cosas sencillas, pero, eso sí, carne, porque como buena norteña si no como carne siento que no comí. Ya ves lo que decía Vasconcelos: 'En Monterrey se acaba la civilización y empieza la carne asada'".

El 8 de octubre de 2019, el Senado mexicano le otorgó la medalla Belisario Domínguez.

Vale la pena ver el documental *Rosario*, dirigido por Shula Erenberg, estrenado en mayo de 2014.

Presidenteando ando

Nada como un poco de cotilleo presidencial para acompañar un cafecito:

La persona con más edad en llegar a la presidencia en México fue el veracruzano José Ignacio Pavón, quien tenía 69 años. Lo singular es que Pavón nada más fue presidente por un día, en agosto de 1860. Curiosamente, cedió el poder a quien hasta ahora es el presidente más joven de nuestra historia: el capitalino Miguel Miramón, que contaba con casi 28 añitos, y a quien fusilaron junto a Maximiliano de Habsburgo, en Querétaro.

Eso sí, lo que no tenía de ambicioso Miramón (jamás hizo dinero) lo tenía de ojo alegre. ¡Ay, ay, ay!, cómo le dio lata a su santa mujer, doña Concepción Lombardo de Miramón, pues hasta días antes de su muerte el prócer infiltró algunas nenas a su encierro de Querétaro, mientras su esposa rogaba a Juárez que perdonara a su media naranja. Vale la pena leer las memorias de esta atribulada mujer, quien le aguantó hasta el final sus infidelidades y jamás lo abandonó. Muerto Miramón, doña Concepción y sus hijos sobrevivieron gracias a la pensión que de antemano el buen Maximiliano dejó bien guardada en Austria para su compañero de fatigas.

Si el general Pavón tuvo un día para saber lo que se sentía ser el fuerte del país, el licenciado capitalino Pedro Lascuráin Paredes también lo supo, pero nada más de las 17:15 a las 18:00 horas del 19 de febrero de 1913: ¡45 minutos de superpoder!, el tiempo justo para sentarse en la afamada silla, ver desde ahí la oficinota, ir al baño y regresar a preparar el papeleo para darle la presidencia al siguiente, nada menos que al jalisquillo, de origen wixárika (huichol), Victoriano Huerta, quien pasaría a ser el tercer presidente de raíces indígenas en México, y de quien sabemos ha pasado a la historia como un vil traidor y un hombre de frialdad espeluznante a la hora de despachar amigos y enemigos por igual.

Pero aún los pérfidos presidentes tuvieron cosas buenas: Huerta creó el Ministerio de Agricultura, encargado de repartir las tierras, fomentar el fraccionamiento de haciendas y crear escuelas experimentales para mejorar la agricultura, cumpliendo en cierta manera las exigencias de Pascual Orozco (Plan de la Empacadora, 1912) y de Emiliano Zapata (Plan de Ayala, 1911). También se preocupó por la alfabetización y construyó 5 000 escuelas en zonas marginadas, donde se aprendía, primero que todo, a hablar español, después a leer, escribir y a hacer operaciones aritméticas. Fue él quien impuso un día de descanso obligatorio en la jornada laboral.

Sin duda, la muerte de Huerta fue una de las más horribles que puede sufrir un hombre: *delirium tremens*. Estando en su exilio en Texas y con un alcoholismo avanzado, la familia decidió encerrarlo en un cuarto, cometiendo el error de cortarle el alcohol de tajo, cosa que no se recomienda hacer en los alcohólicos crónicos.

Y hablando de salud: hubo presidentes jóvenes con pésima salud y viejos con un vigor pocas veces visto. De los primeros está quien fue el primer presidente de nuestro país, el duranguense José Miguel Ramón Adaucto Fernández y Félix, mejor conocido como Guadalupe Victoria, quien asumió el poder a los 38 años, en 1824. Hijo de una familia acaudalada (dueña de minas), a Miguelito lo mandaron a estudiar a la capital a lo que correspondería a la Ibero, la entonces afamada San Ildefonso. De ahí pasó al ejército, donde siguió llevando vida de catrín. Se dice que durante las campañas militares no dejaba que le sirvieran la comida como a los demás, sino en sus platos especiales y cubiertos de plata, que llevaba bien resguardados en una canasta.

Desgraciadamente, Victoria sufrió toda su vida de epilepsia, que, por cierto, no es enfermedad, sino la manifestación de una alteración cerebral. Victoria sufría ataques feroces y quizás eso lo llevó a tener una vida de solterón, por lo menos hasta sus últimos años, cuando se casó con una buena mujer, María Antonia Bretón de los Herreros. En una carta, ésta le dijo a su hermana: "La noche anterior tuvo un ataque que lo dejó sin fuerzas. El médico estuvo acompañándome hasta la madrugada. Estaba muy preocupado, ya que esta última crisis fue de lo más violenta, duró por espacio de media hora, habiendo arrojado espuma blanca por la boca, y sus gritos se oyeron por toda la fortaleza".

Otro presidente joven con pésima salud fue el poblano Manuel Ávila Camacho, el primer presidente en mandar soldados mexicanos a servir fuera del país (Segunda Guerra Mundial). En las fotografías de su toma de posesión, en 1940, observamos a un hombre que se ve anciano, con una papada proverbial tipo "bufanda", gordazo de miedo, pero que en realidad tenía 44 años. Su dañada salud se debía en parte a la obesidad mórbida. Durante los seis años de su mandato siempre estuvo enfermo y tuvo tres infartos, que por supuesto se escondieron al público. ¿De qué murió don Manuel? Así es: de un infarto.

En cambio, quien tuvo una salud prodigiosa toda su vida fue el presidente michoacano Lázaro Cárdenas, quien asumió el poder a los 39 años. Cárdenas, que no acabó la primaria, fue un consumado andarín y caminaba incansablemente durante horas o días. Inteligente y persona verdaderamente de primera con una alta calidad humana, Cárdenas fue bondadoso, modesto y empático, tan así que durante su estancia en el ejército ayudaba a escapar a sus prisioneros antes de que le ordenaran fusilarlos. Fue Cárdenas el primero en negarse a mudarse al Castillo de Chapultepec, por pomposo; prefirió hacer la residencia oficial en el rancho La Hormiga, al lado del bosque, llamado ahora Los Pinos, en honor al huerto donde conoció a su esposa, Amalia Solórzano. Cárdenas salió por primera vez del país a los 62 años.

Sabemos que algunos presidentes tienen una terca resolución de no traer guardia de seguridad. Pero, si tomamos en cuenta que la historia se repite, será bueno contarles que al presidente sonorense Álvaro Obregón lo mataron precisamente por su terquedad de no traer escolta, esto en 1928. Si hubiera traído guardia no lo habrían asaltado tan fácilmente. Curiosamente, según el médico Juan G. Saldaña, que practicó la autopsia, en el cuerpo de Obregón no sólo aparecieron los siete balazos que traía la pistola del dibujante asesino, sino 13... ¿quién dio la ayudadita?

Ahora bien, no era el primer atentado que Obregón sufría: un año antes habían intentado dinamitarlo mientras viajaba en su auto, obviamente sin escolta. Después, en un viaje en tren de Arizona a Sonora, él y el amigo con el que viajaba, ¡sin escolta!, compartieron camarote. Por razones del destino y contra la lógica —pues Obregón no tenía brazo—, decidió dormirse en la molesta litera de arriba. Ya dormidos alguien entró al camarote y abrió fuego contra quien creía que era Obregón en la cama de abajo. Si hubiera tenido escolta esto no habría sucedido.

Y para terminar:

Uno creería que el capitalino Carlos Salinas de Gortari, que, por cierto, ganó una medalla de plata en equitación en los Juegos Panamericanos de 1971, fue el presidente más chaparro que hemos tenido. Pero nada: el oaxaqueño Benito Juárez viene superando hasta ahora a todos con 137 centímetros.

Juárez fue el primer padre de familia en la historia en ir al Registro Civil a registrar a un hijo, en 1860. Este gran personaje no bebía mucho alcohol, pero era un fumador empedernido (ocho puros al día), además de entrarle al taco con alegría y no hacer absolutamente nada de ejercicio, ni siquiera caminar, porque todo lo resolvía en carruaje, su "juguete" favorito (todos los días salía a dar vueltas en su carruaje sin destino alguno). Este tren de vida lo llevó a que un día de julio de 1872, mientras despachaba en el Palacio Nacional, sintiera de pronto un calambre dolorosísimo en el pecho, el cual lo tiró al piso. Para revivirlo los doctores hubieran querido aplicar un efectivo tratamiento entonces de moda: choques eléctricos. Pero en el Palacio no había electricidad. Entonces decidieron aplicar algo más drástico: le echaron una cubeta de agua hirviendo al corazón. El impacto y dolor revivieron de un latigazo al presidente, cuyo pecho quedó severamente ampulado por las quemaduras. Dos horas después le volvió la punzada y le volvieron a echar más agua hirviendo, pero ya no reaccionó. ¿De qué murió, del infarto o por las quemaduras? Misterio.

... Y otro presidente solterón de toda su vida fue el poblano Ignacio Comonfort, que, por cierto, andaba tan mal económicamente cuando lo nombraron presidente, en 1855, que pidió prestado para comprarse un traje.

Y qué bueno que en 1853 nada más fue presidente por 31 días, porque la verdad nadie se hubiera aprendido el nombre completo del duranguense Juan Bautista Loreto Mucio Francisco José de Asís de la Santísima Trinidad Ceballos Gómez Sañudo.

Y el sonorense Plutarco Elías Calles, presidente en 1924, es considerado el más anticlerical de nuestra historia, al establecer la Ley de Tolerancia de Cultos (Ley Calles), la cual prohibía toda participación del clero en cuestiones de gobierno. Esta ley originó la afamada Guerra Cristera. Pues nada, se cuenta que cuando niño, Plutarquito era un entusiasta monaguillo, hasta que lo descubrieron robándose las limosnas para comprar dulces.

La elefanta
Judy a la carga

L a historia era impactante y conmovió a todos: el 31 de julio de 1958, un artículo publicado en el periódico *Excélsior* decía que la vida capitalina se había visto alterada por el asesinato, en plena calle, de una gran elefanta, algo realmente fuera de lo común. La occisa respondía (a veces) al nombre de Judy.

Antes de venir a México, Judy era la estrella del afamado circo norteamericano Ringling Bros. and Barnum & Bailey. Se trataba de un circo emblemático y de mucha tradición, que después de 146 años de existencia cerró sus puertas (en 2017), curiosamente más por falta de elefantes en su espectáculo que, por ejemplo, la complicación de mantener en nómina a más de 400 personas en gira permanente. Pero no, la realidad era que el elefante siempre fue un ícono glorioso del circo Ringling, desde que los comenzaron a utilizar en sus funciones en 1882.

Pues nada, resulta que en ese tiempo, con el fin de promover y enriquecer el zoológico de la Ciudad de México, el gobierno capitalino, al mando de Ernesto Uruchurtu (quien regenteó con mano de hierro por 14 años), compró cuatro jóvenes elefantas a una institución de Florida, Estados Unidos. En un gesto de cortesía, los güeros del norte pusieron en la canasta a Judy, hermosa criatura de 35 primaveras.

Nuestras amigas de tenis redondos y orejas de milanesa, que viajaron en tren bajo la supervisión del domador de fieras y amigo de muchos años de Judy, el norteamericano Charles Butler, llegaron a México sin problema. Pero en la madrugada del miércoles Judy, Yamina, Seeta, Rommi y Terra decidieron escaparse de la estación de Balbuena, donde aguardaban, quiero imaginar, sus visas de trabajo.

Algunos testigos dijeron que de pronto los paquidermos rompieron el vagón donde estaban y se echaron a andar por los andenes, ante el asombro y griterío del respetable, quienes corrían aterrorizados por todo lados. La causa, dijeron los enterados, fue que los animales se espantaron primero, se irritaron después, por el fuerte y constante silbido de las máquinas que partían a sus destinos: "Arrastrando sus cadenas y caminando pausadamente, los animales enfilaron rumbo a la calle de Salvador Díaz Mirón, y se inició una de las más extraordinarias aventuras que han vivido los capitalinos", narra el artículo periodístico de marras.

Ya en marcha por las calles las elefantas se separaron. Judy, la más grande y con humor de suegra sin almorzar, agarró rumbo a Santa María la Ribera, mientras las otras se fueron hacia la Escuela Normal Superior. Cuestión de imaginarse la cara de la gente al cruzarse de pronto con tremendas damas. Un borrachito al verlas de cerca comentó: "Ay, compadrito, ahora sí dejo de tomar, pues hasta elefantes veo".

Si la gente estaba asustada, los animales más, pues en su desesperación y susto inmediatamente comenzaron a arremeter contra todo lo que se les ponía enfrente, puestos ambulantes, automóviles y uno que otro despistado. Rápidamente se dio parte a las autoridades, pero como el D. E. D. (Departamento de Elefantas Desbandadas) todavía no existía, no supieron el proceder técnico del asunto, más que seguir con lupa las huellotas de las forajidas.

Ya en la colonia Santa María la Ribera, Judy se veía intranquila. Cerca de ella estaba su domador que gritaba sin cesar: "¡Stop, Judy... Stop, Judy!". La elefanta, al ver a la gente arremolinada, alborotada y hasta colgada de los postes, junto con el estruendo de las sirenas policiacas, hizo lo contrario al mentado *stop*: se arrancó a toda máquina por la calle de Carpio y destrozó todo a su paso.

Y entonces cayó el pelo en la sopa: de la nada y sin ser invitado se aventó al ruedo el típico macho machorro, de los que sólo vemos en las tarjetas de la lotería a la hora de ponerle el frijol encima, un temerario azteca que decidió poner en su lugar a la descarriada trompuda y, resuelto, comenzó a enfrentarla a golpes y a jalarle la cola. Pues nada, el periódico narra: "Carlos Cruz García, de 54 años, fue aplastado en las calles de Carpio [...]. El occiso se atravesó al

paso del enloquecido animal y, al jalarle imprudentemente la cola, fue pateado por el paquidermo, que se paró encima de él, dejándolo aplastado en el pavimento". ¡Salchichas! A continuación, se cuenta de cómo la esposa de Carlitos, "el temerario", abalanzada sobre el cadáver, maldecía y gritaba: "¡Maten a ese animal... mátenlo!".

Las horas de angustia continuaron y el ambiente se tornó más tenso. Calles arriba Judy se reencontró con sus jóvenes amigas. Todas comenzaron a dar fuertes resoplidos y bramidos que "pusieron la carne de gallina a los que estaban cerca". Los encargados del zoológico y el personal norteamericano finalmente lograron separar a las pequeñas de Judy y las pusieron a salvo.

Butler y compañía regresaron por Judy, que se encontraba todavía confundida pero calmada. Sin embargo, al momento de tratar de subirla al camión se volvió a escapar, corriendo sin detenerse hasta el humilde callejón de la Luz, donde se tumbó totalmente agotada. Judy trató de salir del callejón aventándose sobre una patrulla y forcejeando con sus ya menguadas fuerzas, pero el domador Butler logró detenerla con su desgañitado *Stop, Judy!*".

Entonces, mientras el contingente policial deliberaba qué se iba a hacer, de pronto se escuchó una detonación... Butler le había disparado a Judy: "Después se escucharon ráfagas. Los policías y granaderos, todos, apuntaban hacia el cuerpo de la elefanta. Pasaron unos instantes. Nadie se movió de su sitio. Había recibido 26 balazos en la cabeza. Butler fue el primero en acercarse al animal. El cuerpo de Judy palpitaba aún".

"En unos segundos se fueron apagando en Judy los ruidos de la existencia. La enorme mole de carne, que trajo en jaque a miles de habitantes, policías, granaderos, motociclistas, patrulleros, ambulantes y domadores durante siete horas, quedó en silencio".

Charles Butler abrazando a la elefanta le dijo quedamente: "Ya no había lugar para ti en México. No me hiciste caso. No te calmaste, Judy. Eras un peligro. Mira cuántos niños y niñas. Pobrecitos de ellos si aún estuvieras viva".

El cuerpo de Judy fue llevado al zoológico, destazado y dado a los leones, aunque alguien hurtó la cabeza.

De fiestas a pachangas

Durante estas fechas decembrinas hay palabras de vieja usanza que se extrañan. Y aunque algunas de ellas sacan a relucir nuestra edad y filo generacional, son términos que, junto con la época, afloran la añoranza por otros tiempos, sobre todo ante un presente tan desencantado, como el nuestro. No en balde al recordarlas con cariño dan ganas de ponerle más "piquete al ponche" (por cierto, ¡qué caro anda el tejocote!).

Una de estas palabras nostálgicas es precisamente la que detonaba el inicio de la época: *pachanga*. Aunque la palabra tiene acepciones como "juego de futbol informal que se practica en una sola portería", o en Cuba es usada para referirse a una danza local, los mexicanos la definimos como "diversión bulliciosa, jolgorio, fiestón, acto público poco serio", en otras palabras: *desmadre*, nuestro mero mole.

Los habitantes de México-Tenochtitlán fueron un pueblo fiestero por excelencia, más no pachanguero. Esto debido a que sus fiestas tenían una connotación esencialmente religiosa y ceremonial, donde las normas del ritual en turno eran respetadas al pie de la letra: jamás se vio a un sacerdote azteca improvisando un brindis antes de comerse el corazón del compadre.

Ahora bien, muchas celebraciones prehispánicas se festejaban durante el solsticio de invierno (la misma época en donde se celebra Navidad). Quizás la más importante de éstas fue la del nacimiento de Huitzilopochtli (que significa "colibrí azul a la izquierda"), dios del sol y de la guerra para los mexicas, efectuada cada 21 de diciembre. Curiosamente, al día siguiente de la celebración también hacían una fiesta en sus casas, donde se daba de comer a los invitados y se obsequiaban regalos, como "pequeñas estatuillas o ídolos hechos de maíz azul, tostado y molido, mezclado con miel negra de maguey", comenta la investigadora Amalia Leyva.

Otra similitud es que precisamente el día 24 se celebraba, entre danzas y ritos, el día en que el sol resurgía, esto en Malinalco, Estado de México.

Por supuesto nuestras fiestas navideñas son de origen europeo. A su llegada, los frailes se esforzaron en impresionar a los naturales con una de las más importantes fechas de *su* religión: el nacimiento de Cristo. Así fue como fray Pedro de Gante (educador pedante con el humor de un castor sin dientes en un aserradero) organizó hacia 1528 la primera gran Navidad.

No tardaron después en implantarse las consecuentes festividades navideñas, como el domingo de Adviento que comienza cuatro domingos anteriores a la Nochebuena; las posadas del 16 al 24 de diciembre; el Año Nuevo; la Epifanía o Reyes, que se celebra el 6 de enero; y la Candelaria o Presentación del Niño en el Templo el 2 de febrero.

Pero hasta ahí todas eran fiestas, no pachangas. La paulatina transformación entre una y otra fue a partir de 1587, cuando se llevaron a cabo las primeras posadas, esto en el pueblo de San Agustín Acolman (cerca de Teotihuacán). Y esto porque el entonces papa Sixto V (un pontífice que mandó a ahorcar públicamente a cinco despistados para festejar su coronación y que para colmo se llamaba Felice —Feliz—) otorgó el permiso para que en la Nueva España se dieran las Misas de Aguinaldo. Estas liturgias se celebraban de noche durante los nueve días previos a la Navidad y culminaban con la célebre Misa de Gallo, ofrecida a primera hora del día 25 de diciembre. Durante estas misas, y con la finalidad de "evangelizar" a más indígenas, se montaban fiestezuelas en los atrios de las iglesias, donde la gente veía representaciones alegóricas, se rompían piñatas, comían, cantaban villancicos y se convivía con gusto y placer.

Sin embargo, conforme pasaron los años las posadas se fueron sofisticando y complicando en su organización y ejecución. Llegó el momento en que muchas de ellas se organizaban con años de anticipación, además costando un dineral entre juegos pirotécnicos, música, hospedaje, comida, baile, adornos de igle-

sias y casas, organización y parafernalia para las procesiones, etcétera.

De esta manera, la finalidad del festejo dejó de ser meramente religiosa para pasar a convertirse en "fiesta con pretexto religioso", o sea, pachanga. Ésta, al estar al amparo de la época navideña, gozaba de una especie de blindaje moral donde se permitía a uno relajarse un poco más que en otras fiestas. Como si por ser Navidad la pachanga nos otorgara una especie de "pase", liberándonos de muchas cosas, entre ellas, el odioso remordimiento.

De este modo se fueron materializando festejos inventados, como la pachanga navideña de la oficina, donde vemos a Lupita de recursos humanos con la falda de bufanda, tratando de seguir el "baile del perrito" arriba de la mesa; o al "Yorch" de contaduría seduciendo a la impresora, o al siempre bien portado "Píter" de servicio a clientes diciéndole "cara de cerdo" a la esposa del jefe.

Aquí es donde entra al dedillo otra vieja palabra que se usaba con frecuencia en estas fechas: zafarrancho.

Zafarrancho era un término de jerga marítima, y se refiere a la acción y efecto de desocupar (zafar) una parte de la embarcación para dejarla dispuesta a otra tarea. Ahora se utiliza como sinónimo de "despapaye fuera de control".

Así, la pachanga puede terminar en zafarrancho cuando, por ejemplo, tío Melchor decide utilizar a tía Pepa como trapeador felpudo durante el intercambio de regalos, o cuando hubo que defender a tortazo limpio la posada contra los colados que se querían llevar la ponchera y a tía Pepa, en ese orden. La estadística nos dice que un gran por ciento de pachangas están condenadas a terminar en zafarrancho, aunque en contadas veces al revés.

Otro factor que influyó mucho para convertir las fiestas navideñas en pachangones fueron los consabidos brindis, que se fomentan demasiado hacia fin de año:

¡Feliz Navidad!
Arriba,
abajo,
al centro
y pa' dentro

Solemnidad de retórica regordeta y seriedad impuesta que heredamos de los españoles, los brindis en realidad son un mero pretexto en forma de deseo de bienestar para lograr lo único que vale la pena en la pachanga: achisparse:

Por la salud de ustedes:
¡y en el nombre sea de Dios,
tómense ésta y otras dos!

Y si a esto le añadimos nuestra muy mexicana manía de querer quedar bien hasta con las puertas, pues los brindis van cayendo en resonada cascada hasta que la pachanga nos transforma en ambidiestros, brindando con la derecha o la izquierda indistintamente:

Brindo por ustedes y la posteridad,
aunque no tengamos reservaciones...

La palabra viene del vocablo italiano *brindisi*, que a su vez se deriva de la frase alemana *brin's dir*: "Yo te lo ofrezco". De ahí que también el vocablo signifique "ofrecimiento" y se use en frases como "te brindo mi amistad" o "les brindo esta pelea contra tía Pepa".

Se cuenta que el hecho de chocar las copas durante el brindis viene de los antiguos romanos, asiduos al deporte de "envenenar" vecinos. En efecto, si querías asesinar a alguien era usual envenenarle la copa, por lo que los anfitriones, como símbolo de confianza, chocaban fuertemente la suya con sus invitados, lo que producía que el líquido de una pasara a la otra, y así ambos beberían el veneno, en caso de haberlo vertido.

Las fiestas navideñas rematan con una prueba a veces difícil de enfrentar: el *recalentado*. Para entonces tía Pepa ha dejado de usar el bistec en el ojo, se le ha desinflamado el cráneo, la convivencia se convierte en cordial y sólo el borracho *freelance* quiere hacer un brindis.

Pero, ¡cuidado!: en cualquier momento se puede salir de las manos, pues al grito de "¡Vénganse a la casa porque sobró mucho pavo y romeros!", el jolgorista navideño, si bien un tanto desgastadillo físicamente, pero exento de cualquier remordimiento, puede encontrar un segundo aire y convertir aquello en un pachangón: siempre habrá oportunidad de llevarse todo al traste en la pachanga de recalentado.

Al final todo mundo se despide, aunque sin duda alguna ya se está pensando en casa de quién serán las fiestas del siguiente año... así es la vida: un simple círculo pachanguero.

¡A *desenchinar* esto, compadre!

Sin duda uno de los pasajes más vergonzosos de nuestra historia mexicana es el injustificado linchamiento de 303 chinos en Torreón, Coahuila, entre el 13 y 15 de mayo de 1911. Cobarde también la terca campaña antichina, racista, violenta y hasta ridícula (cuando se fue al discurso higiénico-sanitario) que los mexicanos siguieron avalando desde entonces, hasta mediados de los años treinta. Esto en un país que siempre ha presumido de hospitalario y pacífico para con los extranjeros.

Obviamente, la masacre de Torreón —que no fue la única en México, pero sí la mayor en América— se tapó a tal grado que, con el paso del tiempo, pareció convertirse en "cuento chino", de los que se platican en la sobremesa familiar con el bodoque sentado en las rodillas del abuelo, entre pan de dulce, café y chocolate caliente.

La ambición por modernizar México llevó al gobierno de Porfirio Díaz a invertir grandes cantidades en el país, sobre todo en el ramo de las comunicaciones. Así, el 23 de marzo de 1883, llegaría a la frontera desde la capital el primer tren del Ferrocarril Central Mexicano, que recorrería casi 2 000 kilómetros en cinco días, cuando las diligencias solían tardar meses en llegar por el Camino Real.

Ese año, pero en la zona Lagunera de Coahuila, se mandó a construir en medio de una exhacienda con menos de 300 habitantes, llamada El Torreón, una estación de tren de paso. Desde ahí años después se construyó otro ramal ferroviario que llegó hasta Eagle Pass, Texas.

El *bum* comercial no se hizo esperar en este pueblo: para principios del siglo xx Torreón era el tercer puerto ferroviario del país y contaba con 14 000 habitantes engolosinados con la utopía norteña. Además de la rica agricultura algodonera, había "una fábrica de jabón, de hilados y tejidos, una cervecería, una ladrillera, otra fábrica de muebles, de refrescos y dulces, una fundidora y la guayulera Continental Rubber & Co.", cuenta Julián Herbert, autor de la hasta ahora mejor crónica que enfrenta, desmitifica y publica los terribles hechos de la masacre de chinos en su libro *La casa del dolor ajeno* (2015).

La presencia de orientales en México viene desde fines del siglo XVI, cuando comenzaron los viajes de galeones entre las Filipinas (Manila) con Nueva España (Acapulco), aventura que se denominó la Nao de China. En 1590, la Caja de Acapulco registró formalmente el ingreso de 5 000 orientales en calidad de esclavos. De ahí, hasta 1673, se enviaron oficialmente 3 630 esclavos orientales a Acapulco.

Hacia la mitad del siglo XIX fueron traídos al continente más de 63 000 chinos como mano de obra para la construcción de las vías del Central Pacific, tramo que completó la parte final del primer ferrocarril trascontinental en América. Ahora bien, esto sucedió en medio del fenómeno de la "fiebre del oro" californiana, por lo que hacia 1882, nuestro vecinito del norte, alegando que el chino quitaba trabajo a sus ciudadanos y que ya estaba en cantidades groseras, prohibió la entrada al país de orientales y de paso expulsó a gran parte de esa comunidad, quienes, obviamente, jalaron para México y se asentaron principalmente en los estados norteños.

En esa área, los chinos, trabajadores incansables que solían mantener un bajo perfil, prosperaron rápidamente, pasando pronto a ser dueños de lavanderías, panaderías, boticas, tiendas de abarrotes, hortalizas, hoteles, cantinas y, faltaba más, fumaderos de opio y burdeles.

Algo que les favoreció de manera formal fue cuando en 1899 don Porfirio firmó el Tratado de Amistad, Comercio y Navegación entre México y China, permitiéndoles la libre entrada y salida al país y garantizando sus intereses, aunque la idea atrás de todo era atraerlos como mano de obra, pues hasta entonces era la más barata. Sin embargo, el carácter trabajador y empresarial del oriental pronto comenzó a ser una amenaza para el mexicano, quien no tardó en desatar una campaña antichina.

La opinión general sobre los chinos en México la podemos leer en una nota del periódico *Siglo XIX*, que, con fecha del 24 de septiembre de 1871, menciona: "El pueblo chino es el más antiguo del mundo y a su vez el menos civilizado. Está acostumbrado a la miseria y dominado por la avaricia [...]. La poligamia que es permitida en su país natal ha destruido casi por completo a la familia [...]. Son dóciles no por virtud, sino por su objeción y cobardía".

Además, se les reclamaba que nunca se integraban, que sólo daban empleo a sus compatriotas y que nada más consumían productos que importaban de su país.

Sin embargo, el chino emprendedor no se detuvo: "En 1901 la colonia china en Torreón era una de las más prósperas y notables de la región, conformada casi en su totalidad por varones dueños de exitosos negocios", comenta Herbert.

Asimismo, tenían líderes poderosos, como el rico comerciante Foon Chuck, cuya habilidad lo llevó a fundar el Banco Wah Yick, institución de ahorro y crédito de gran importancia en la región, que, desde luego, apoyaba mucho a los suyos.

Para 1904 la floreciente y organizada familia china en Torreón fundó la Asociación Reformista del Imperio Chino, presidida por el inquieto Foon Chuck, que para desagradar todavía más a nuestro paisanaje creó la exitosa Compañía de Tranvías Wah Yick.

No tardó aquella bonanza china en atraer a inversionistas de toda clase, quienes viajaron hasta la ciudad norteña para comprar tierras y establecimientos alrededor de lo boyante. Uno de ellos se asoció con el travieso Foon Chuck para fundar un negocio de palabras mayores: la Compañía Bancaria Chino Mexicana, "subsidiaria de una corporación comercial que tenía como objetivo la compra y venta de bienes raíces y la transferencia de fondos a Nueva York y Hong Kong", vuelve a decir Herbert.

En 1910 había 13 000 chinos en México (aproximadamente 750 en Coahuila) y los ánimos en contra de ellos estaban ya recargaditos: "En las fiestas del centenario de 1910, el general porfirista Leonardo Escobar, en la ceremonia de la noche del 15 de septiembre, gritó tres vivas a México mientras la multitud desafiante al unísono replicaba tres veces: '¡Viva Madero!'. Por otro lado, esa misma noche, otros torreonenses vociferaban: '¡Mueran los chinos!'. Al día siguiente varias vidrieras de negocios cuyos dueños eran chinos amanecieron apedreadas", Herbert *dixit*.

En plena Revolución (1911) los maderistas que ocupaban el poblado de Gómez Palacio, Durango, celebraron la batalla de Puebla con un desfile y la consabida serie de discursos. Uno de los oradores más ardientes fue el albañil Jesús Flores, quien, olvidándose por completo de los verdaderos festejados —Ignacio Zaragoza y sus muchachos—, comenzó a denunciar los gravísimos daños que los chinos causaban en la sociedad mexicana. El pueblo vitoreó y se infló como gallina ponedora.

A la semana siguiente, en la mañana del sábado 13 de mayo, los maderistas comenzaron su ataque contra la guarnición federal agazapada en Torreón. Entonces sucedió lo peor... para los chinos, como comenta Herbert:

> El cabecilla revolucionario Benjamín Argumedo ordenó a sus tropas el asalto al Banco Wah Yick; ninguno de sus ocupantes salió vivo. Después salió rodando la caja fuerte del banco. Con hachas y fierros se logró al fin forzar la cerradura; en su interior había guardado mucho dinero, ya monedas de oro, ya billetes mexicanos y estadounidenses. Parte de ese botín fue conformado por pequeños ahorros conseguidos con mucho esfuerzo a través de un estilo de vida extremadamente austero que caracterizaba a los chinos.

El pretexto que se dio para el "pequeño genocidio" fue que los *amarillos* habían disparado al equipo contrario, cosa que jamás sucedió. Lo que sí sucedió es que los federales usaron los establecimientos chinos para de ahí disparar, pero ellos nunca tomaron parte en la batalla: "A los chinos de Torreón los mató el pueblo. El pueblo menesteroso: ése fue su verdugo, lo mismo si cayeron bajo las balas de los guerrilleros maderistas que bajo los machetes y cuchillos de obreros y campesinos de La Laguna", comenta Juan Puig Zurita en su libro *Entre el río Perla y el Nazas* (2012).

La noticia de la matanza recorrió el mundo. Inmediatamente el gobierno chino exigió cuentas. El recién presidente electo, Francisco I. Madero, asumió la responsabilidad y aceptó pagar la indemnización de 3 100 000 pesos. Pero asesinaron a Madero y el pago no se cumplió.

En 1921 el gobierno chino retomó el asunto de la indemnización. Nadie respondió. Lo volvió a hacer en 1924: "Hola, don Ching, es que el presidente no está, salió a comprar elotes". En 1927 por fin los mexicanos contestaron: "Pos nomás tenemos 500 000 pesos". ¡Venga!, dijeron los hijos de Confucio, aunque no recibieron nada y hasta ahora en China siguen esperando su compensación.

Para mediados de la década de los veinte el antichinismo volvió a tomar fuerza con tonos hasta pseudocientíficos e higienistas. Ahora se acusaba a los chinos, aparte de ser unos *pervertidos*, de portar tuberculosis, sífilis y lepra. Un diputado sinaloense comentó: "Los chinos no han probado ser elementos útiles, sino degeneradores de nuestra raza". El objetivo era expulsarlos a como diera lugar, y al parecer algo se logró, pues de los 26 000 que había en 1937, en 1940 quedaban nada más 5 000 legales.

Este nada gracioso relajito antichino terminó cuando Japón declaró la guerra a China en el marco de la Segunda Guerra Mundial y nosotros nos aliamos con Estados Unidos.

Actualmente las relaciones entre México y China son de respeto y colaboración, mas no se nos olvide que la ahora superpotencia de Oriente nos la tiene bien guardada.

En su plegaria a Dios, el "dios de todos los seres, de todos los mundos y de todos los tiempos", Voltaire dice:

No nos has dado un corazón para odiarnos
y manos para degollarnos:
haz que nos ayudemos los unos a los otros a soportar
el peso de una vida dolorosa y pasajera;
que las pequeñas diferencias entre las vestimentas que
cubren nuestros cuerpos débiles, entre nuestras lenguas
limitadas, entre todas nuestras costumbres ridículas,
entre todas nuestras leyes imperfectas [...]
que todos estos pequeños matices que distinguen
a los átomos llamados seres humanos no sean
señales de odio y de persecución.

¡Señor, estamos solos!

Muchas veces parece requisito que la historia de cualquier poeta debe estar tocada por la tragedia, sobre todo en las mujeres. Como si el destino supiera que estos seres de luz, que en sus cantos nos convidan la belleza vestida en verso, vivieran para sublimar la fatalidad, luchando para convertirla en una enseñanza que mejore el mundo.

Alaíde Foppa de Solórzano fue una de ellas. Durante los años ochenta del siglo pasado el ejército guatemalteco mató al más chico de sus cinco hijos, Juan Pablo, de 28 años, quien trabajaba en la serranía como maestro rural. Su cuerpo fue aventado a una fosa común y ella se enteró un mes después. Al poco tiempo su marido, Antonio, saliendo de una farmacia en la avenida Insurgentes, en la Ciudad de México, fue atropellado por un auto que, inmediatamente después del accidente, simplemente se fue como si nada hubiera pasado. El marido murió en el hospital al día siguiente. Y mientras el tiempo no se detenía para curar sus heridas, Alaíde recibió la noticia de que su segundo hijo, Mario, también había sido asesinado durante la guerrilla guatemalteca.

Aquella mujer de mente encendida, que escribió uno de los más hermosos homenajes a la maternidad en su poema "Propiciatoria", no dudó en transformarse en un torrente de rabia, una furia que se posesionó de cada una de sus células, de sus neuronas y de aquellos dedos que golpeteaban las teclas de su máquina de escribir.

A partir de estas catástrofes, la autora de "Señor, estamos solos" quiso hacerse útil en cuerpo y alma a la causa que defendieron sus hijos, transformándose en bandera de la lucha por los derechos humanos. Pero ¿quién iba a pensar que el 19 de diciembre de 1980, a plena luz del día en una concurrida avenida de la Ciudad de Guatemala, Alaíde personificaría la tragedia misma cuando, estando ahí para visitar a su madre enferma y aclarar la muerte de sus hijos, fue secuestrada junto con su chofer y desapareció de la faz de la Tierra para siempre?

Mujer morena, delgada, de belleza misteriosa, dueña de un porte elegante que coronaba siempre con una sonrisa, Alaíde, dueña de cultura impresionante, fue una líder nata. Aun cuando vestía con discreción, lo hacía con vestidos finos, por lo que en muchas ocasiones se ganó el rechazo de las feministas de hueso colorado que no toleraban lo fifí. De sus orígenes la misma poetisa cuenta: "Nací en Barcelona, siendo mi padre argentino y mi madre guatemalteca. Viví poco en Argentina y después en Italia. Mi padre estaba en el servicio exterior. En Italia hice mis estudios hasta secundaria. Fui a Bélgica a cursar el bachillerato y de ahí regresé a Roma donde estudié Letras e Historia del Arte. Mis primeros poemas están escritos en italiano".

En 1943, el trabajo diplomático del padre llevó a la familia a una Guatemala a punto de la revolución: "Fue la primera vez que sentí a la gente, su miedo, su angustia, la opresión, la enorme injusticia social, la pobreza, la explotación del indio. Para mí fue impactante. Comprendí que de alguna manera yo tenía que participar en todo aquello". El polvorín no tardó en explotar: "Oía pasar las balas muy cerca, cosa que no había vivido en Europa".

Al año siguiente se casó con Antonio Solórzano, hijo de un terrateniente rico y poderoso del país. Antonio recién regresaba de Alemania, donde estudió leyes. Ya aclimatado en la política fundó el Partido Guatemalteco del Trabajo, de izquierda radical, por lo que no tardó en ser perseguido y obligado a salir de nuevo del país.

Después de una breve estancia en París, donde Antonio fue cónsul, el matrimonio regresó a Guatemala a participar en el segundo régimen democrático que hasta entonces conocían los guatemaltecos en toda su historia. El gobierno, inspirado en los principios de la Revolución mexicana, pretendía desarrollar una tajante reforma fiscal, educacional, agraria y laboral, necesaria para salir adelante.

Como era de esperarse, esto no les gustó nada a los poderosos, pero menos a la gigantesca multinacional gringa que se había asentado en más de 900 000 hectáreas adjudicadas ilegalmente, la United Fruit Company.

Pese a todo y en contra de los oligarcas, el gobierno aplicó las nuevas leyes. Las represalias no se hicieron esperar: en 1954 una vino cuando los norteamericanos bombardearon a su antojo la capital guatemalteca por dos semanas consecutivas, a sabiendas de que Guatemala no tenía aviones ni baterías antiaéreas. Por cierto, a quien le tocó vivir esta humillación en carne propia fue a un joven médico argentino entonces radicado en Guatemala, Ernesto *el Che* Guevara; la experiencia reafirmó todavía más su compromiso con el comunismo.

Mientras tanto, Alaíde y familia, amenazados de muerte, abandonaron el país de nueva cuenta para exiliarse en México, donde la poetisa vivió hasta su desaparición. Aquí, Alaíde se dedicó a sus hijos, a dar clases y escribir. A partir de 1965 fue maestra de tiempo completo en la Facultad de Filosofía y Letras de la UNAM, donde impartía la cátedra de Sociología de la Mujer y Literatura Italiana.

La década de los setenta fue la más fructífera para la poetisa y escritora. Elena Poniatowska recuerda que no tenía tiempo para sí misma; de vez en cuando hacía una pausa en su carrera de crítica de arte, feminista, traductora y profesora de Letras para exclamar, con una cierta nostalgia: "Este fin de semana me voy a Tepoztlán, a ver si puedo escribir algo". Aunque llegó el momento en que el exceso de trabajo la hizo sentirse mal físicamente, no se detuvo. Prueba de ello es de esta época su hermoso poema "Elogio de mi cuerpo", "dirigido a su cuerpo, al cual había descuidado y no le respondía", dijo Poniatowska.

Años atrás Alaíde ya había incursionado en la radio, pero desde 1972 su programa *El foro de la mujer*, en Radio Universidad, se convirtió en uno de los pocos micrófonos abiertos a la denuncia femenina. Por fin se ponían al aire las contradicciones de una sociedad machista de grandes injusticias desde el punto de vista de la mujer, "un proyecto histórico de cambio, de resistencia cultural solidaria", como recuerda Poniatowska. Un dato curioso: meses antes de su desaparición, Alaíde fue la primera mujer en hacer una entrevista de radio a la guatemalteca Rigoberta Menchú (ganadora del Premio Nobel de la Paz de 1992), quien entonces tenía 19 años y hablaba mal el español.

Y así, entre esposo, hijos, poesía, prosa, magisterio, radio y periodismo, la incansable señora Foppa igualmente se la veía atendiendo juntas en Amnistía Internacional como en la Agrupación Internacional de Mujeres contra la Represión (AIMUR).

Durante un viaje en autobús a Uruapan, Michoacán, Alaíde y Margarita García Flores (abogada, activista, escritora y política mexicana) platicaron sobre la necesidad de hacer una revista de giro feminista, algo que entonces no existía. En 1977 nació *FEM*, "revista feminista de análisis, discusión y lucha que diera cabida a la creación literaria de mujeres que escriben con sentido feminista y que contribuyen con su obra al reconocimiento de ese nuevo ser, libre, independiente y productivo".

Toda la revista se hacía desde su casa, en la colonia Florida, "donde se servía el mejor café de México y las galletas hechas por ella misma", comenta Poniatowska. Alaíde financiaba parte del proyecto, y muchos amigos pintores, como Toledo, Cuevas o Corzas, donaron cuadros para subasta. El éxito de la publicación dio paso a que se fundara la sociedad civil Nueva Cultura Feminista. La revista cerró hasta 2005.

Alaíde también ejerció como crítica de arte en periódicos y revistas. Fue de las primeras en organizar, en el Museo de Arte Carrillo Gil, una exposición exclusivamente de mujeres, pintoras, fotógrafas, ceramistas y escultoras. Ese mismo año, cuando los políticos de México seguían siendo intocables, Alaíde fue la única mujer en criticar públicamente el discurso del entonces presidente José López Portillo: "Es deplorable que el presidente nos pida a las mujeres lo que nos han pedido por siglos, es decir, jugar un papel hoy combatido y modificado en parte: ser las compañeras ('esas que avanzan a nuestro lado'), las musas ('que nos ayudan a

ser mejores'), seres misteriosamente intuitivos que tienen un sentido instintivo y no razonado de la justicia".

La desaparición de Alaíde Foppa, a manos de la policía secreta guatemalteca (G-2), llevó a que Amnistía Internacional por primera vez en su historia acusara directamente a un gobierno, esto en su informe *Guatemala, programa gubernamental de asesinatos políticos.*

Pese a todos los esfuerzos internacionales, jamás se volvió a saber algo de ella.

Recordémosla en uno de sus más importantes y queridos poemas, "Mujer", que además se convirtió en la bandera del feminismo:

Un ser que aún no acaba de ser,
No la remota rosa angelical
que los poetas cantaron.
No la maldita bruja que los inquisidores quemaron.
No la temida y deseada prostituta.
No la madre bendita,
no la marchita y burlada solterona.
No la obligada a ser buena.
No la obligada a ser mala.
No la que vive porque la dejan vivir.
No la que debe siempre decir que sí.
Un ser que trata de saber quién es
y que empieza a existir.

El suizo maravilla

Por desgracia el nombre de Rébsamen se convirtió en símbolo de tragedia cuando un colegio con ese nombre, situado al sur de la Ciudad de México, se desplomó durante el terrible sismo del 19 de septiembre de 2017, en el que murieron 19 niños y siete adultos.

Hasta entonces mucha gente ni siquiera había escuchado el nombre, que, además de ser frecuente en instituciones educativas, también figura en muchas calles del país, esto porque el suizo Rébsamen, hoy un tanto olvidado, es sin duda uno de los personajes más importantes en la historia de la pedagogía en México.

Enrique Conrado Rébsamen Egloff nació en 1857, en Kreuzlingen, Suiza, pueblillo idílico a las orillas de un lago. Ahí, su padre, Juan Ulrich, fue director de la Escuela Normal de Maestros por más de 40 años. El padre quería que su hijo se dedicara a algo más "lucrativo" que el magisterio, pero el joven Enrique lo traía en la sangre y siguió su vocación. Eso no le quitó que su mente inquieta lo llevara también a estudiar Botánica, Geología, Paleontología, idiomas y hasta Comercio, por aquello de las cuentas chuecas.

Una vez titulado consiguió trabajo en una escuela en Lichtenfels, Alemania, donde pasó cinco años enseñando idiomas. Ahí "analizó las situaciones en que trabajaban las escuelas preparatorias, dio a conocer sus argumentos y propuestas en una serie de artículos publicados en la revista del magisterio suizo. Así fue el comienzo de su profesión como pedagogo y escritor especializado en temas educativos", comenta el periodista Luis Pérez Rosas.

En Lichtenfels (que por cierto desde el siglo XIX era el más importante fabricante de las famosas canastas de mimbre alemanas) Rébsamen conoció a un intelectual liberal, Carlos von Gagern. Se trataba de un extravagante personaje, hijo de una familia cuyo apellido ya se mencionaba en el siglo XII, que estuvo en México entre 1853 y 1871. Como buen alemán de rancia alcurnia marcial, *herr* Carlos era una mezcla de vanidad e idealismo enfundados en una naturaleza inteligente, honesta y arrojada. En México demostró su valor defendiendo los ideales liberales durante su apasionada participación contra los franceses y en la guerra de Reforma. Incluso estuvo en el sitio de Querétaro (1867) y vio caer preso a Maximiliano, a quien más tarde visitó en su celda para comprobar si era masón (no lo fue).

Por sus méritos militares e intelectuales a este teutón le dieron la nacionalidad mexicana. Llegó a ser miembro notable de la Sociedad de Geografía y Estadística y escritor de ensayos y artículos en periódicos mexicanos y extranjeros. Sería uno de estos ensayos, titulado "Quetzalcóatl", el que hipnotizó y convenció a Rébsamen de viajar a tierras aztecas. Eso sí, después de una paseadita —como Dios manda y el monedero alcanza— por varios países europeos.

El lunes 14 de mayo de 1883 Rébsamen llegó a Veracruz en el vapor francés Ville de Bordeaux. El periódico *Siglo XIX* anunció que del vapor bajaron "menos de una docena de mexicanos, una larga lista de españoles, una docena de alemanes y otra de franceses, un polaco, un italiano y dos suizos, uno de ellos con esposa (Dulon) y uno, solitario, de apellido Rébsamen". El joven suizo venía con un par de cartas de recomendación de su amigo Von Gagern, entre ellas, una dirigida al destacado escritor, periodista y político Ignacio Manuel Altamirano.

Por acá en ese momento estábamos en plena efervescencia porfiriana y el país parecía estable y "echado pa delante". En cuestión de educación vivíamos engolosinados con la famosa filosofía positivista, que dicta: no se puede conocer nada si no es por medio de la ciencia, la cual se convierte en positiva si se deja uno de pamplinadas espirituales y pajaritos en el aire, limitándose a observar los fenómenos reales y a ordenarlos bajo leyes evidentes. "Saber para prever" era el lema de esta corriente de pensamiento. La enseñanza no era un fin, y "cientificar" y fortalecer el sistema educativo de un pueblo era el motor que llevaba y motivaba al pensamiento libre.

Debe tomarse en cuenta que hubo un evento importante para la restructuración educativa del país cuando, en 1882, se dio el primer Congreso Higiénico Pedagógico, convocado por el Consejo Superior de Salubridad en la capital. En él participaron médicos y maestros para hablar sobre la importante relación entre la higiene y la educación, sobre las condiciones higiénicas que debían tener las escuelas primarias, de cómo debía ser el mobiliario escolar higiénico y económico, qué requisitos debían cumplir los libros y útiles para que no afectaran la salud de los alumnos, etcétera.

Dos de las resoluciones sobresalientes fueron que debían practicarse ejercicios físicos para ayudar al desarrollo de los alumnos y que las escuelas no deberían estar adaptadas en casas particulares o vecindades, como era la costumbre hasta entonces, sino en edificios específicos para la finalidad de la escuela.

En 1884 Rébsamen, que para entonces ya participaba activamente en la pedagogía nacional, por fin conoció a don Ignacio M. Altamirano, con quien mantuvo una larga y fructífera amistad. Entre otras cosas, Altamirano era responsable de asentar recientemente las bases para que la instrucción primaria fuera gratuita, laica y obligatoria en México. Pronto conectó al suizo con las personas adecuadas y Rébsamen lo invitó a ser un asiduo colaborador en la primera revista pedagógica del país, *México Intelectual*, fundada por él en 1889. Se trataba de un volumen semestral con más de 300 hojas por fascículo, cuyo objetivo "fue adquirir para el pueblo mexicano un invaluable patrimonio: la cultura intelectual, entendiéndose esta última como instrucción pública".

Por ese tiempo Rébsamen se enteró de la gran labor pedagógica de Enrique Laubscher en Veracruz. Este alemán introdujo a la enseñanza mexicana cosas muy interesantes: quitó la fastidiosa "instrucción memorística", aquello de que el alumno tenía que aprenderse absolutamente todo de memoria, e introdujo la educación física, talleres manuales, prácticas agrícolas, además de ser el primero en promover el concepto de *kindergarten* para los más peques.

Entusiasmado, el suizo visitó al profesor en Xalapa, y aunque era 20 años más chico, congeniaron de inmediato. Así, con el apoyo del gobierno, ambos comenzaron a implantar sus métodos en la entonces novedosa Escuela Modelo, en Orizaba, destinada a preparar a futuros maestros con programas modernos.

El reto fundamental de la pedagogía práctica del suizo maravilla consistía en "romper el viejo vicio de 'la letra con sangre entra', proponiendo la introducción de palabras normales, la utilización de la imagen con color y el juego como estrategia didáctica de enseñanza para hacer las clases amenas, para que los niños aprendiesen a leer y escribir en un plazo no mayor de uno o dos años". La filosofía de ver el juego como estrategia didáctica sigue hasta nuestros días.

El éxito de estos conceptos cambió la educación normal y la educación pública en México. Con ellos, generaciones de mexicanos aprendieron a leer y escribir, y se redujo considerablemente el analfabetismo. A partir de 1899 el compendio del suizo maravilla se conoció como el *Método Rébsamen*. En 1904 se declaró obligatorio en las escuelas del país. Para 1929, el año en que se le dio la autonomía a la Universidad Nacional de México —y ésta se convirtió en la UNAM—, llevaba vendidos cuatro millones de ejemplares y siguió usándose hasta su última publicación, en 1985.

Mientras tanto, el éxito de Rébsamen hizo que las autoridades gubernamentales quedaran muy bien, por lo que le pidieron fundar una Escuela Normal en Veracruz, Oaxaca, Jalisco, Guanajuato, y restructurar la de la capital. En 1890 publicó su *Guía metodológica para la enseñanza de la historia*, con la que la enseñanza de la historia patria cobra por primera vez importancia, contribuyendo a formar la conciencia histórica del mexicano. Ese año se fundó la primera escuela normal para mujeres en la capital.

Su acelerado trote de trabajo y dedicación, un verdadero apostolado, le impidieron tener vida propia. Rébsamen nunca se casó y la intensidad de trabajo cobró factura en su salud: cayó enfermo en 1903. Regresó a Xalapa, donde tenía su hacienda Quinta Amarilla. Ahí era feliz plantando frutas, flores y cuidando de los animales,

aunque el trabajo de contestar la voluminosa correspondencia le era agotador.

Para principios de 1904 su revista anunciaba la pronta reincorporación del maestro a sus actividades, pero el 8 de abril Enrique Conrado Rébsamen murió en Xalapa a los 47 años:

Enseñarás a volar...
pero no volarán tu vuelo.
Enseñarás a soñar...
pero no soñarán tus sueños.
Enseñarás a vivir...
pero no vivirán tu vida.
Enseñarás a cantar...
pero no cantarán tu canción.
Enseñarás a pensar...
pero no pensarán como tú.
Pero sabrás
que cada vez que ellos vuelen, sueñen,
vivan, canten y piensen...
¡Estará en ellos la semilla
del camino enseñado y aprendido!

"Enseñarás a volar",
MADRE TERESA DE CALCUTA

Admiración por Juárez

Daniel Cosío Villegas tenía un carácter irónico y un tanto áspero, sesgos que quedaron impregnados con elegancia, lenguaje directo, burla disimulada y agudeza intelectual en sus muchos artículos periodísticos que escribió con bastante éxito a partir de agosto de 1968 en el periódico *Excélsior*. Cuando comenzó esta aventura, que duraría seis años sin interrupción, tenía un par semanas de haber cumplido 70 años.

Para entonces don Daniel había sido por décadas uno de los impulsores más importantes de la vida intelectual y cultural del país. Entre otras cosas, fue fundador de la Escuela Nacional de Economía, en la UNAM (1933), del Fondo de Cultura Económica (1934) y de El Colegio de México (1940). Su ensayo *La crisis de México*, publicado en 1947, una explicación del fracaso de las "promesas" de la Revolución, lo convirtió en uno de los pensadores mexicanos más sobresalientes e influyentes. Uno de sus muchos y grandes logros fue que dirigiendo el Fondo de Cultura Económica por más de 10 años hizo que por fin una editorial funcionara como negocio independiente, lo que lo convirtió en el primer "empresario cultural" de México. A su vez, en los años cincuenta, reunió a destacados jóvenes historiadores y economistas para escribir y organizar una *Historia moderna de México*, obra titánica en 10 magníficos volúmenes que muestran los ires y venires del país, desde mediados del siglo XIX hasta 1910.

Daniel Cosío Villegas (1898-1976) fue en su tiempo una figura sumamente respetada, y quizás por ello presidentes todopoderosos y de pocas pulgas, como Díaz Ordaz y Echeverría, aguantaron las críticas ácidas y polémicas de sus artículos sin mandarlo a "corregir", como se sigue acostumbrando con la prensa. Esto fue algo excepcional y muestra la talla que tenía don Daniel.

La gran mayoría de los artículos de Cosío fueron de corte político, muy de su época y para entendidos, pero hay algunos que trataron otros temas y que vale la pena rescatar, leer y promover, como, por ejemplo, el escrito en marzo de 1972: "Por qué admiro a Juárez".

En él, Cosío Villegas explica que, si don Benito sigue siendo un personaje excepcionalmente controvertido —inclusive más que Antonio López de Santa Anna, Porfirio Díaz y algunos de los revolucionarios— es por la huella tan profunda que dejó en la vida e historia nacional, pues desde su muerte hasta nuestros días prácticamente no se ha dejado de escribir sobre él y su tiempo, esto porque nadie se pone a investigar y escribir cientos de páginas de algo que sea insignificante u ordinario, *ergo*: la magnitud y naturaleza del personaje siguen dando de qué hablar, y no parece tener fin.

Don Daniel señala que, como todos, Juárez tenía muchas virtudes y muchos defectos. Sin embargo —escribe—, por lo menos una de sus virtudes se dio en un grado tan excepcional que parece increíble. Increíble "porque convierte a Juárez de manera fácil, casi fatalmente, en un ser fabuloso, irreal, del otro mundo, como si dijéramos. Para mí, esa virtud excepcional, de hecho, única en la historia mexicana, es la capacidad de Juárez para entender, para asimilar, aun para adelantarse a su época".

Para el escritor casi ninguno de los que lo critican o lo defienden ha puesto la suficiente atención en lo significante que es su fecha y lugar de nacimiento. Cuando Benito Juárez García nació en 1806 en Guelatao, Oaxaca, el país de nombre México ni siquiera existía y al movimiento de independencia le faltaban años para arrancar. Cuando se consumó la guerra de Independencia, como dice Víctor Samuel Palencia Alonso, "aquel indio zapoteco apenas tenía 15 años, una edad en que resulta literalmente imposible entender cosas tan remotas y tan complicadas como el alumbramiento de una nación".

Por si fuera poco, Juárez nació en un pueblo incrustado en la montaña de la recóndita Oaxaca, y si en el 2015 se registraban apenas 503 habitantes, imagínense a principios del siglo XIX. La barrera del lenguaje fue otro factor importante, pues ahí, en Guelatao, no se hablaba nada de español; el mismo Benito lo aprendería hasta los 12 años. Entonces, se pregunta Cosío Villegas: "¿Cómo un hombre que nace cuando aún no existía la nacionalidad mexicana, cómo un hombre que nace en un lugar donde no podían adivinarse siquiera los latidos de un México por nacer se convierte durante la intervención en el símbolo, en la bandera, en la encarnación misma de la nacionalidad mexicana?".

Fe y voluntad. Juárez nunca estuvo avergonzado de su origen, ni del color de su piel; es más, ni de su estatura, que era bastante baja (137 centímetros). Todo lo contrario. Pero pronto comprendió que la única manera de emparejarse con el hombre blanco, frívolo y astuto, con el criollo engreído y el mestizo pasado de tuestes, era *educándose*, como ellos lo hacían. Así, el indio zapoteca analfabeto se convirtió en abogado, después en juez, diputado, magistrado, secretario de Gobierno, gobernador de su estado, ministro de Justicia, presidente de la Suprema Corte de la Nación y, faltaba más, presidente de la República por 14 años y seis meses, cargo que sólo soltó porque murió de un infarto.

Pequeño paréntesis: ¡¿cómo no le iba a dar un infarto?! Vivía siempre con el Jesús en la boca, a salto de mata a lo largo y ancho del país, llevó un sedentarismo recalcitrante, nunca hizo ejercicio en su vida, fumaba de cinco a ocho puros al día (a su muerte encontraron en el sótano-cava del Palacio Nacional literalmente miles de puros que su yerno, Pedro Santacilia, le traía de Cuba) y, para colmo, era bastante antojadizo. No en balde una de sus hijas, en una carta fechada en 1866, le escribe: "Querido papacito, no puede usted figurarse el gusto que me ha dado ver su retrato, pues veo que está usted muy gordo".

Lo cierto es que don Benito estuvo muy encariñado con la silla presidencial y eso molestaba mucho a sus detractores. No tanto como Porfirio Díaz, quien todavía un mes antes de morir, a sus 84 años, quería ser otra vez presidente, e inclusive trató de convencer al general Felipe Ángeles para que lo ayudara a volver al país, pero por suerte Carranza interceptó la carta.

Volviendo a Cosío Villegas: para el historiador, ningún mexicano se ha atrevido a llevar a cabo una obra de reforma tan grande como la hizo Juárez, y menos bajo los principios liberales de que todo individuo tiene el derecho de decidir sobre su propia vida, sin violar los derechos de los demás, y que al final el papel del Estado era asegurar esos derechos. También Juárez, nos dice, fue el primero en "demostrar" la superioridad del poder civil sobre el militar.

Don Benito no sólo fue la máxima figura de la política de su tiempo en el país; también fue un estadista de fama mundial, un hombre que, dice uno de sus grandes biógrafos, José Fuentes Mares, "sin problemas de conciencia tomaba decisiones prácticas. El que sin pestañear sacrificaba los escrúpulos a sus fines: el verdadero hombre de Estado".

Cosío Villegas remata su artículo diciendo: "Admiro a Juárez por una última razón, que en su tiempo poco o nada significaba, pero que en los nuestros parece asombroso, de hecho, increíble: una honestidad personal tan natural, tan congénita, que en su época no fue siquiera tema de conversación y mucho menos de alabanza".

Circo, maroma y la Roma

¿Por qué las calles de la colonia Roma en la Ciudad de México responden a nombres de ciudades de la República? Con topónimos como Tepic, Xalapa, Mérida o Campeche, esta colonia, una de las más tradicionales de la ciudad, vuelve a ser centro de atención gracias a la explosión mediática que le dio la película del mismo nombre (*Roma*, 2018), escrita, dirigida, fotografiada y coproducida por Alfonso Cuarón.

El responsable de bautizar las calles de la mencionada colonia con nombres de ciudades colonia fue el empresario Walter Orrín, quien, junto con su hermano, llegó a México, en 1872 en gira de trabajo. Los Orrín, de origen inglés, eran cirqueros, y al darse cuenta del negociazo que eran este tipo de espectáculos en México, decidieron mejor quedarse y abrir de manera permanente el Circo Teatro Orrín, que pronto se convirtió en uno de los mejores del mundo y que por 26 años ininterrumpidos fue "ocasión de contento", como se decía antes, de chicos y grandes, ricos y pobres... y algunas fieras.

Por supuesto, en el camino los Orrín se hicieron millonarios. Una vez acumulada la fortuna, Walter decidió explotar su lado empresarial y visionario, especialmente en los bienes raíces, negocio atractivo en ese tiempo, pues el rápido crecimiento urbano durante el porfiriato obligó a que se desarrollaran nuevas colonias, fraccionamientos que con gran novedad comenzaban a ofrecer servicios jamás antes probados: agua potable, drenaje, luz y calles pavimentadas, anchas y airosas (por ejemplo, la avenida Álvaro Obregón mide 45 metros de ancho).

Para este fin, Walter Orrín creó la Compañía de Terrenos de la Calzada de Chapultepec, S. A., que duró poco, pero le permitió relacionarse con gente influyente y familias ricas, como los Lascuráin. Los Lascuráin eran dueños de unos grandes terrenos cuyos límites

se encontraban entre lo que hoy se conoce como avenida Cuauhtémoc, el antiquísimo pueblo-rancho-hacienda La Romita, con sus
famosos potreros, y la hacienda de La Condesa de Miravalle, hoy
colonia Condesa.

Fue así como en 1902 Walter Orrín y Pedro Lascuráin se aso-
ciaron, junto con otras personas, y solicitaron al gobierno autori-
zación para fraccionar aquellos terrenos que se convirtieron en
la colonia Roma. En ese momento, Pedro Lascuráin, de profesión
abogado, con 46 años de edad, no se imaginaba ni tantito que
11 años después (1913) terminaría siendo presidente de la República por 45 minutos, cuando entró al quite tras la abrupta renuncia
del ilustre Panchito Madero, para después darle la estafeta al cha-
cal Victoriano Huerta.

Cabe mencionar que, por supuesto, no se podía dejar al jefe
máximo fuera de ningún negocio grande. Por lo mismo, Orrín y Lascuráin invitaron a Porfirio Díaz júnior a crear la Compañía de la Colonia Condesa, S. A. para que así se llevaran su rebanadota.

Para el diseño del fraccionamiento Roma invitaron a Cas-
sius Clay Lamm (¡sí!, igual que el nombre verdadero del boxeador Mohamed Alí). Los arquitectos Lamm, de origen norteamericano, también estaban dentro de las familias más ricas del
porfiriato. Hoy es conocida la Casa Lamm, sobre la avenida Álvaro Obregón. Ésta la diseñó y construyó Lewis Lamm con la
finalidad de irse a vivir ahí con su familia. Cuando la terminó,
en 1911, llevó a su esposa e hijos para darles la sorpresa, pero la
sorpresa se la llevó él: la esposa odió el "palacete", por lo que
jamás lo habitaron. Para darle gusto a su mujercita, el buen ar-
qui tuvo que construir otra casona en la calle de atrás, Tabasco,
hoy demolida.

En 1905 Orrín y sus socios mostraron al ayuntamiento un es-
quema para nombrar las calles y avenidas de la Roma. Fue cuando
Orrín propuso que las calles llevaran los nombres de las ciudades
de la República en donde su circo había actuado con más éxito,
esto durante las 14 300 funciones que dio el Circo Orrín en todo el
país en sus 26 años.

Ahora bien, desde 1887 en la ciudad estaba impuesta la nomenclatura numérica y alfabética en calles y avenidas (calle 8H, avenida Oriente 9K, etcétera). Con el rápido crecimiento, el método se convirtió en una verdadera pesadilla, pues la gente se confundía y todos terminaban llamándolas con el nombre antiguo que llevaban. Entonces en 1904 el gobierno decidió cambiar al sistema nominal, donde las calles llevarían "nombres propios, de poblaciones, acontecimientos y personajes notables". Claro, jamás imaginaron que para 2013, 1328 calles llegarían a llamarse Benito Juárez (ver *Guía Roji*).

¿Por qué tuvo tanto éxito el Circo Orrín? Entre otras cosas, porque tenía la participación del payaso inglés Ricardo Bell, atracción principal y que en su época era, en palabras del escritor y poeta Juan de Dios Peza, "más famoso que el pulque".

En 1881 los hermanos Orrín abrieron su circo en la plazuela del Seminario, donde no permanecieron mucho, ya que Walter, siempre imaginativo, se fue a lo grande y construyó en la plaza de Villamil (donde estuvo el Teatro Blanquita) "un flamante edificio de hierro, madera y cristal, obra del arquitecto francés Del Pierre, a cuya estructura metálica para el espacio principal del espectáculo circense se anteponían elegantes instalaciones complementarias, como salas de fumar, cantinas y salón para las señoras con pastelería y dulcería". En el sitio cabían 2500 almas y tenía 38 palcos para los encopetados. Bueno, hasta tenía caballerizas para 25 caballos.

En 1882 se presentó en México el primer elefante circense. El público quedó boquiabierto y maravillado ante el Gigante del Mogol, como era llamado el no tan jocoso paquidermo. Al año siguiente, los Orrín invitaron como socio al prestigiado Ricardo Bell, quien acababa de debutar formalmente como payaso con la compañía del Teatro Abreu.

Ricardo Bell, inglés inteligente y acróbata consumado, tenía un sentido de observación agudísimo que, con los años de experiencia, le ayudó a crear un tipo único de payaso: "Se vestía de manera principesca, como la tradición manda a los 'payasos blancos' (los

CIRCO TEATRO ORRÍN

serios, los formales, los regañones), con los espléndidos trajes cosidos por su esposa Francisca, de origen español. Dándole la vuelta a la tradición desarrolló un humor dulce y sencillo, tierno y a veces un poco tonto, como corresponde a cualquier 'payaso rojo' o Augusto (eterna contraparte del payaso blanco). El público se moría de risa mirándolo contar sus dedos. Siempre le faltaba uno. Y en ese gesto inocente se ganaba el amor de los niños, la simpatía de las señoras y el elogio de los caballeros".

Bell fue el primero en introducir las *pantomimas* en México, representaciones semiteatrales con efectos especiales y música. El histrión convenció a los Orrín de meterlas en las presentaciones, y en 1887 compraron los derechos de *La cenicienta*. Al gran éxito de ésta le siguieron otras, como *Ben-Hur*.

Sería durante la calma social porfiriana cuando el género circense tuvo un impulso trascendental, no sólo por la relativa paz y estabilidad que se respiraba en el país, sino también por el fuerte desarrollo del ferrocarril, que ayudaba a trasportar a los circos con todo y mastodontes a las más lejanas partes del país. Fue durante este tiempo que los Orrín y Ricardo Bell alcanzaron su máxima popularidad... y riqueza. Un apasionado reportero de la época escribió: "El Circo Orrín no es un negocio, es una institución pública. Es una costumbre tan arraigada como la Semana Santa y las posadas. Es la médula de la alegre tradición del pueblo mexicano, los mismo en Chihuahua que en Guadalajara".

Fuera del circo, Bell era un verdadero *gentleman* que trataba de mantener su vida privada alejada del ojo público. Vestía impecable de jaquet negro, chaleco de seda, pantalón a rayas blancas, zapatos de charol, sombrero de copa y monóculo. Fue un padre amoroso y dedicado a sus hijos, además de un católico ferviente y practicante. De los 22 hijos que tuvo, sobrevivieron 14, los cuales estuvieron en las mejores escuelas y contaron con las dichosas institutrices francesas e inglesas a su servicio. Vivió siempre en una casa de 12 habitaciones en la calle de Madrid (a una cuadra de Reforma, atrás del hoy Hotel Sevilla Palace).

El jovial y famoso payaso era miembro asiduo del distinguido Jockey Club, a donde asistía la crema y nata de la sociedad. Se
llevaba de piquete de ombligo con muchas personalidades, entre ellas, nada menos que Porfirio Díaz, quien en una ocasión dijo
que por eso no dejaba votar al pueblo, "porque todos iban a votar
por Bell".

El *happy marriage* entre Bell y los Orrín terminó en 1906,
cuando Walter decidió dedicarse a los bienes raíces. Por medio
de la buena amistad con don Porfirio, Bell pudo hacerse de unos
"terrenitos" frente a la Alameda, donde estuvo el Hotel del Prado y desde 2004 está el Hotel Hilton. Ahí Bell intentó montar su
propio espectáculo. Pero para entonces las cosas ya se maneja-
ban diferente, el público era otro, y Bell, con su agudo sentido
de observación, percibió la tormenta política que se avecinaba
en el país.

En abril de 1910 partió con su familia a Nueva York. Allá se
enteró del estallido de la Revolución y de que sus vagones de
ferrocarril con todo y su circo adentro habían sido confiscados.
Perdida la esperanza de regresar a su amado país de adopción,
decidió irse a vivir a Inglaterra, plan que nunca se realizó porque
una pulmonía fulminante lo mató en marzo de 1911. Su lema era:
"Confía, trabaja y espera".

Mientras tanto la colonia Roma, que contiene el 10% de todos
los edificios del país, y su calle Tepic ya quedaron inmortalizadas
en blanco y negro en una película de fama mundial.

El arte de engañar colonos: un chasco francés

Un curioso pasaje hoy olvidado de la historia mexicana es el que tuvo lugar entre 1828 y 1833, cuando cientos de franceses fueron engañados por un pillazo, también francés, para venir a colonizar y hacerse ricos en la región veracruzana del istmo de Tehuantepec.

Concluidos los cocotazos de la Independencia, lo que urgía era echar a andar económicamente al país, pues si se buscaba en el diccionario la palabra *bancarrota* aparecía la foto de México sin dientes y el ojo morado.

Por supuesto, la primera salida era la de atraer inversión extranjera. Otra de las soluciones que se veía viable era la de incentivar a los extranjeros a colonizar México, sobre todo poblar "espacios vacíos" de importancia estratégica, como era el istmo de Tehuantepec. No sólo porque estos extranjeros iban a invertir y desarrollar económicamente la región, sino como una estrategia de seguridad nacional, ya que en las primeras décadas del siglo XIX el garañón expansionista del norte ya se veía dueño del balón: había que darse prisa.

Así, en 1830, al grito de: "¡Traigan gente!" (de preferencia europeos), se firmó el Proyecto de Ley General sobre Colonización, ideada e impulsada principalmente por don Lucas Alamán y el escritor, empresario y diplomático Tadeo Ortiz. Aumentando la población y promoviéndolos en términos económicos, aquellos lugares quedaban "blindados", sobre todo el istmo, que mantenía el sueño de ser canal navegable para comunicar el Atlántico y el Pacífico.

Nacido en Jalisco en 1788, Simón Tadeo Ortiz de Ayala fue maestro de Latín y Filosofía de los hijos del virrey José de Iturrigaray. Cuando ocurrió el primer levantamiento de independencia, en 1808, el virrey salió por piernas a España con todo y el joven tutor.

En 1811, Ortiz se enteró de la revuelta mexicana y de inmediato quiso participar. Se embarcó de regreso, pero la estrecha vigilancia española y la falta de papeles lo dejaron fuera de juego. Sin embargo, pudo contactarse con algunos líderes de la insurgencia, quienes le pidieron que buscara el apoyo de jefes insurrectos en otras colonias españolas. Así fue como Ortiz participó en la intentona de liberar Texas de los españoles y viajó varios años por Estados Unidos, Londres, el Caribe y Sudamérica, en calidad de diplomático mexicano, contactando gente de influencia entre diputados, militares, piratas, cónsules, cortesanos, masones y cualquier tipo de peludo liberal, hasta que por fin regresó a México, en 1822. ¡Vaya viaje!

Hijo de la Ilustración, Ortiz era un optimista de esos que amanecen sonriendo. También era un ferviente admirador de Alexander von Humboldt, el primero en medir y advertir las grandes posibilidades del istmo como pasaje náutico. Como buen optimista, Ortiz creía que todo problema tenía solución, y el del istmo era poblarlo, comercializarlo y administrarlo, pues su valor geoestratégico, decía, "era objeto de la ambición de las naciones marítimas, así como su jerarquía mercantil, idónea nada menos que para hacer cambiar la faz del comercio de la China y la India". ¡Así quién no le entra!

De esta manera, el 14 de octubre de 1823, después de sesudas reuniones, el Congreso aceptó que el istmo de Tehuantepec se convirtiera en provincia independiente. Se adelantó un dinero para tierras y otro para repartirlo entre los que quisieran poblarlo. También se dieron grandes incentivos fiscales.

Lo primero que hizo Tadeo Ortiz fue conseguir tierras con el propósito de establecer una colonia francesa, esto en la villa del Espíritu Santo, en Veracruz, al lado del entonces poco amigable río Coatzacoalcos. Pero, para que no se vieran las tierras pelonas y desanimaran al extranjero, mandó relocalizar a más de 70 familias indígenas. Los disfrazaron, los pusieron guapos, les construyeron chozas de cartón y hasta los caimanes salieron sonrientes en el folleto. Así, en 1827, nació Minatitlán, punto de arranque para cruzar el istmo a Oaxaca. El siguiente paso fue promover en Francia aquel paraíso terrenal.

Aquí hay que recordar que parte de la culpa de que entonces el europeo viera a México como un paraíso terrenal y una manera fácil de hacer fortuna la tuvo Alexander von Humboldt, geógrafo, astrónomo, humanista, naturalista y explorador germano a quien todo ilustrado europeo había leído.

Humboldt fue uno de los científicos viajeros que más contribuyó al reconocimiento de la diversidad y riqueza de la naturaleza del continente americano, pero también difundió la idea en toda Europa de que las tierras exóticas más ricas del planeta eran las nuestras, "¡sólo falta civilizarlas!". Por eso, la propaganda que llegó a Francia a principios del XIX describía a México como "el más poblado, poderoso y rico de los nuevos estados de América. Su Constitución es federal y calcada de los Estados Unidos, favorable al establecimiento de extranjeros. Todos los indios de las provincias que rodean a la concesión son dulces, civilizados y trabajadores...".

Y es aquí donde entra el bribonazo de Gabriel-Jacques Laisné de Villévêque, al parecer magistrado en la Cámara de Diputados francesa, quien sedujo a cientos de sus paisanos para establecerse en una villa que supuestamente le habían dado en Coatzacoalcos y que describía en su folleto como el lugar "más bello y fértil del globo. La fertilidad de la comarca sobrepasa todo lo que la imaginación pueda concebir. Los valles y llanuras, saturadas de maderas preciosas... se recogen hasta cuatro cosechas de maíz al año, las frutas más deliciosas se dan en abundancia". Al final, Villévêque prometía que al llegar "encontrarían seis aldeas pobladas por más de 120 familias en donde podrían vivir y serían recibidos por personas que los guiarían hasta quedar establecidos en esos lugares seguros".

Una vez sableados por *monsieur* Pillazo, los ingenuos y cándidos franceses, con familia o sin ella, dejaban todo y se lanzaban a la aventura: entre 1829 y 1931 se hicieron cuatro expediciones, y un aproximado de 500 franceses quedaron a su suerte en la inhóspita costa veracruzana.

Pongamos el caso del joven Mathieu de Fossey, quien organizó una pequeña expedición formada por vinicultores de la Borgoña y varios sirvientes de su acaudalada familia. Salió a México a finales de 1830 y, después de 79 días de horrible travesía, descubrió que el único comité que estaba para recibirlos, como se le había prometido, eran dos zopilotes y cientos de caimanes un tanto hambrientos. Una vez en tierra fueron azotados por el clima, por nubes de mosquitos y bichos ponzoñosos. Y de las aldeas paradisiacas, nada, simplemente no existían. Con escasez de agua y refugio, muchos comenzaron a enfermar; otros, a morir por mordeduras de serpiente o picaduras de escorpiones. Pero no había vuelta atrás ni a dónde escapar.

Al año siguiente llegó otra expedición encabezada por Pierre Charpenne, de la Provenza, que como sabía latín creía hablar español. Traía a 12 personas y una sierra mecánica, porque el señor Villévêque le prometió que se haría rico con la explotación forestal. Una vez en tierra, Charpenne fue encontrando a su paso "miserables restos de otras expediciones", colonos enfermos, moribundos y deprimidos. El al principio entusiasta leñador apunta: "Todos los franceses que vivían en Minatitlán estaban enfermos, sus cuerpos llenos de llagas o con fiebres intermitentes... los de las dos últimas expediciones habían visto morir, en tres meses, a cerca de un tercio de sus compañeros de viaje".

Seis meses después nuestro leñador Charpenne seguía sin poder usar la sierra que, se supone, lo haría millonario. Para cerrar con broche de oro, cuando por fin se iba a embarcar de regreso a su patria, lo picó un escorpión. Pasó más de 20 días delirando, hasta recuperarse y salir corriendo con todas sus ganas y sin parar hasta Nueva York.

De los más de 1500 franceses que llegaron entre 1829 y 1834, sólo 96 lograron establecerse con sus familias en Acayucan, donde se dedicaron a la agricultura.

El fracaso de la colonización francesa se debió a muchas cosas, pero, ante todo, sencillamente porque, aunque hubieran querido, nadie habría podido tener éxito en esos lugares. Y no por haber sido engañados o porque fueran los hombres equivocados, sino "porque la visión de esa naturaleza tan particular, como el trópico húmedo, que tenían los hombres del siglo xix les impedía aprovecharla como hubiera sido posible", escribe Chantal Cramaussel en *Viajeros y migrantes franceses en la América española durante el siglo xix* (2007).

Fue hasta el final del siglo xix que los franceses lograron asentarse con toda regla como colonia en la región de Jicaltepec y San Rafael, donde aprendieron nuevos cultivos, como la caña de azúcar y lo que más tarde sería su más importante fuente de ingresos: la vainilla.

POSDATA:

Don Tadeo Ortiz duró un par de años en el pueblo que fundó, Minatitlán; al ver que aquello no cuajaba con los ideales de la colonización europea, traspasó su modelo a Texas, donde por lo menos había menos zancudos y caimanes.

Sonora, tierra con alas

Nuestra historia nacional está llena de acontecimientos que se dieron por primera vez en el mundo. Un ejemplo es el primer bombardeo aeronaval de la historia, sucedido en 1914, cuando, desde un biplano que volaba sobre la bahía de Topolobampo, Sinaloa, se bombardeó la fragata federal Guerrero, lo cual hizo que su tripulación, horrorizada por aquel acto propio del demonio, se tirara al mar para huir.

Pero vayamos atrás con otro suceso que se dio también por primera vez en el mundo, cuando el presidente Francisco I. Madero se convirtió en el primer jefe de Estado en la historia en volar en un avión.

Era febrero de 1911 y a México llegó el espectáculo aéreo de los hermanos estadounidenses Alfred y John Moisant (Moisant International Aviators). Ésta era una compañía cuyos vuelos acrobáticos no sólo buscaban entretener, sino también promocionar los novedosos aeroplanos entre gente adinerada. Un año antes, una de estas gentes con harto recurso, el mexicano Alberto Braniff, considerado el primer aviador en Latinoamérica, había logrado levantar su avión en los llanos de Balbuena, volando ante el boquiabierto personal la fabulosa distancia de 500 metros: "Por primera vez en Latinoamérica un aparato más pesado que el aire volaba de forma controlada", dice la Wiki. En efecto, volar era el futuro.

El 6 de noviembre de ese año, Madero se convirtió en nuestro presidente número 38. A la semana llegó de nuevo a la capital la compañía de los Moisant, con más atrevidas y juguetonas exhibiciones. El 30 de ese mes Madero asistió a una de ellas, y fue cuando el piloto George Miller Dyott lo invitó a darse el paseíto, que sólo duraría 12 minutos. Don Pancho aceptó gustoso, su mujer se persignó todas las veces posibles y el presidente se descopetó por los aires, que no fue difícil.

Para cuando bajó del avión, Madero ya era clientazo de los Moisant: siempre visionario, se percató inmediatamente de la utilidad y alcance del invento y no tardó en mandar a comprar varios de los artefactos.

Los hermanos Moisant regresaron a Estados Unidos. Al poco tiempo, uno de ellos murió en un accidente aéreo.. El circo se desbandó y el hermano sobrante fundó la escuela Moisant International Aviator School, a donde fueron enviados cinco jóvenes mexicanos seleccionados por el mismo Madero. Ellos se convirtieron en nuestros primeros pilotos: Gustavo Salinas Camiña, su primo Alberto Salinas Carranza (sobrino de Carranza), los hermanos Juan Pablo y Eduardo Aldasoro Suárez y Horacio Ruiz Gaviño.

El primero en graduarse fue Gustavo Salinas Camiña. Nacido en el mismo pueblo que Carranza (Cuatro Ciénegas, Coahuila), Gustavo hizo la mayor parte de sus estudios en Estados Unidos. Por medio de una carta dirigida a Venustiano Carranza (tío de su primo), Gustavo le pidió que hablara con Madero "a fin de que, por cuenta del propio gobierno, pudiera [...] tomar un curso de aviación, en alguna escuela de Estados Unidos o de Europa, y contribuir con el empleo de esta nueva arma, entonces desconocida, a la ya citada pacificación del país". El deseo se le concedió.

Al enterarse del asesinato de Madero, en 1913, los cinco jóvenes pilotos regresaron de inmediato a vengar la vida de quien creyó en ellos. Se alistaron a las filas de Carranza, quien con el Plan de Guadalupe desconocía el gobierno del asesino y usurpador Victoriano Huerta. Carranza tenía el apoyo de sendos caudillos, como Villa y Pablo González, pero también el de Álvaro Obregón, Benjamín Hill y Plutarco Elías Calles, todos estos oriundos de unos de los estados que más se pronunció activamente contra Huerta: Sonora.

Los sonorenses se organizaron rápidamente para reunir tropas y comprar armas en Estados Unidos. Uno de los enviados a negociar allá fue Joaquín Bauche Alcalde. Nacido en Xalapa, Veracruz, dirigió por varios años, junto con su hermano Manuel, el importante periódico villista *Vida Nueva*. Sería Bauche Alcalde quien, en una carta fechada el 20 de diciembre de 1913, previniera al general Felipe Ángeles de una conspiración para matar a Venustiano Carranza: "Las formas escogidas para realizar sus propósitos consisten en haber organizado aquí una expedición de 25 individuos, cuyas labores repartidas, principalmente en territorio de Sonora, se encaminan a asesinar unos a nuestro primer jefe".

Ya en California, Bauche Alcalde contrató a un piloto-cirquero francés, Didier Masson, y a su mecánico, James Dean (sí, del mismo nombre que el malogrado actor con cara de bebé), para que con 5 000 dólares comprara un avión para la causa sonorense. Masson compró un biplano de medio cachete, marca G. L. Martin Pusher, con motor de 75 caballos de fuerza, el cual podía llevar a dos personas y 68 kilos de carga. Ya en México, Masson cobraría por sus servicios un sueldo de 300 dólares mensuales, más 250 por bombardeo (¡nada mal para un cirquero!).

Como Estados Unidos estaba del lado de Huerta, el avión se detuvo en la frontera. Esto no impidió que el cacharro volador se desmantelara completamente, para, en secreto, cruzarlo pieza por pieza, a lomo de mula, hasta llegar a Hermosillo. Ya ensamblado el avión se bautizó el 15 de mayo de 1913 con el nombre de Sonora y se dispuso a las órdenes de Álvaro Obregón.

Ahora bien, los cocotazos entre huertistas (federales) y carrancistas (constitucionalistas) comenzaron a ponerse cada vez más fuertes. En el noroeste del país, los carrancistas amenazaban los puertos principales, como Guaymas, que aguantaban bien porque recibían víveres y armas por mar, mientras que ellos no tenían ningún barco. Pero esta situación cambió cuando uno de ellos, el Tampico, fragata de 40 metros de largo, se pasó al bando de Obregón-Carranza. Curiosamente el motín abordo no se dio por ideología política o de bandos, como uno supondría, sino porque se pilló al capitán "chiquiteando" a la novia del segundo de abordo, o sea, se hizo un motín por lío de faldas.

Manuel Ruiz Romero, miembro fundador de la Academia de Historia Aeronáutica de México, comenta: "El 15 de abril de 1914, el general Obregón llegó a Topolobampo, Sinaloa, donde visitó al Tampico, acompañado de su Estado Mayor, a bordo de una lancha con motor de gasolina, para conocer las necesidades de la tripulación, ordenando el teniente Rodríguez Malpica izar el estandarte en el palo mayor". De esto se dio cuenta el capitán del Guerrero, que queriendo matar dos pájaros de un tiro (a Obregón y al barco) atacó a cañonazo limpio al Tampico, el cual quedó arrinconado en el puerto sin posibilidad de maniobra.

Y es aquí donde entra nuestro héroe, el Sonora, que, pilotado por Gustavo Salinas y acompañado por el mecánico Teodoro Madariaga, comenzó a volar a más de 500 metros de altura. En cada pasada lanzaban sobre el Guerrero bombas hechas con trozos de tubería donde metían una carga de dinamita: "El pánico cundió entre los marineros quienes se lanzaron al mar, pues las bombas estallaban con gran estruendo levantando grandes cantidades de agua. El comandante del Guerrero ordenó al timonel maniobras de zigzag para evitar que una bomba diera en el barco, entrara por la chimenea y, lo que es peor, hiciera estallar las municiones que se encontraban en la cubierta. Se trataba de una amenaza de la que no se tenía precedente alguno y, por tanto, de un enorme efecto psicológico. En el Guerrero comenzó a cundir el pánico, mientras las bombas disparadas por el Tampico le entraban de lleno al ofrecer todo el costado en sus maniobras evasivas por las bombas aéreas".

El Guerrero terminó huyendo. Esta hazaña permitió que Guaymas y Mazatlán quedaran desprotegidas, debido a lo cual en poco tiempo los federales perdieron el control de éstas. Obregón mandó un telegrama a Carranza:

Topolobampo, 14 de abril de 1914

Primer jefe del E. C. Chihuahua:

Hónrome comunicar a usted que me he sentido orgulloso al presenciar hoy el vuelo llevado a cabo por el intrépido capitán Gustavo Salinas, acompañado del primer maquinista del Tampico, señor Madariaga, quienes permanecieron más de hora y media a cuatro mil pies de altitud lanzando bombas sobre el Guerrero. Espero que obtengamos magnífico éxito contando con oficiales que saben despreciar la vida cuando se trata de la Patria. Felicito a usted por tener a su lado a esta clase de hombres.

Respetuosamente,
el general en jefe ÁLVARO OBREGÓN

El Sonora se siguió usando en ocasiones como bombardero, pero más para lanzar propaganda, hasta mayo del mismo año que durante un aterrizaje forzoso quedó inservible (posteriormente se usó como lavadora).

Gracias a la acción del Sonora, el 5 de febrero de 1915, Carranza creó por decreto el Arma de Aviación del Ejército Constitucionalista, antecedente de la actual Fuerza Aérea Mexicana, y el 15 de noviembre fundó la Escuela Militar de Aviación.

¡Azorríllense! Bandolerismo a gogó

Para 1865, ya con Maximiliano de reyezuelo mexicano, salían de la insigne Ciudad de México 12 caminos oficiales que llegaban a Veracruz, Jalisco, Hidalgo, Querétaro, Guanajuato, Zacatecas y anexas. También estaban los llamados "caminos del interior", que conectaban lugares más cercanos, como Tacubaya, San Agustín de las Cuevas (hoy Tlalpan), San Ángel, San Juan Teotihuacán, Coyoacán, Xochimilco, etcétera.

Entonces un viaje en diligencia de México a Morelia tardaba aproximadamente tres días. Más lejos, digamos a Tepic, podía tardar hasta nueve. En cambio, si se quería ir a Cuernavaca, Toluca o Pachuca, se podía llegar el mismo día en la tarde si se madrugaba. Porque la circulación por estas vías era nutrida y siempre había oportunidad de tomar alguna de las corridas, excepto los domingos, que era descanso obligado.

Para un viaje más largo, los pasajeros tenían que llegar a las 3:30 a. m. a la terminal llamada Casa de Diligencias, situada sobre la hoy calle 16 de Septiembre. A las 4 a. m. en punto se abordaba la diligencia, que, por lo regular, daba cabida a nueve pasajeros. Una vez todos arriba, arrancaban, no sin antes encomendarse a san Cristóbal de Licia, patrono de los viajeros.

Del puerto de Veracruz a la capital había corridas diarias, excepto los domingos. ¿Cuánto tardaba y cuál era el trayecto? Manuel Orozco y Berra, en su *Historia de la Ciudad de México, desde su fundación hasta 1864* (1976), comenta:

sin detenerse en ninguna parte más que para cambiar caballos, de Veracruz llega a Xalapa el día siguiente a las siete de la mañana. Allí se almuerza, y a las diez se continuaba el viaje a Perote, adonde se llegaba entre cinco y seis de la tarde. Allí se duerme y al día siguiente a las cuatro de la mañana la diligencia continúa a Puebla, adonde llega a las cuatro de la tarde, debiendo haber almorzado antes los pasajeros en el pueblo de Nopalucan. En Puebla se duerme, y al día siguiente a las cuatro de la mañana sale la diligencia, se almuerza en Río Frío a las diez y media, y a las cuatro de la tarde se llega a México.

¿Verdad que de tanto oír "almuerzo" se antoja?

Claro, el negocio de las diligencias era bastante jugoso, y esto se comprueba por el salario promedio de un conductor, que era de 1440 pesos al año (120 mensuales). Nada mal si se toma en cuenta que una dama de compañía de la emperatriz Carlota ganaba 4000 al año. Eso sí, nadie ganaba como Maximiliano, quien llegó a México con un sueldo de 1.5 millones de pesos anuales. Aunque a su favor se debe decir que don Max no era tacaño y en más de una ocasión financió de su propia bolsa proyectos públicos, como la construcción completa del hoy Paseo de la Reforma. Además, conforme los sucesos tomaron color de hormiga, el sueldo del emperador comenzó a bajar, de tal manera que para principios de 1867 ganaba 10 000 pesos anuales. Pero ése es otro tema.

En efecto, en tiempos de Maximiliano el conductor de diligencia ganaba bien, pero en cada viaje él y Sancho (el ayudante) arriesgaban el pellejo seriamente, y no sólo cruzando ríos azarosos, despeñaderos, puentes quebradizos y caminos con hoyos tan profundos que salían chinos mentando madre, sino porque se la jugaban ante la amenaza de los pillos atracacaminos. Nada nuevo bajo el sol.

En un país tan golpeado, el quehacer de la bandolería llegó a ser una mejor opción de vida para muchas personas. Bueno, llegó a ser tan próspero el negocito que para mediados del xix los salteadores de caminos eran quienes tenían el verdadero poder en el país. En algunas regiones ponían las reglas del comercio e inclusive hubo ocasiones en que impusieron sus exigencias al mismo gobierno al grito de: "¡Incorpórennos, si no...!". Con tal de llevar la fiesta en paz, el gobierno en turno llegó a contratar a varios bandidos famosos como policía federal, pues, al final de todo, la motivación principal de cualquiera de estos pillos era la misma: participar

de los beneficios de una sociedad que no les daba oportunidad de prosperar legítimamente.

Bien apunta Paul Vanderwood en su artículo "El bandidaje en el siglo XIX: una forma de subsistir" (1981):

> Los bandidos no son sólo hombres; también son mitos. La rutina del forajido, su constante fuga de la ley, la ocultación por tiempo indeterminado en escondites carentes de comodidades y el persistente temor a la traición de algún camarada no parece impedir la admiración de que se les rodea. Tampoco son muchos los bandidos afortunados en el amor; son gente solitaria. En pocas palabras, la vida de los bandidos es trágica, pero este trágico aspecto de su existencia da pábulo a su mito y les vale la inmortalidad.

Por otro lado, debe tomarse en cuenta que el mismo Ejército Realista, la supuesta autoridad legítima, era una panda de rateros de alto calibre, tan aliados de las bandas de asaltantes en muchas regiones, como de caciques, hacendados y políticos. Como dice la ley del cerro: todo bandido está en venta. Claro, había muchas clases de vándalos: de hambre, desertores de cuadrilla, incluso los *jijosdesu*...: crueles y desalmados, como aquel Antonio Rojas y sus "galeanos", que asaltaban en los rumbos de Jalisco. Este bruto quemaba poblaciones enteras y degollaba a los que se negaban a "proporcionarles alojamiento cómodo y comidas sabrosas". Pero los hubo peores, como un tal Berthelin, "francés racista sediento de sangre, que se distinguía por su afeminada vestimenta, y se adornaba con joyas extravagantes tales como anillos, afeites y perfumes. Mató a cerca de quinientos mexicanos en Colima y en Jalisco. Hubo días en que asesinaba a cualquier mexicano con el cual se topara, independientemente de sus tendencias políticas, tan sólo para probar la superioridad de la civilización francesa", vuelve a decir Vanderwood. Sería hasta noviembre de 1866 cuando por fin agarraron al franchute. Después de matarlo le arrancaron un pedazo de cuero cabelludo que se llevaron a Coalcomán para que la gente oliera la pomada que llevaba puesta.

Pero también los había del tipo heroico, los favoritos del pueblo, como Heraclio Bernal, el Rayo de Sinaloa; Santanón, de Veracruz; o Chucho el Roto, por los rumbos de la capital, a quien la gente quería tanto que le pedían que se postulara para diputado. Puro Robin Hood en mole o salsa de chile piquín. Un periódico de la época decía que Chucho el Roto era un "bandolero civilizado, sociable, culto, elegante e instruido". Tres veces se escapó de la cárcel, la última burlando a 200 soldados. Sólo hasta 1884 lo pescaron, en Querétaro, donde trabajaba como ebanista y donde asaltaba caminos y a transeúntes, a veces vestido de mujer. Se cuenta que dos años atrás llegó a Querétaro disfrazado de turco. Cuando le preguntaron cómo lo descubrieron dijo: "¡Maldita sea! Por mi amor al arte". Estaba en una función de teatro.

También hubo casos atípicos, como el que cuenta un oficial austriaco que vino con Maximiliano, llamado príncipe Carl Khevenhüller. En su diario (sin duda uno de los más extraordinarios que muestra la vida durante el Segundo Imperio en México), menciona el caso de un malandrín que le gustaba trabajar en solitario y que cada semana, con una pañoleta cubriéndole abajo de los ojos, asaltaba la diligencia que iba a Morelia. Cuando juntó suficiente plata y "decidió cometer su última fechoría, en la cual reveló su identidad al perplejo grupo de pasajeros: ¡era una mujer y la pistola que usaba en sus robos siempre estuvo descargada!".

Al final del trayecto se decía que cuando una diligencia llegaba a la estación con las cortinas abajo seguro la habían asaltado y sus viajeros venían encuerados.

Ahora bien, cuando los asaltantes detenían la diligencia y bajaban a los pasajeros, era costumbre que les gritaran: "¡Azorríllense!". Esto significaba arrodillarse y ponerse boca abajo... ¿Qué tiene que ver esto con los zorrillos? Misterio sin resolver.

Una novela indispensable que recrea de manera deliciosa este momento histórico cuando el bandolerismo era el deporte nacional es *Los bandidos de río Frío*, del gran Manuel Payno, que además de ser un fiel retrato costumbrista es una verdadera joya de referencia culinaria de la época donde se suceden hartos almuerzos.

Zumárraga y su peligrosa dualidad

Curiosamente la primera persona en crear una biblioteca pública en América fue la misma que trató de borrar la memoria escrita de los antiguos mexicanos, mandando a quemar miles de códices ("libros" pintados sobre papel amate) que contenían la memoria popular, sus tradiciones, la misma historia científica y religiosa de estas extraordinarias civilizaciones.

Desde su llegada a estas tierras, en 1528, el franciscano Juan de Zumárraga fue una especie de héroe-villano, dueño de una dualidad peligrosa y controvertida: mientras que, por un lado, se le dio el título de "protector de los indios" por criticar abiertamente y de manera recia el trato violento que se les daba a los naturales, por otro, siendo inquisidor, fue el primero en mandar a quemar vivo a uno de esos naturales, y nada menos que al nieto de Netzahualcóyotl, Carlos Chichimecatecuhtli Ometochtzin, tlatoani o señor de Texcoco, persona amante de la paz, destacado poeta que resguardaba celosamente la riquísima biblioteca de su abuelo (que también quemaron).

Zumárraga acusó al joven noble de seguir practicando sacrificios humanos. Así, sin fundamentos, le hizo un juicio *patito*. El injusto auto de fe fue mal visto hasta por la Corona española, por lo que Zumárraga fue severamente sancionado. Aun así, durante su gestión como jefe inquisidor (de 1536 a 1543), el fraile llevó más de 180 juicios, mayormente contra indígenas: ¡vaya protector!

Nacido en el pueblo vasco de Durango, España, poco se sabe de su infancia y juventud. Según testimonios se trataba de un cuate díscolo, sombrío, impetuoso, "proclive al desaire y a hablar solo en voz alta", dejó escrito un allegado. En 1527, conoció personalmente al emperador Carlos V, quien, impresionado por su rigidez y seriedad, lo envió como inquisidor para "examinar" (léase: perseguir) casos de brujería en la región donde había nacido. Allí don Juan

adquirió gran experiencia en las artes de exorcizar, ya sea endia-
blados, raritos o aquellos que mostraran síntomas de alegría, tarea
que desempeñó con gran pasión a la hora de usar el potro.

Para cuando Zumárraga llegó por estos lares, ya andaba en el
sexto piso, aunque es incierta su fecha de nacimiento. Como era
de esperarse, tomó su misión de jefe de jefes eclesiásticos con
exagerada severidad, por lo que no tardó en echarse enemigos
encima y pelearse con las autoridades virreinales, siempre más
relajadas en cuanto a la aplicación de las leyes que les convenían.

La primera época de Zumárraga en Nueva España fue de bastante zarandeo y angustia. Sin embargo, no perdió tiempo en mostrar con mano dura quién mandaba en la Iglesia. Para abrir apetito,
en 1530, organizó en Texcoco la más grande quema de códices e
ídolos hasta entonces vista, un acto que aun en su época fue du-
ramente criticado. El jesuita José de Acosta escribió en su *Historia
natural y moral de las Indias* (1590):

[creyendo que todo aquello] son hechizos y arte mágica, se
quemaron aquellos libros, lo cual sintieron después no sólo los
indios, sino muchos españoles curiosos que deseaban saber se-
cretos de aquellas tierras. [...] Pensando los nuestros que todo
es superstición, han perdido muchas memorias de cosas antiguas y ocultas, que pudieran no poco aprovechar. Esto sucede
de un celo necio, que sin saber ni aun querer saber las cosas de
los indios, a carga cerrada dicen que todas son hechicerías...

Y esto dicho por un sacerdote.

No obstante, el día-noche, frío-caliente de Zumárraga siempre estuvo preocupado por la cultura. En 1536, ya siendo el primer obispo de la Ciudad de México, anotó su primer gol cultural
ayudando a fundar el Colegio Imperial de Santa Cruz de Tlatelolco,
cuya finalidad fue dar educación de gran calidad a niños indígenas de entre 10 y 12 años, eso sí: todos hijos de familias nobles. La
institución arrancó con 100 chiquillos. El mismo Zumárraga donó
varios libros de su colección particular, formando así la primera

biblioteca académica de este lado del charco. Ésta contaba con cerca de 80 volúmenes (algo admirable para la época). Inclusive se podían encontrar libros de exquisita manufactura, de autores que iban desde Plutarco o Aristóteles hasta, obviamente, obras escritas por el mismo Zumárraga, como su *Doctrina breve muy provechosa de las cosas que pertenecen a la fe católica y a nuestra cristiandad en estilo llano para común inteligencia* (1544), que, por cierto, después se prohibió porque resultó ser un plagio de la *Summa de doctrina christiana*, del teólogo protestante Constantino Ponce de la Fuente. Entonces nadie conocía a este estudioso, aunque más tarde sus ideas lo llevaron a vivir en las vivarachas mazmorras de la Inquisición.

Otro golazo cultural del agua-aceite de Zumárraga fue traer a estas tierras, junto con el virrey Antonio de Mendoza, la primera imprenta. El mismo año que el obispo franciscano mandó a rostizar al nieto de Nezahualcóyotl, salió de la prensa el primer libro de América. Éste lo elaboró el impresor Juan Pablos, enviado a México por su patrón, el famoso Juan Cromberger (uno de los impresores más reconocidos en Europa).

La primera imprenta mexicana se instaló en la hoy esquina de la calle de Moneda y Licenciado Verdad, inmueble que perteneció originalmente a Gerónimo de Aguilar, el famoso náufrago que vivió prisionero entre los mayas, hasta ser rescatado por Cortés, en 1519, y que sirvió como intérprete en la conquista de Tenochtitlán. Después la propiedad pasó a ser de Zumárraga.

¿Por qué se instaló la imprenta en propiedad privada y no en un espacio gubernamental como mandaba la regla? Bueno, porque Zumárraga, primero, era el socio mayoritario del negocio, o sea, era *su* imprenta; segundo, porque era el único que tenía el difícil y codiciado permiso de la Corona para imprimir. En ese momento el papel, como el tabaco y los mazos de cartas para el juego (que después de los minerales y el tabaco era lo que más dejaba dinero en la primera etapa del virreinato), era monopolio exclusivo de la Corona.

Por otra parte, los Cromberger y la familia Zumárraga se conocían de años atrás, y aquéllos tenían deudas con éstos. Quizás parte del cobro se hizo en especie con la misma imprenta. Esto lleva a pensar que no sólo fue la necesidad y el amor por los libros lo que hizo posible traer la primera imprenta a América, sino la visión de un negocio redondo para el obispo franciscano.

Zumárraga no llegó a disfrutar plenamente los frutos de su querida imprenta, aunque sí se dio el gusto de imprimir, en 1544, su *Doctrina breve y muy provechosa de las cosas que pertenecen a la fe católica*. Cierto, era fan de los títulos largos.

Zumárraga, el primer obispo de la Ciudad de México, murió en 1548, arañando los 80 años de edad, longevidad inusual en esos tiempos. Si por un lado mando a quemar a muchos indígenas y miles de libros prehispánicos, además de haber sido intransigente y de mano dura, por otro, fundó colegios, hospitales, conventos e inició los trámites para la creación de la primera universidad americana. Así es esto de la peligrosa dualidad que siempre acompaña nuestra naturaleza humana, otra cosa que nos hace demasiado humanos.

¡Ah!, por cierto, el palio con la imagen impresa de la Virgen de Guadalupe que el indio Juan Diego lleva corriendo después de la aparición se lo muestra precisamente a fray Juan de Zumárraga.

De pasada vale la pena recordar a ese primer gran impresor en México, Juan Pablos (en realidad se llamaba Giovanni Paoli). A la muerte de Cromberger, en 1540, su familia ignoró por completo el negocio, dejando a Pablos con las deudas y a la suerte de Dios. Después de ocho años de penurias, el impresor convenció a un comerciante florentino que le prestara el doblón para abrir el negocio: total, ya tenía permiso del virrey.

Lo cierto es que, una vez echado a andar, la imprenta de Juan Pablos lograría un nivel espectacular de calidad en sus ediciones, inclusive superable a las que se hacían en España. Aunque la impresión de libros era una industria muy atropellada, la aportación de Pablos por más de 20 años a la incipiente industria editorial novohispana fue fundamental. De los muchos libros que habrá hecho, sólo se conocen 45. Algunos de ellos apenas rebasan el par de hojas, como el *Manual de adultos* (1543), del presbítero Pedro de Lo-

groño. Otros son voluminosos, como el *Diálogo de doctrina cristia-na en lengua de Michoacán* (1559), del franciscano Maturino Gilberti, que consta de 600 páginas. A la muerte de Juan Pablos, en 1561, su mujer Gerónima de Gutiérrez, su hija María de Figueroa y su yerno Pedro de Ocharte continuaron con el negocio. Para finales del siglo XVI nuestra ciudad contaba con 11 imprentas.

La conclusión nos la da el genial Jorge Luis Borges: "De todos los instrumentos del hombre, el más asombroso es, sin duda, el libro. Los demás son extensiones de su cuerpo. El microscopio, el telescopio, son extensiones de su vista; el teléfono es extensión de la voz; luego tenemos el arado y la espada, extensiones del brazo. Pero el libro es otra cosa: el libro es una extensión de la memoria y la imaginación".

Cortés y sus huesos rodantes

Como se sabe, a finales de enero de 1519, llegó a la costa de la península de Yucatán el ambicioso, *donjuanazo*, el gran rezador que leía y escribía bien el latín, el brillante, maquiavélico y aventurero Hernán Cortés de Monroy Pizarro Altamirano, quien adoraba que nada más le dijeran Cortés, así, como a los grandes, César, Aníbal, Pompeyo o Alejandro.

"Como casi todos los mortales, Hernán Cortés fue un tejido contradictorio de bienes y de males, de actos justos e injustos, de grandezas y de miserias, de valentía y de crueldad, de nobleza y de crímenes. Fue, además, una personalidad sorprendente. Por todo ello, Cortés nos interesa siempre de manera extremosa, para exaltarlo o para detestarlo", comenta el historiador José Luis Martínez en una de las mejores biografías sobre el conquistador, *Hernán Cortés* (1990, FCE).

Lo cierto es que, aquí en México, por generaciones se nos ha enseñado a ensañarnos con el guapo de Extremadura, así como mucha gente sigue detestando a los tlaxcaltecas por haber ayudado a los españoles. Inclusive, hay épocas donde se ha favorecido el renacimiento de la "leyenda negra" española, pero como discurso político populachero, como en el caso del mandato del demagogo López Obrador.

Mientras tanto, sería hasta 1931 que un inmigrante español quiso romper en México el "maleficio cortesiano", mandando a hacer una escultura ecuestre del conquistador. El empresario, millonario y filántropo Manuel Suárez y Suárez, entonces dueño del fenomenal Hotel Casino de la Selva, en Cuernavaca, Morelos (quien, por cierto, también mandó a construir el Polyforum Cultural Siqueiros), comisionó al artista Sebastián Aparicio, refugiado español, para crear en bronce una escultura ecuestre de dos metros de altura de Cortés, misma que estuvo colocada dentro del Hotel Casino de la Selva por muchos años. Hacia 1995 la familia la vendió, y terminó en una glorieta de la misma ciudad. Por supuesto, los sentimientos patrioteros no se hicieron esperar y la estatua de Cortés no tardó en ser feamente maltratada. Al final, las autoridades decidieron quitarla y la refundieron en un taller mecánico municipal, encargándosela al olvido.

En la Ciudad de México sería hasta 1982 que se mandó a poner una estatua del Gran Capitán —como también le gustaba que le dijeran—. Esto en el un tanto escondido Jardín Xicoténcatl, por los rumbos del convento de Churubusco, Coyoacán. Se llama *Monumento al mestizaje* porque aparecen junto a Cortés la Malinche y el hijo de ambos. Uno de sus creadores, el escultor Julián Martínez (quien hizo la monumental escultura de *Zapata a caballo* en el Paseo Tollocan, en Toluca, de 70 toneladas y 10 metros de altura), tomó como modelo para Cortés al actor Germán Robles, histrión de la época de oro de nuestro cine, famoso por salir siempre de vampiro: el colmilludo chupasangre más querido de la pantalla grande en México. Sin duda quedó para la posteridad el Cortés más entelerido en la historia de las artes plásticas (por lo menos se ahorró en bronce).

Un año antes, en 1981, el entonces presidente José López Portillo se atrevió a develar un busto de Hernán Cortés en la inauguración de los trabajos de rehabilitación del Hospital de Jesús. El escándalo no se hizo esperar y las rabietas de la élite revolucionaria se pusieron de a peso. El busto del conquistador era una copia del elaborado a finales del siglo XVIII por el insigne maestro Manuel Tolsá.

El original se puede ver hoy en día en el museo de la Villa Pignatelli, en Nápoles, Italia, y su historia es peculiar: en aquel tiempo el virrey conde de Revillagigedo decidió cambiar los restos de Cortés al templo del Hospital de Jesús (calle 20 de Noviembre). Se dice que Moctezuma y Cortés se vieron por primera vez en ese lugar; tiempo después, el conquistador fundó ahí el primer hospital del continente.

Para la realización de la obra, el virrey pidió permiso al entonces único descendiente directo de Cortés, el duque de Monteleone y Terranova, vecino de Palermo, Italia. Éste no sólo dio su consentimiento, sino que mandó dos proyectos de artistas italianos para hacer un mausoleo digno de Cortés. Se escogió el diseño del arquitecto José del Mazo (arquitecto de la famosa Alhóndiga de Granaditas, en Guanajuato). El busto se le encargó a Manuel Tolsá, recién llegado a México como director de Escultura de la Academia de San Carlos.

"Si el proyecto arquitectónico fue de un italiano, el retrato tuvo que ser inspiración personal —aunque no original— de Tolsá, pues no es creíble que desde Sicilia le enviaran un dibujo de alguien que no tenía antecedentes iconográficos en Palermo. Fue ésta la primera obra que hizo Tolsá en México, pues llegó al país a fines de 1791 y la colocación del busto fue a mediados de 1794. El busto es de bronce dorado y debió llevarle varios meses de trabajo. Con este retrato se consagró Tolsá como escultor y empezó a volar su fama, que llegó a la cumbre con *El Caballito*", dice el historiador y escritor Francisco de la Maza.

Quienes no se la pasaron bien por algunos cientos de años fueron los huesos de Hernán Cortés, que desde su muerte estuvieron como los Rolling Stones, rodando y rodando. El que fuera primer marqués del Valle de Oaxaca murió a los 62 años, en 1547. Él mismo planeó su funeral y dejó escrito en su testamento que sus restos fueran trasladados a un monasterio que él mismo mandó a construir en Coyoacán. Como murió en Sevilla, España, tuvo que esperar 15 años para que se cumpliera su deseo de ser llevado a la Nueva España. A su llegada, el monasterio que había pagado de su bolsillo no existía. En efecto, alguien se robó el doblón asignado al proyecto. Entonces se decidió enterrarlo en la iglesia de San Francisco, en Texcoco, donde se supone que están enterradas su madre y una de sus hijas.

En Texcoco los huesos del extremeño echaron siesta por 63 años, hasta que en 1629 murió su último descendiente por línea masculina, Pedro Cortés de Arellano. Este retoño, que vivía en España, era sacerdote jesuita. Pero una vez que le regresaron el título de cuarto marqués del Valle de Oaxaca, aventó lejos la sotana, se casó y se vino a estas tierras a descocarse. Nunca tuvo descendencia, por lo que el marquesado pasó a su hermana Juana.

Muerto Pedro Cortés, los prelados entraron en barrocas discusiones, hasta acordar reubicar fémures y cráneos, tanto del nieto como del abuelo, en la bonita iglesia de los franciscanos en Coyoacán. Lo que quedaba de Cortés se metió en una urna y se colocó detrás de la pared del sagrario.

Pues nada, pasaron 165 años más y ¡otra vez la burra al trigo!: "Se sacó la urna de madera dorada y cristales, con cuatro asas de plata, y que tenía en la cabecera pintadas las armas del marqués. Dentro de la urna se hallaron los huesos envueltos en una sábana, bordada de seda negra y con encaje. El cráneo estaba en un pañuelo de la misma tela con encaje blanco en la orilla", apunta el investigador Xavier López Medellín. Fue cuando la osamenta se llevó al famoso Hospital de Jesús, fundado por Cortés.

Como dice el adagio, "no hay paz para el malvado". Tras la guerra de Independencia se vino una tremenda ola de odio contra todo lo que fuera español. En 1823, el entonces político, ministro de Asuntos Exteriores y escritor Lucas Alamán, temiendo que los huesos del Gran Capitán terminaran en manos de los profanadores que querían quemarlos en la plaza de San Lázaro, se le ocurrió un plan, del que López Medellín cuenta: "La noche del 15 de septiembre de 1823 extrajeron los huesos de su mausoleo y los colocaron bajo la tarima del Hospital de Jesús. El mausoleo fue desmantelado y el busto y las armas de bronce dorado se remitieron a Palermo, con el duque de Terranova. Con este traslado se hizo creer que los huesos ya no estaban en México. Bajo esta tarima se resguardaron los huesos de Cortés durante 13 años".

De la tarima lo pasaron a un nicho "en el muro del lado del Evangelio", esto en 1836. Como cerraron el hoyo sin ningún tipo de seña, los huesos del inquieto conquistador quedaron prácticamente en el olvido por más de 110 años, aunque el pilluelo de Alamán, en secreto, dio a la embajada de España un papel con la locación del esqueleto: "El documento, lejos de ver la luz, recibió tratamiento de secreto. Dio igual que el embajador fuese conservador, libe-

ral o republicano: de un siglo a otro, el papel nunca salió de la caja fuerte diplomática".

Por fin en 1946 se dio a conocer el documento. Investigadores de El Colegio de México se dieron a la tarea de localizar la urna: "El domingo 24 de noviembre comenzó la excavación en el lugar del muro contiguo al altar mayor que señalaba el documento. Dos horas después, descubrieron una gran losa que ocultaba la bóveda con la urna. Finalmente, con un golpe de barrena, la urna con el terciopelo bordado en oro quedó al descubierto. La noche siguiente se hizo público el hallazgo, y se quitó la urna y el forro de terciopelo, la primera cubierta de plomo y la caja de madera. Entonces apareció una urna de cristal y se vieron los envoltorios de los huesos".

Verificada científicamente la autenticidad de la osamenta, la urna se volvió a enterrar y se puso sobre el muro de la iglesia una placa de bronce que sólo dice:

HERNÁN CORTÉS
(1485-1547)

Desde entonces ahí están los huesos de quien —nos guste o no— no sólo cambió el destino de lo que se convirtió en nuestro país, sino que, de alguna manera, cambió la historia del mundo para siempre.

El poeta boxeador que se perdió en México

La vida del poeta-boxeador Arthur Cravan fue extravagante y lo que le sigue. En 1918 desapareció en México y de la faz de la Tierra sin dejar rastro alguno. Entre sus muchas facetas tenemos la de ser precursor del movimiento dadaísta y de los *performances*; boxeador, poeta, curador de arte, leñador, conferencista, taxista, marinero, recolector de fruta, mulero, crítico literario, fundador de la revista de vanguardia *Maintenant*, amigo de la crema y nata de la artisteada *avant-garde* en París y esposo por breve tiempo de la bella poetisa Mina Loy.

De origen inglés, aunque nacido en Suiza, en 1887, Fabian Avenarius Lloyd fue el segundo hijo de Otho Lloyd, nada menos que hermano de Constance Mary Lloyd, esposa del incomparable y entonces controvertido Oscar Wilde. Al igual que sus primos, Fabian cargó a cuestas con el "pecado" de su tío Oscar, pero a su manera, porque, a diferencia de la primada, el joven Fabian pesaba 105 kilos y medía casi dos metros de altura, lo que lo convirtió en una imparable máquina de fantasía surrealista: "Que se sepa de una vez por todas, ¡no voy a civilizarme!", advirtió a los cuatro vientos.

A los 16 años le aplastó la cabeza de un porrazo a un profesor de su colegio, por lo que fue expulsado. Inspirado por su héroe, Arthur Rimbaud, decidió lanzarse a la aventura. Invitado por un grupo de prostitutas se fue a Berlín, para después saltar a Nueva York. De ahí a California, para después subirse a un barco trabajando en el cuarto de máquinas hasta llegar a Australia. Al final del periplo juvenil regresó a Francia, donde logró escandalizar a la buena sociedad por varios años.

En 1912, se cambió el nombre y de su bolsa publicó *Maintenant* ("ahora"), una revista que él mismo escribía en su totalidad. Se trataba de un cuadernillo que duró cinco números, pero que en palabras del surrealista André Bretón, "mostraba una conspiración

nueva de la literatura y del arte que correspondía a la de un luchador ambulante o un domador".

Desde su revista, Cravan tiraba dardos venenosos a todo y a
todos. Gustaba de ir por las calles de París montado en una especie de triciclo enorme ofreciendo su revista. El ejemplar costaba
alrededor de 25 centavos. Gritando decía que "todo gran artista
debe dirigirse a la provocación" y con su flaca publicación (apenas
llegaba a una veintena de páginas) arrojaba el ladrillazo de ironía
punzante contra la creciente e hipócrita burguesía y el mundo del
arte del *establishment*. Claro que también aprovechaba el espacio
para dar a conocer sus poemas, sus escritos y hablar sobre su viejo
tío Oscar, que le daba publicidad.

El boxeo fue su ocupación favorita. Su héroe era Jack Johnson,
entonces campeón del mundo de peso completo, un negrazo apodado el Gigante de Galveston. Al respecto de Johnson, Cravan dijo:
"Después de Poe, Whitman y Emerson, él es la más grande gloria
norteamericana".

Convertido en el bardo pugilista ("Rellenar mis guantes de boxeo con rizos de mujer", recitaba viendo al infinito), Cravan, bro-
mista inmaduro, *hooligan dandy*, comenzó a hacer presentaciones
donde combinaba el boxeo con el baile, mientras hablaba sobre
arte, recitaba sus poemas, criticaba a los artistas fifís, elogiaba a
los atletas por arriba de los artistas, aplaudía a los homosexuales
o simplemente blasfemaba, en una especie de *performance*-tea-
tro-pantomima, con la sola intención de hacer sentir al público lo
más incómodo posible.

En cierta ocasión anunció que su siguiente presentación terminaría con un final excepcional: su suicidio. Una vez que se encontraba repleto el teatro, comenzó a insultar a todos: eran unos
depravados por pagar para ver a un hombre quitarse la vida.
Sí, Cravan era un gancho al hígado del público. Sin embargo, pese
a toda su teatralidad y exhibicionismo, era una celebridad querida
en París, reconocido sobre todo por su gran vitalidad, humor negro
y por ser una caja de sorpresas.

Como boxeador llegó a ser campeón de peso medio y campeón de peso semipesado en Francia, aunque esto último sucedió gracias a que el contrincante no se presentó a la pelea. Claro, el contrincante era nada menos que su hermano mayor, Otho.

Su pelea más famosa se celebró en Barcelona, en abril de 1916, precisamente contra su ídolo Jack Johnson. Para la sexta campana, después de recibir un guantazo del toro de caoba, el poeta *sparring* visitó la lona inconsciente. En ese momento ninguno de los dos imaginó que en el futuro volverían a encontrarse nada menos que en México.

Con el dinero de la pelea, Cravan compró un pasaje para irse otra vez a América, donde los ricos estaban ansiosos por sofisticar su vida comprando arte europeo. Además, eran tiempos de guerra y Cravan venía evadiendo el servicio militar desde tiempo atrás.

El 25 de diciembre de 1916 abordó el destartalado vapor español Montserrat, donde también viajaba huyendo nada menos que Lev Davídovich Bronstein, alias Trotsky, con su esposa e hijo. En su diario, Trotsky escribió: "... iban una cantidad considerable de desertores. [Entre ellos] un boxeador que le resultaba más agradable irles a hundir las quijadas a caballeros yanquis en el noble *sport* (boxeo) que dejarse traspasar las costillas por cualquier alemán desconocido". Y 17 días después llegaron a Nueva York.

Como era de esperarse, Cravan entró a la escena artística estadounidense de manera extravagante. Gracias a unos amigos consiguió dar una serie de conferencias en donde se presentaba como el sobrino de Wilde y "el poeta con el peinado más corto del mundo". En sus charlas hablaba de todo menos del tema para el que había sido contratado; bebía whisky mientras se burlaba del público presente, para acto seguido ponerse a bailar tango con una pareja invisible.

Un día fue invitado por la élite vanguardista a dar una conferencia en la inauguración del Salón de los Independientes. Cravan llegó borracho, subió al podio y se quedó callado; el público creía que se trataba de un estrafalario bohemio más, aunque de

un tamaño descomunal para los estándares del típico poeta delga-
ducho, pálido y arrastrabufandas con peinado de ahogado. En vez
de dar su conferencia, Cravan prefirió desnudarse pausadamente
y en silencio, ante la mirada atónita de aquellos puritanos que, es-
candalizados, llamaron a la policía. Noche fría en las mazmorras
neoyorkinas para el poeta del *striptease*.

Fue precisamente en Nueva York donde Cravan conoció al
amor de su vida, la inglesa Mina Loy. Se trataba de una bellísima
pintora, poeta, actriz, diseñadora, dramaturga, artista conceptual,
recia feminista y entonces madre soltera de dos niños, quienes
desde hacía años la pasaban mejor en casa de unos amigos con
nanas en Florencia que con su inquieta madre.

En diciembre de 1917, Cravan decidió viajar a México para ale-
jarse de cualquier tipo de obligación militar. En la capital el poeta
sin nocauts se ganó la vida boxeando y dando clases en la prestigiada Escuela de Cultura Física Ugartechea (en la calle de Tacuba,
número 15). Sin embargo, el país cruzaba por momentos difíciles:
el gobierno del presidente Carranza había intentado recuperar la
vieja *pax* porfiriana, pero los levantamientos y ajustes de cuentas
entre revolucionarios estaban al orden del día.

Después de muchos ruegos y cartas, por fin su querida Mina
Loy llega a México para vivir juntos una vida de miseria canija, pero
llena de amor anarquista y versos felices como:

Todo me parece bello:
el dinero que es real,
la paz, las vastas empresas,
los autobuses y las tumbas;
los campos, el deporte, las queridas,
hasta la vida inimitable de los hoteles.

¡Qué más puede pedir uno! La pareja pagaba 75 centavos por
un cuarto en la colonia Guerrero, que desde entonces era brava. Mina ayudaba al gasto lavando ropa ajena. Se casaron en abril
de 1918. Entonces Cravan sostuvo dos peleas, una contra Honorato

Castro y otra contra el campeón Jim *Black Diamond* Smith. Como era de esperarse, perdió las dos, pero sacó buen dinero.

Entonces Mina lo convence de irse a Buenos Aires, paraíso para los espíritus libres y necios como ellos, aunque la verdad era porque quería ir por sus hijos, y el mejor camino a Europa, dada la guerra, era vía Argentina. Viajaron a Veracruz y de ahí cruzaron a lo ancho hasta Salina Cruz, Oaxaca. Para ganar algo improvisaban pantomimas y números malabáricos mal ejecutados por el poeta. Ya en la costa del Pacífico, Mina le dio la sorpresa: estaba embarazada.

Con el futuro incierto, Cravan persuadió a Mina para que ella se fuera primero a Buenos Aires. Además de estar encinta, ella no tenía problemas para salir o ingresar a un país, como Arthur, pues sus papeles estaban en orden. Mina se embarcó en un buque-hospital japonés. Cuestión de imaginarse la dramática despedida de los enamorados. De ahí se dice que Cravan, iluso y soñador, comenzó a reparar un bote para cuatro personas, con el cual, según él, navegaría sin problema.

El 3 de septiembre escribió desde Salina Cruz a su madre, Nellie, quien siempre lo apoyó económicamente, para contarle sus planes del viaje. Fue su última carta. Mientras tanto, en Buenos Aires, Mina iba todos los días al correo esperando encontrar noticias, pero el poeta boxeador había desapareció para siempre en el Pacífico.

En su poema "Arre", el poeta del *jab* escribió:

> Quisiera estar en Viena y en Calcuta.
> Tomar todos los trenes y todos los navíos,
> fornicar con todas las mujeres y engullir todos los platos.
> Mundano, químico, puta, borracho, músico, obrero, pintor,
> acróbata, actor;
> viejo, niño, estafador, granuja, ángel y juerguista;
> millonario, burgués, cactus, jirafa o cuervo;
> cobarde, héroe, negro, mono, donjuán, rufián, lord,
> campesino, cazador, industrial,

fauna y flora:
¡soy todas las cosas, todos los hombres y todos los animales!
¿Qué hacer?
Probaré con el aire libre,
¡quizás ahí podría prescindir de mi funesta pluralidad!

Y todo lo hizo...

El ensayista Daniel Saldaña París escribe: "Hay poetas cuya influencia en la historia de la literatura no depende de lo que escribieron. Arthur Cravan es uno de ellos. Mientras otros agotaban la tinta y las ideas rellenando páginas de elevado exabrupto vanguardista, Cravan convirtió el gesto en su principal estilográfica, el escándalo en su único cuaderno. Fue el primer poeta punk, delirante y genial en un entorno en el que no era fácil destacar por esos atributos".

Arthur Cravan murió a los 31 años. Se tiene registro de haber desaparecido en 1918, en algún lugar del Pacífico. Su cuerpo nunca fue encontrado.

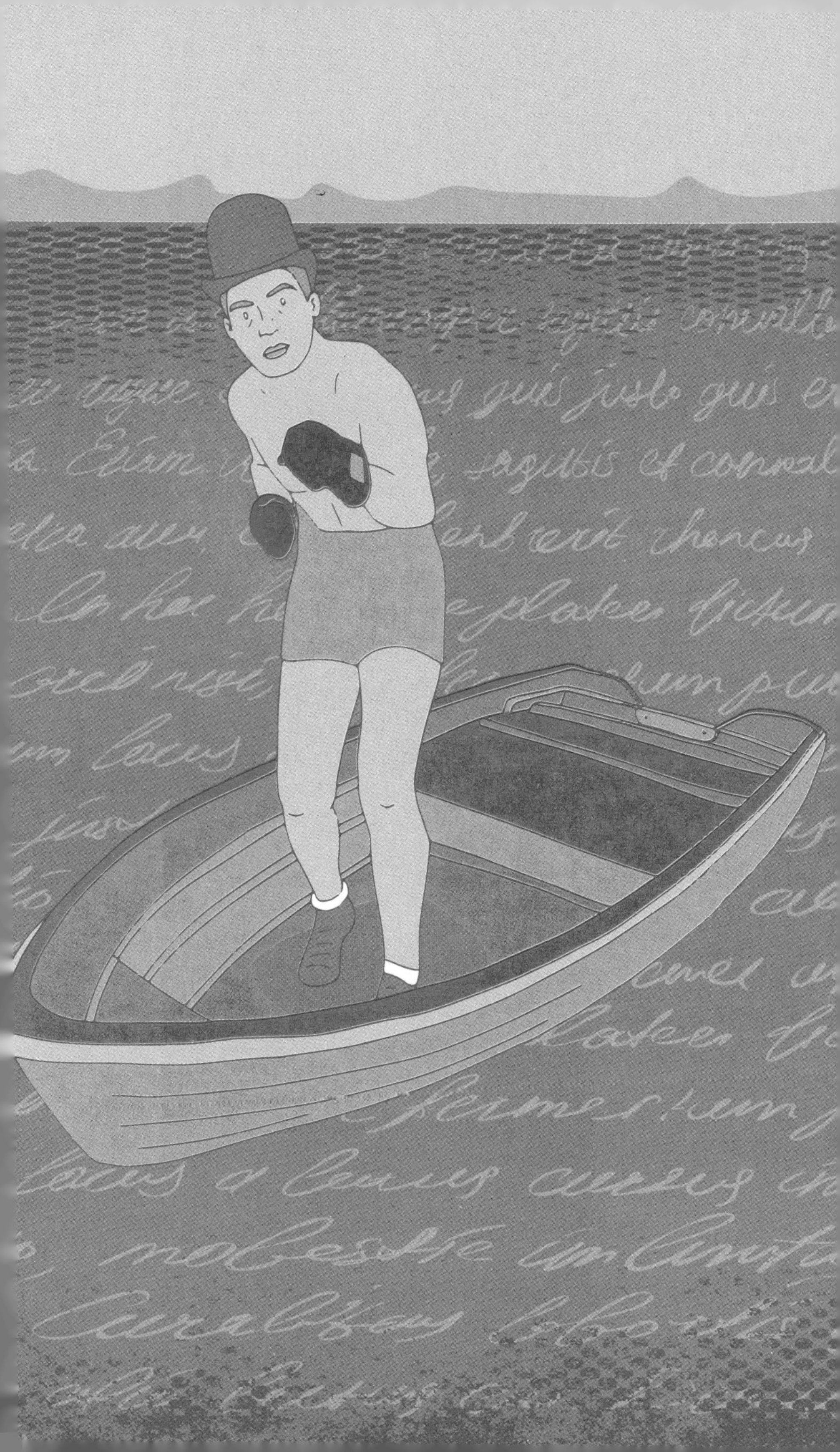

De cortes virreinales

Durante los tres siglos que tuvimos de Colonia española en América, sólo dos ciudades mantuvieron una corte: México y Lima. La vida cortesana, sus costumbres y reglas suscitaron un fenómeno social curioso, pues todo el ímpetu se concentró en hacerlas parecer lo más cercano a las cortes españolas, aunque el modelo cambiaba drásticamente con la llegada de cada nuevo virrey, en nuestro caso, 62 de ellos.

Según la costumbre, los virreyes debían ser vistos como la viva imagen del rey, el cual había sido elegido por Dios. Los virreyes eran los representantes del soberano en tierras novohispanas y además tenían a su cargo el vicepatronato de la Iglesia católica, como una tarea delegada directamente del monarca. De ahí que la vida diaria en la corte, sobre todo en actos públicos, estuviera cargada de un suntuoso aparato con la finalidad de impactar y acompañar el mensaje de quién era el conquistador y quién el conquistado.

También eran tiempos del Barroco, donde todo se manejaba por medio de un código de gestos de una teatralidad sorprendente. Cualquier ceremonia era un acto rimbombante de rigidez aterradora, de ahí que una misa pudiera durar hasta seis horas. A veces, los actos eran tan teatrales que, si algo salía mal, nadie sabía qué hacer, como cuando en 1697 el nuevo virrey, el conde de Moctezuma y Tule (que aparte estaba bizco), hacía su fastuosa entrada a la ciudad para recibir las llaves del reino novohispano y el caballo le respingó, tirándole la gigantesca peluca polveada al piso: nadie se atrevió a recogerla.

En la corte virreinal todo eran maneras estudiadas: el gesto era una de las herramientas más importantes para la comunicación dentro de la sociedad palaciega, un repertorio con el cual se podía expresar "a hurtadillas" toda la gama de sentimientos humanos. Por ejemplo, en todo momento el virrey tenía que disimular su enojo y saber cómo establecer con una sola mirada o mueca el respeto o temor de sus subordinados. En las audiencias debía hablar poco, usando de preferencia una voz grave, como si estuviera hablando desde el sótano. También debía usar palabras dulces, de terminado tierno, a la manera de los viejitos sabios. Su actitud corporal en público debía reflejar compostura, modestia y severidad. Debía caminar despacio, sin prisa y sin mirar a nadie, pero observando todo a su alrededor. Por eso, una de las actividades más importantes dentro de la vida en la corte virreinal era el baile, la máxima expresión del lenguaje corporal.

Aunque a veces no tuvieran título, los virreyes eran elegidos entre la aristocracia española. El cargo nunca se daba por méritos, sino por amistad o por lo que "donaba" el aspirante. Una vez elegido, el representante del rey se embarcaba a la aventura con su gran comitiva. Nunca venían solos, ni siquiera don Baltasar Zúñiga y Guzmán, el primer virrey soltero que llegó en 1716 (además con sus 60 años). Los virreyes se traían hasta a la doña que les espumaba el chocolate. Por lo regular se embarcaban con 70 sirvientes y 20 esclavos negros; si venía la esposa, se sumaban unas 24 sirvientas más. El costo del viaje, acomodo y sueldo de todos corría por parte del virrey.

Se podría decir que los virreyes ganaban bien. Por ejemplo, don Antonio de Mendoza y Pacheco, el primer virrey novohispano que llegó en 1535, recibía el jugoso sueldo base de 8 000 ducados anuales. Sin embargo, una vez acomodado en el palacio, los gastos corrían por su parte y podían ascender considerablemente: desde el mobiliario y los gastos para la vida diaria hasta los sueldos de la gente "de escaleras abajo" (camareras, lacayos de establo, despenseros, cocineros, indias molenderas, jardineros y más esclavos) y los de en medio (pajes y damas de compañía). Por si fuera poco, también se encargaba de una comitiva de jóvenes de la nobleza indiana que el mismo rey de España exigía integrar a su séquito personal para educarlos bajo los valores cortesanos europeos y que "aprendieran el manejo de las armas, el

arte de montar a caballo, la buena conversación, las maneras en la mesa, el esmero en la apariencia personal, el baile y, ¡faltaba más!, el galanteo con las damas". Y todavía faltaba un grupo más por mantener: los cercanos que tenían acceso a sus aposentos, como el mayordomo personal, el secretario particular, el médico, el confesor, el capellán, algunas damas y caballeros de cámara, además de los parientes y los de "mucha confianza", que eran los espías al servicio del virrey.

Y si a eso le sumamos una esposa frívola, amante de lujos, fiestas, banquetes, corridas de toros, días de campo, bailes, comedias y, además, de casquitos ligeros con un carácter soberbio y de los mil demonios, como fue el caso de doña Blanca de Velasco, la esposa del séptimo virrey, Álvaro Manrique de Zúñiga, pues no había ducado que alcanzara. Un cronista de la época cuenta:

> fueron el virrey y la virreina a holgarse en la ciudad de Xochimilco, llegando con toda su casa dentro de nuestro convento [...] y detúvose ahí siete u ocho días en que los indios les hicieron grandes fiestas [...] había de comer trescientas raciones y a cenar otras tantas y a todos se daba vino; las aves que se comieron son sin número y la colación de confituras y caxetas fue de gran cantidad y de mucho precio [...]. [Pero] lo que más mal pareció y de que todo el mundo tuvo que murmurar fue la demasiada libertad, rotura y disolución muy de propósito de mujeres, la virreina y las suyas.

El escenario donde se desarrollaba la vida de este barroco teatro cortesano era el Palacio Virreinal, hoy Palacio Nacional. El primero en habitarlo, en 1562, fue el virrey Luis de Velasco y Ruiz de Alarcón, sin duda uno de los mejores al cargo: protector de los indios, suprimió la encomienda, fundó la Universidad de México, fundó las ciudades de Monterrey, Guadalajara y Durango, entre otras muchas cosas.

En el Palacio Virreinal se celebraban grandes fiestas, pero eran escasas. Esto porque la gente adinerada se peleaba para quedar bien con los virreyes o buscar un favor, y una manera de hacerlo era organizando sendos pachangones en sus palacetes, sobre todo si se tenía uno en el campo. Por ejemplo, en 1753, don Francisco Chaparro agasajó en su casa de San Ángel con un almuerzo al virrey, su familia, principales de la corte y... colados:

> aderezó la casa costosamente y mandó formar en la huerta dos hermosas galerías cubiertas de ramos de flores [...] recorriendo las cortinas se dejó ver la segunda galería en donde estaba una larga mesa cubierta de exquisitos y pulidos manjares, ricos aparadores con todo género de bebidas [...]. Se dice que se perdieron dos platones, once platillos y muchas cucharas, todo de plata, porque la concurrencia vulgar fue crecida.

Ahora bien, no todo era teatralidad y conveniencia, pues también dentro de la corte podía haber buenas amistades entre criollos y españoles. Inclusive algunas llegaron a trascender, como lo fue la amistad entre la culta virreina María Luisa Manrique de Lara y sor Juana Inés de la Cruz, que muchos han querido ver como historia de amor.

Sin embargo, la Corona tenía estrictamente prohibido que los hijos de españoles cortesanos se casaran con los nacidos aquí o apadrinaran hijos de éstos. Pero muchos virreyes llegaron a identificarse con el sentir de sus súbditos; entonces, algún virrey fue padrino de bodas de alguna familia prominente. Como el caso de los marqueses de la Laguna, quienes quisieron que a su hijo lo bautizara el primer criollo ordenado sacerdote en Nueva España, el franciscano Felipe de Jesús, que además después se convirtió en el primer santo mexicano de la historia.

Conforme pasaba el tiempo y se adoptaban nuevas modas, la ostentación y pedantería de la corte virreinal aumentó. A partir de la última década del siglo XVII el intento de la "gente bonita" por seguirle el paso a la corte francesa era casi desesperado. Todo era pelucón y maquillaje. El fraile irlandés, Thomas Gage, que visitaba la Nueva España escribió:

Tanto los hombres como las mujeres se adornan con exceso, usando más seda que paño y realzando su vana ostentación con piedras preciosas y perlas. Es común ver una roseta de diamantes en el sombrero de un caballero y el cordón de perlas es habitual en el de los comerciantes [...]. Los caballeros llevan su séquito de esclavos negros para que los atiendan, quien una docena y quien media, con elegantes libreas cargadas de encajes de oro y plata, con medias de seda en sus negras piernas, rosas en los pies y espaldas a su lado.

Para el historiador Jacques Lafaye, esta idea de grandeza se fundaba sobre la conciencia de su riqueza, y es que, en efecto, los criollos novohispanos eran ricos gracias a lo mucho que producían sus tierras y minas.

Se creó entonces una cultura altiva y ostentosa en la corte, en el arte, en la arquitectura y hasta en su gastronomía —que, por cierto, era complicadísima—. Pero se trató de una cultura original, que poco a poco comenzó a permearse con orgullo vital entre la gente nacida en estas tierras, compartiendo la idea de que, después de todo, no se le debía nada a la lejana España. Nació, pues, una identidad propia que a fuego lento se convirtió en bandera.

Artistas mexicanos en Nueva York (1920-1936)

Diego Rivera, José Clemente Orozco, Rufino Tamayo, Carlos Chávez, José Juan Tablada, Miguel Covarrubias y David Alfaro Siqueiros fueron algunos de los artistas que vivieron intensamente la primera gran aventura que dio a conocer al mundo el arte mexicano, todo desde el centro más brioso, dinámico y moderno del joven siglo xx: Nueva York.

La Babilonia de Hierro fue el título que el poeta y escritor José Juan Tablada dio a sus crónicas neoyorkinas (1920-1936), textos empapados de la delirante fiebre por la modernización de la urbe, con sus enormes rascacielos, el cinematógrafo parlante (la primera proyección comercial de una película con sonido sincronizado se dio en Nueva York, en abril de 1923), el diabólico automóvil, los anuncios luminosos, el lascivo jazz y el radio que un amigo de él compró por la exorbitante cantidad de 1 200 dólares. Época en que las mujeres por fin votaron, los Yankees compraron a Babe Ruth por medio millón de dólares, comenzó la prohibición (de alcohol) y más tarde vino el fatídico garrotazo de la Gran Depresión.

Tablada ya había estado en Nueva York refugiándose de los sinsabores de la Revolución. Con el gobierno de Carranza, el poeta pudo regresar a México a trabajar como diplomático en Sudamérica, hasta 1920, cuando usó todas sus tácticas para que lo regresaran a Nueva York, pues estaba recién casado con la hija de una familia cubana bastante pudiente, afincada en aquella ciudad.

José Juan Tablada fue el primer mexicano en hablar en el extranjero del arte prehispánico y popular, además de promover la obra de sus amigos artistas, como Rivera, Orozco y Covarrubias. Todo el florecimiento artístico que surgió por la política de José Vasconcelos se dio a conocer en Nueva York gracias a Tablada. Fue lo que llamaron "nacionalismo", gran estrategia para incorporar al país en la modernidad al grito de: "¡Lo indígena es lo nacional!".

Una vez dominado el inglés, Tablada comenzó a vivir de sus escritos, un quehacer periodístico prodigioso que ejerció por más de 50 años y donde México era el tema principal. Se convirtió en colaborador asiduo de la célebre e influyente revista *The Arts*, donde el otro colaborador extranjero era un joven poco conocido, Pablo Picasso.

El golpe de suerte llegó en 1923, cuando ascendieron a subsecretario de Relaciones Exteriores a su pariente y cuatazo Genaro Estrada. A partir de entonces, Tablada contó con el apoyo oficial del gobierno de México para sus proyectos. Estrada, esmerado escritor por su parte y un político en ascenso con gran visión para el talento nacional, siempre ayudó a muchos artistas.

También fue Tablada el primero en promover al caricaturista y pintor Miguel Covarrubias. El Chamaco Covarrubias llegó a Nueva York en 1923, con el eufemístico cargo de agregado cultural. Estrada le dio boleto de ferrocarril en coche cama y seis meses de viáticos. En la ciudad de hierro compartió habitaciones con el multifacético Adolfo Best Maugard, uno de los principales ayudantes de Vasconcelos en el macroproyecto cultural mexicano. Covarrubias y Best Maugard vestían todas las noches como *dandies* para saltar a la vida nocturna: martinis con los millonarios del Uptown, bailongos con los negros del Harlem.

A Covarrubias le fue bastante bien en Nueva York, pues hizo mucho dinero con sus caricaturas e ilustraciones para revistas como *Vanity Fair*, *New Yorker* y *Vogue*. Esto lo llevó a codearse con la crema y nata, como los Vanderbilt, los Rockefeller y los Whitney. En 1924 tuvo la primera exposición de sus caricaturas con un éxito rotundo. Para el año siguiente, el Chamaco se cotizaba alto. José Clemente Orozco, entonces viviendo allá casi de la caridad, escribió no sin cierta envidia a su amigo pintor Jean Charlot: "Covarrubias hizo ventas por valor de más de 3 000 dólares [...]. Cada dibujo se vendió en 300 dólares, es decir, en más que el de Picasso, que sólo estaba a 250 [...]. ¡Está ganando un dineral!".

Con la publicación de sus dibujos dedicados a los negros (*Negro Drawings*, 1927), Covarrubias se convirtió en uno de los primeros etnodibujantes del mundo: "El primer artista importante en Estados Unidos que haya concedido a nuestros negros algo que se parezca a una atención reverente", decía el panfleto de su exposición. La *Enciclopedia Británica* lo incluye en la lista de "maravillas" de artistas del blanco y negro.

Tablada fue también el primero en descubrir el talento de José Clemente Orozco. Artista de vida dramática, adversidad y triunfo, Orozco llegó por segunda vez a Nueva York, en 1927. Una vez más, Estrada, entonces ya secretario de Relaciones Exteriores, le pagó el pasaje y le dio tres meses de viáticos. Era diciembre, "... hacía mucho frío. No conocía a nadie y me propuse volver a comenzar desde el principio". Dejando esposa e hijos atrás, Orozco no tardó en emparejarse a la apurada vida neoyorkina: teatros, cabarets, pero sobre todo los clubs de negros (*dancings*): "Negros de porte muy digno, algunos tan negros como la pulpa del zapote prieto". Entonces conoció a la periodista Alma Reed, la viuda de Carrillo Puerto, quien se convirtió en su agente. Reed compartía un lujoso departamento en la Quinta Avenida con Eva Sikelianós, esposa del afamado poeta y filósofo Ángelos Sikelianós. El departamento también era sede de famosas pachangas literarias, donde Orozco vendía sus cuadros y dibujos de la Revolución mexicana. Con Reed como *dealer*, las exhibiciones del pintor se hicieron recurrentes. A Orozco le tocó vivir el famoso *crash* bursátil del 29: "Una mañana algo muy grave pasaba en Nueva York. Las gentes corrían más de lo acostumbrado [...], las sirenas de los bomberos y Cruz Roja aullaban ferozmente [...], todo era maremágnum [...]. Muchos especuladores ya se habían arrojado a la calle desde las ventanas de sus oficinas y sus restos eran recogidos por la policía". Más tarde Reed y Orozco fundaron la importante galería Delphic Studios.

Alguien que también tuvo bastante éxito y reconocimiento en Nueva York fue el músico y compositor Carlos Chávez. En su primera visita, Chávez entabló amistad con el importante compositor vanguardista Edgar Varèse, quien lo apoyó comisionándole trabajos importantes, como *Energía* (1925). Varèse, entusiasmado con el movimiento mexicano, ya había utilizado poemas de Tablada para su composición *Offrandes* (1921). Chávez estrenó con calurosa recepción su obra *Tres hexágonos* (1925), con poemas de su amigo Carlos Pellicer. El poeta tabasqueño le escribió: "Carlos, si la muerte me dejara vivir 15 años más, me iría a Nueva York". En su segunda estancia, Chávez entabló amistad con el importante compositor Aaron Copland, una camaradería entrañable que duró más de 50 años.

En esa época, Orozco visitaba a menudo a Chávez en su departamento en Greenwich Village: "Pequeño pero suficiente para contener un piano". El departamento lo compartía con el mago del color, Rufino Tamayo. También Chávez y Diego Rivera se veían con frecuencia, pues les unía el ánimo por darle al arte mexicano un empuje fresco.

En 1931, los aviadores Wiley Post y Harold Gatty despegaron de Nueva York para hacer el primer vuelo alrededor del mundo. Lo hicieron en ocho días y 15 horas. Ese año el MoMA le encargó a Diego Rivera los murales "portátiles" titulados *Murales para el Museo de Arte Moderno*. La muestra también ofrecía obras de una tal Frida Kahlo.

También es el año en que se construye el Rockefeller Center, donde Rivera pintó su *Hombre en el cruce de caminos*, que causó controversia, pues retrata al archienemigo del capitalismo: Lenin. El millonario Rockefeller lo tomó personal y mandó a destruir la obra. A su regreso a México, Rivera pintó el mismo mural en el tercer piso del Palacio de Bellas Artes.

En 1936, David Alfaro Siqueiros creó en Nueva York el Taller Experimental Siqueiros, donde impartió técnicas novedosas, como el *action painting* y el *dripping*, que uno de sus discípulos, Jackson Pollock, genio del expresionismo abstracto, supo explotar. Ese año los Yankees de Nueva York ganaron la Serie Mundial de béisbol.

En el único poema que el humorista Enrique Jardiel Poncela escribió, titulado "Nueva York" (1933), dice:

Agitación. Disparate.
Un anuncio en cada esquina.
"Jazz-band". Jugo de tomate.
Chicle. "Whisky". Gasolina.
Circuncisión. Periodismo:
diez ediciones diarias,
que anuncian noticias varias
y todas dicen lo mismo.
[...]
"Estrellas", actrices, "divas"
y máquinas automáticas.
[...]
Espectáculos por horas.
"Sandwichs" de pollo y pepino.
Ruido de remachadoras.
[...]
Hombres de un solo perfil,
con la nariz infantil
y los corazones viejos;
el cielo pilla tan lejos,
que nadie mira a lo alto.
Radio. Brigadas de Asalto.
Sed. "Coca-Cola". Sudor.
[...]
Cemento. Acero. Basalto.
"Garages" con ascensor.
Prisa. Bolsa. Sobresalto.
Y dólares. Y dolor:
un infinito dolor
corriendo por el asfalto
entre un "Chevrolet" y un "Ford".

El *bel canto*
de don Adolfo

A mediados de los años veinte del siglo pasado, Enrico Caruso Jr., hijo del inigualable tenor, se encontraba en Nueva York atendiendo asuntos familiares. Un día un agente artístico se le acercó y le ofreció hacer una obra musical alrededor de la figura de su mítico padre. Caruso Jr. también cantaba, tenía experiencia como actor y con su nombre el proyecto sonaba a éxito rotundo. Sin embargo, a las semanas del estreno, el joven tenorillo sintió que el papel le quedaba grande y sin más renunció.

Ésta no era la primera vez que Junior mandaba al traste un proyecto a mitad del camino: de carácter voluble, a Enrico le precedían una nutrida serie de fracasos. Desde chico fue muy presionado por el padre para continuar la tradición familiar. Tuvo los mejores maestros en Milán y Roma, pero la mayoría aconsejaba que el *bambino* mejor se dedicara a la venta de enciclopedias (cosa que décadas más tarde hizo).

Por cuestión de negocios, Caruso Jr. se mudó a Los Ángeles. Ahí se encontró al barítono Andrés Perelló de Segurola, querido amigo de su padre, quien le incitó a que retomara sus clases de canto, ¡pero con un buen profesor! A Junior le dio curiosidad que un hombre de avanzada edad y de carrera larga, como Segurola, siguiera con un maestro. Un año antes, Segurola había perdido la voz y su maestro se la recuperó como por arte de magia, lo que lo llevó de nuevo a los escenarios.

El profesor a quien se refería era don Adolfo de la Huerta, un carismático, amable, bondadoso y entregado mexicano. Pocos de sus alumnos sabían de su extraordinaria vida antes de que se exiliara en Estados Unidos y se mantuviera dando clases de canto junto con su esposa, la prestigiada pianista Clara Oriol. Para cuando De la Huerta daba clases en su estudio, en el 4803 de Hollywood Boulevard, había sido diputado por el distrito de Guaymas, Sonora, gobernador por la misma entidad, presidente de México, secretario de Hacienda y ejecutor principal de la llamada rebelión delahuertista (1923) contra el gobierno de Obregón, donde fracasó y, por ende, tuvo que exiliarse.

Nacido en Guaymas, en 1881, dentro de una familia acomodada, el pequeño Fito se empapó de la música gracias a su madre, cantante y pianista de dedo veloz. Además de cantar precioso, el joven Adolfo dominó el violín y el piano. Tocando en el Casino de Guaymas conoció a un barítono italiano, de apellido Grossi, que exportaba garbanzo y quien por una temporada lo inició en el arte del *bel canto*.

Al término de sus estudios como contador, Fito se dedicó de lleno a la música. Sin embargo, también traía la política en las venas. Desde chico militó en contra de la reelección, además de simpatizar con los hermanos Flores Magón y posteriormente con Madero.

Adolfo prefirió renunciar a una prometedora carrera artística para irse a la capital a trabajar como gerente local del Banco Nacional de México: "Así empezó su trayectoria vertiginosa en el campo revolucionario, en la que su enérgica actividad y talento político lo pusieron en primer plano. Al lado de los generales Álvaro Obregón y Plutarco Elías Calles figuró de manera prominente en la revolución en Sonora y se convirtió, a la caída de Victoriano Huerta, en oficial mayor de Gobernación y después en cónsul de México en Nueva York", comenta Pedro Castro, en el estudio preliminar de *Adolfo de la Huerta, el desconocido* (2009), de Roberto Guzmán Esparza.

Cuenta una historia que, durante las duras batallas del Bajío, estando en el cuartel junto con el general Obregón, para bajar la tensión entre los presentes, el general le pidió: "Canta, Fito, canta...", y poco a poco se fueron sumando las demás voces hasta que un gran vocerío lo convenció. Otra anécdota cuenta que huyendo de una batalla perdida junto a Obregón, ya manco, éste le dijo: "Por lo menos usted, Fito, puede ser maestro de canto... yo ni barrendero". Y así fue.

En Nueva York, De la Huerta tuvo la oportunidad de compaginar sus tareas diplomáticas con clases de canto. Sin decir que era el cónsul de México se puso bajo la tutela de un viejo profesor alemán, Karl Brenneman, a quien además le ofreció el triple de su sueldo si éste le daba a conocer su método de enseñanza. El viejo se negó, pero le dijo que pusiera atención a su sistema. Un día un exalumno visitó a Brenneman. Mientras esperaba en la recepción escuchó a De la Huerta ensayar y se dice que comentó: "Esa voz extraordinaria es la de un gran tenor que bien podría ser mi sucesor". No se sabe bien si Caruso y De la Huerta mantuvieron una amistad, pero lo cierto es que, en 1919, el napolitano aceptó la invitación de Carranza —por medio de la solicitud que hizo De la Huerta— a dar una exitosa gira en México. Además, existe una fotografía de Caruso dedicada a don Adolfo en donde lo llama "mi tenor estrella".

De regreso a México, De la Huerta participó en la revolución de Agua Prieta (1920) que derrocó a Carranza y lo colocó como presidente de la República por un breve tiempo. Pese a que el cachete no estaba para besitos, don Adolfo tuvo tiempo para promover el canto como una de las actividades principales de su gobierno. Aprovechando la amistad con su viejo maestro neoyorquino organizó un concurso de canto, cuyo premio era una beca para estudiar con Brenneman. El entonces jefe del Departamento de Educación, José Vasconcelos, y él estuvieron presentes en todas las etapas del concurso. Como secretario de Hacienda, de 1920 a 1923, aprovechó cualquier oportunidad para patrocinar y ayudar a muchos cantantes, hasta dándoles clases particulares en su casa, que estaba junto al lago de Chapultepec.

Durante su exilio, De la Huerta tuvo contacto con su amigo Andrés Perelló de Segurola, quien recurrió a él porque había perdido la voz y sabía de la habilidad que tenía De la Huerta para recuperar voces "agotadas". Don Adolfo le dijo: "Voy a darle 50 clases, si al cabo de ellas canta como barítono, por ejemplo, el aria de *Eritu*, de la ópera *Baile de máscaras*, me pagará 1 000 dólares; si no es así, no me paga nada". Al año, Segurola desembol-

só el billete al expresidente mexicano y siguió cantando largas temporadas.

Muchísima gente pasó por la tutela del maestro Adolfo de la Huerta, entre ellos el afamado cantante yucateco Augusto *Guty* Cárdenas, quien llegó a Los Ángeles con muchas canciones, pero con una voz que se escuchaba como si le hubieran dado un gancho al hígado. Por motivos de trabajo, Guty Cárdenas tuvo que regresar a México, prometiendo a don Adolfo continuar las clases semanas después. Desgraciadamente Guty encontró la muerte en una pelea de cantina. Tenía 26 años.

No tardó en llegarle al maestro De la Huerta la merecida fama. En los periódicos se le mencionaba como el "mago de las voces". Su método era el resultado de sus experiencias y de las lecciones recibidas por maestros especializados, con los que podía conseguir grandes resultados en tan sólo dos años. Él se concentraba en cuatro campos: "Formar la voz operística en individuos que carecían de ella, cambiar registros, dar a todas las voces tres octavas de extensión y lograr la emisión del canto libre o *bel canto*".

Para 1930, su escuela era de las más prestigiadas del país y su nombre se conocía hasta en Europa. Con el éxito vino la prosperidad económica, después de los años de penuria: "Residencia lujosamente amueblada; en el comedor brillaba una vajilla de plata; en la cochera se encontraban dos autos de lujo; tenía criados, y sus hijos, varios maestros que daban clases a domicilio". No obstante, don Adolfo siempre fue sencillo, pulcro al vestir y nada más portaba una joya: un fino reloj de tres tapas que le había regalado Plutarco Elías Calles, quien, pese a que fue su enemigo (exiliado Adolfo, Calles puso precio a su cabeza), lo tenía en buena estima.

Regresando a Caruso Jr., Segurola lo llevó con el maestro De la Huerta. Caruso lo saludó inexpresivamente y al escucharlo cantar el maestro llegó a dos conclusiones: "Tenía un gusto natural para la interpretación y una voz desastrosa". "Yo le enseñaré a cantar", le dijo al joven, "siempre y cuando siga mis instrucciones y trabaje conmigo diario". Así comenzó el entrenamiento y, conforme pasó el tiempo, el método delahuertista fue dando resultados. Algo de admirar fue que De la Huerta nunca se interesó por el dinero de Caruso ni sacó provecho de su nombre para beneficio propio.

Por fin llegó el momento en que Caruso Jr. soltó una voz espectacular. Esto atrajo la atención de Manuel Reachi, productor en jefe del departamento hispano de la Warner Brothers, donde se producían películas como bolillos. Reachi quería producir una película sobre la vida de Álvaro Obregón y contratar a De la Huerta como consultor. Pero, después de escuchar al alumno del maestro y de saber quién era, dejó a Obregón de un lado y se propuso hacer una película alrededor de la voz de Caruso Jr. Vendió la idea y le consiguió un contrato al joven italiano.

La carrera de Enrico Caruso Jr. subió como la espuma, filmando películas, dando conciertos, grabando discos y codeándose con artistas como Ginger Roger, Dick Powell o Dolores del Río, hasta que un día, sin decir agua va, dejó todo para regresarse a Nueva York "a hacer un negocio". Otra de sus carusadas, dijeron unos.

Nadie supo nada de él hasta que en 1941 De la Huerta recibió una carta suya en la que le confesaba que el negocio de las enciclopedias ya no era lo mismo, por lo que mejor regresaba al negocio de las medias para dama, aunque tenía planes de volver a la artisteada. Al final de todo, después de la guerra mundial, Enrico Caruso Jr. se cambió el nombre a Henry de Costa y fue jefe departamental de un almacén hasta su muerte, en 1971, a los 82 años.

La familia De la Huerta regresó a México en 1935. Don Adolfo todavía desempeñó algunos puestos públicos para Ávila Camacho y Miguel Alemán, hasta su muerte, en 1955, por causas naturales.

"Al que no cante —decía don Alfonso— lo haré cantar; al que haya perdido la voz haré que la recupere, al barítono lo convertiré en bajo y al bajo en tenor...", promesa que el maestro del *bel canto* y expresidente siempre cumplió.

De arrieros
y mulas

Haced que yo a los hombres
desengañe de su falsa
opinión, del error ciego
con que miran al asno,
despreciando el mejor animal
que hay en el suelo.
ANÓNIMO ESPAÑOL

Es hora de hablar de esos héroes anónimos sin los cuales México no hubiera sido establecido, por lo menos desde finales del siglo XVI hasta entrado el XX: el burro y la mula.

Aunque similares en apariencia, la mula y el burro no son lo mismo. El burro suele ser más peludo, medir cuando mucho un metro y medio de altura, es dientudo y es el clásico de las orejotas y cola poblada de pelo. En cambio, la mula es el resultado de la cruza entre un burro macho y una yegua, de manera que tiene la altura promedio de un caballo, su dentadura es parecida a la del corcel y posee menos pelo. De ahí el viejo refrán mexicano: "El burro para el indio, la mula para el mulato y el caballo para el caballero".

Diferencias aparte, estos humildes cuadrúpedos, sinónimo de paciencia y docilidad legendaria (aunque no los quieres ver encabritados), fueron indispensables durante 400 años para la difícil tarea de llevar cargas pesadas por terrenos la mayoría de veces accidentados; además, en climas extremos. Los burros y las mulas vinieron a sustituir al *tameme* mexica, personas que llevaban en su espalda las cargas. De hecho la palabra viene de *tlamama*, que en náhuatl significa "cargar".

¿Por qué la mula y el burro se convirtieron en los animales favoritos para la carga en estas tierras? Primero, porque fueron las bestiecillas que se adaptaron más rápido a las difíciles particularidades geográficas de nuestro país. Un buey podía jalar hasta una tonelada de carga, pero para meter a un buey por la sierra o la selva se necesitaban caminos que no existían, ¡y qué me dicen para sacarlo de la barranca! Además, mantener un buey era costoso. La mula y el burro podían transitar esencialmente por cualquier lugar. El caballo era el cuadrúpedo más dinámico de todos, pero requería mayores cuidados y en cuestión de carga no tenía el arrastre del genial borrico.

La mula fue el Volkswagen de la época: se encendía con una simple paca de heno, aguantaba largas distancias con carga pesada (hasta 200 kilos), era fuerte y resistente; no corría mucho, pero su paso era corto, firme, se cansaba menos que los otros cuadrúpedos y, además, se podía utilizar de "motor" para jalar una carreta. Como el viejo vocho, el burro era de fácil compostura, misma que la podía hacer el mismo piloto; y, por si fuera poco, tomaba mucha menos agua que sus competidores cuadrúpedos. Así, la colonización de la Nueva España le debió más al burro que al caballo.

Los primeros burros y yeguas llegaron a este lado del estanque con el almirante de las tres carabelas (Colón) y no tardaron en reproducirse (después de tres meses de encierro no era para menos). Más tarde, en 1531, se mandaron desde Sevilla 14 burros con la finalidad específica de iniciar la crianza. A mediados del siglo XVI, el burro era tan práctico y versátil que hasta la gente de clase alta se olvidó del qué dirán y comenzaron a transitar en sus miniburros por las calles de la ciudad. Por supuesto no tardaron las vías en saturarse, por lo que el cabildo dictó una orden señalando que no podían tenerse mulas si no se tenían caballos. En su *Guía de las actas del cabildo de la Ciudad de México, siglo XVI* (1984), Edmundo O'Gorman comenta:

Esta medida estaba encaminada tanto a fomentar el uso del caballo por motivos militares, como a favorecer la cría de ganado mular en estas tierras, pues el ganado caballar y en particular las yeguas eran indispensables para el desarrollo de la producción de mulas. Otra indicación que nos confirma la gran aceptación que tenía la mula, no sólo como bestia de carga o tiro, sino también como montura, la encontramos en el acuerdo que toma el mismo cabildo de la ciudad, el 16 de septiembre de 1532, por el que se le pide al rey que anule la cédula por la que se permite a ciertas personas que ensillen mulas, por estar en contraposición con una cédula de la audiencia real que prohíbe la posesión de mulas sin tener caballos.

De esta manera, la gente comenzó a tener mulas "de arria, de silla y de camino", y a la construcción de casas pronto se anexaron los necesarios cajones de estacionamiento para estos animales.

Sin el superburro el abastecimiento en las poblaciones habría sido difícil. Simplemente a principios del siglo XVII, la Ciudad de México recibía diario un promedio de 3 000 mulas de carga para suministro de insumos. Por otra parte, el *burro business* en sí generaba empleos, por ejemplo: una vez estacionados se requería de un encargado de descargar y repartir la carga, también se necesitaban los llamados *sabaneros*, quienes alimentaban y limpiaban la tropa de rebuznadores, o los *atajadores*, que caminaba al lado de la recua y tenían la tarea de conseguir o recalentar el itacate de los pilotos. La procesión de mulas que avanzaba a paso seguro era encabezada por las más fuertes y hermosas, llamadas *caponeras*, todas ataviadas con finos arreos, guiadas por una persona.

Como hoy se renta un camioncito de media tonelada para hacer mudanza, en aquel ayer se rentaban mulas también. Las había de todos los precios, dependiendo de si el burro estaba destartalado o no, si estaba entrenado, su edad, etcétera. Continúa O'Gorman:

por ejemplo, en la década de los setenta el precio más bajo que encontramos fue el de 15 pesos de oro común que pagó en 1578 Juan Cerdeña, maestro de enseñar niños, por "una mula pequeña castaña oscura tronza de una oreja"; y el más alto fue el de los 110 pesos que dio en 1576 el clérigo Juan Montaño, por una mula negra grande de silla. En general, los animales más baratos eran los cerreros o sin domar, que en promedio costaban 20 pesos, mientras que los más caros fueron los de silla, es decir, los destinados a ser montados por un jinete, que como hemos visto podían llegar a costar arriba de los 100 pesos.

El Imperio español enriqueció sus arcas con la plata novohispana, sobre todo durante el siglo XVIII, cuando se revitalizó esta industria por la explotación de viejos y nuevos yacimientos. Pues nada, sin el burro el éxito de esta empresa no hubiera sido posible o hubiera tardado más de la cuenta. Entonces se podía ver por los caminos reales importantes transitar a paso paciente los clásicos convoyes de 16 mulas llevando más de cuatro toneladas de carga.

Así pues, invertir en burros era buen negocio y aquellos con posibilidades no dudaban en hacerse de grandes flotillas, que, por lo regular, daban a administrar a terceros. Precisamente este negocio lo tuvo el papá de Vicente Guerrero, en Tixtla, Guerrero. Quien más tarde se convertiría en héroe de la Independencia y llegara a ser el segundo presidente de México, atendió el negocio paterno por muchos años, de ahí su gran conocimiento de los caminos y las veredas de aquellas montañas precipitosas que tanto le ayudó en sus días de guerrillero. Y aquí viene un detalle: la historia oficial dice que Vicente Guerrero no sabía escribir, lo cual no es cierto, ya que el negocio familiar, que era una especie de DHL ("Muleando desde 1773"), debió tener por requisito forzoso anotar las cargas que se recibían o entregaban y demás documentos propios del negocio, tarea que el mismo Vicente debió atender, *ergo*: sabía leer y escribir.

Como se observa, la mula vino a ser una especie de salvación para el transporte y jaleo laboral, pero en realidad a quien verdaderamente salvó fue al natural de esta tierra, pues en su condición de "conquistado" era obligado a llevar sobre su espalda cargas tremendas e inclementes. Por lo mismo, desde el principio el indígena y el burro formaron un dúo dinámico inseparable, que con

el tiempo se consolidó como uno de los más nobles, folclóricos y necesarios oficios mexicanos: el de los arrieros.

Sabios del camino, magos de la vereda, el arriero era trabajador, audaz, malhablado y valiente, un verdadero aventurero. Para sus viajes, los jefes del convoy se organizaban de la siguiente manera: muchos días antes de su partida preparaba el trayecto a seguir, sometiendo a sus mulas a "alineación y balanceo" y alimentándolas bien. Después se reunían con el mayordomo para decidir quién lo iba a acompañar y poner fecha de partida. Llegando el día lo primero era asistir a misa para pedir la protección de Dios, y a las tres de la madrugada del día siguiente partían. Por el camino siempre se escuchaba el segundo lenguaje del arriero: el chiflido, el cual era usado para arrear la recua, comunicarse a distancia con los compañeros, insultar a los enemigos o burlarse del necio.

Célebres arrieros de nuestra historia mexicana fueron Vicente Guerrero, Valerio Trujano, Pascual Orozco y Mariano Escobedo, por nombrar algunos. Pero también hubo arrieras profesionales, como aquella recia mujer, la famosa monja alférez, doña Catalina de Erauso, dama de armas tomar que fue monja, aventurera, arriera entre la capital y Veracruz, militar de gran arrojo y escritora.

Hasta el invento del ferrocarril no existió mejor medio de transporte que el del noble burro. En su estudio "La mula en la vida cotidiana del siglo XVI" (2009), Ivonne Mijares Ramírez señala:

> su gran versatilidad para transitar por cualquier terreno; su capacidad para ser empleado como animal de carga o de tiro y también como montura; y la gran variedad de precios y características con que se llegaban a vender en el mercado fueron factores que llevaron a que el empleo de mulas tuviera una amplia difusión entre todos los sectores de la sociedad, pues existían animales para todos los bolsillos y necesidades, tanto si se trataba de resolver los problemas del transporte de una casa, o los que planteaba un gran complejo minero, si se quería transportar agua, harina o vidrio, si se necesitaba llevar algo a un

lugar lejano o a corta distancia, y también si se era un humilde indio, un modesto artesano o un gran señor, la mula constituía siempre una solución.

Pongamos un gran ejemplo de la importancia capital en la historia de nuestro héroe de cuatro patas: de no haber tenido un burro, José no hubiera podido escapar con su pequeña familia a Egipto, y el pillazo de Herodes se hubiera desayunado al nene Jesús.

La vida movida de Margo Su

1. Ponga grandes cucharadas de lucidez, de alegría por la vida, curiosidad, perseverancia y, sobre todo, resistencia.
2. Agregue gotas de bailarina incansable, otras tantas de actriz, unas más de empresaria y chorritos de escritora revoltosa.
3. Eche todo en el alma de una mujer y agite fuerte pero fuerte... ¡Listo!

Poco antes de morir la bailarina, tiple, empresaria, escritora, periodista, promotora teatral y dueña del legendario Teatro Blanquita, Margarita Su López, conocida como Margo Su, nacida en la Ciudad de México en 1930, dijo en una entrevista: "Me interesa mucho la lucha de la mujer, todo lo que forma nuestro feminismo tardío: a qué hora empezamos a gritar, a pedir un voto, a qué hora empezamos a querer ser modernas y avanzadas, siempre luchando contra estas señoritas que se oponen, por ejemplo, o la Liga de la Decencia, que una noche se subió a ponerle un fondito a la estatua de la Diana Cazadora. Así que las mujeres somos como fuerzas que se mueven para todos lados, esto lo vas viendo y lo adoras. No somos espontáneas hoy, sino que todo lo venimos formando desde antes".

De familia humilde, Margarita comenzó a trabajar a temprana edad como bailarina y corista, presentándose en los llamados *jacalones*, carpas improvisadas e itinerantes que se ponían en lotes baldíos conurbados, donde se ofrecían tandas a un público no precisamente de *alto pedorraje*.

De esta manera, Margarita tuvo contacto con la cultura popular, la que más tarde le daría las herramientas para hacer de su oficio un arte singular. Por supuesto, tuvo su paso obligado por los clásicos teatros de revista y vodevil de la época, como el Follies, el Tívoli, el Abreu o el Colón, donde muchas veces alternaba con su hermana mayor, Rosa Su López, famosa *exótica* de tintes orientales (parecida a Tongolele), mejor conocida como la Muñequita China, quien murió asesinada en 1951.

A lo largo de su carrera, la inquieta Margo Su hizo teatro, radio, televisión y cine. En televisión se presentó en programas como *Puerta al suspenso*, *La hora Nescafé* y *Cabaret Waikiki*, sin olvidar los dramones lacrimógenos, como *Extraños caminos del ayer* y *El pecado de Oyuki*, la primera telenovela mexicana que llevó la temática de un país extranjero. En el cine actuó en cintas como *Madres solteras*, *Las leandras*, *División narcóticos*, *El jurado resuelve*, *Club de señoritas*, *Juventud desenfrenada* y *La guerrera vengadora*, entre otras, muchas de ellas hechas cuando el cine mexicano ya iba en caída libre con sus churros. El *churro mexicano* es, en palabras del historiador, guionista y uno de los iniciadores de la investigación cinematográfica en nuestro país, Emilio García Riera, "una producción masiva y sin ningún esfuerzo de películas carentes de imaginación, rutinarias y en muchos sentidos vulgares, que se elaboraban meramente por la ganancia económica y no por la propuesta artística".

Como empresaria teatral, Margo Su no fue la primera en México, pero sí una de las más versátiles y emprendedoras. Antes de ella se puede recordar a las hermanas empresarias Genara y Romualda Moriones, quienes, a la muerte de sus maridos, a principios del siglo XX, tomaron las riendas del afamado Teatro Principal. Trabajadoras a más, perfeccionistas y rigurosas, pero sobre todo poseedoras de una visión empresarial aguda y atípica para las mujeres de su tiempo, las hermanas Moriones supieron aprovechar y promocionar a los creadores mexicanos del llamado género chico (obras y zarzuelas en un acto), que eran desplazados por las compañías españolas. Llegó el momento de que estas compañías repetían tanto el repertorio que el público se hartó y prefirió practicar el fino arte del jitomatazo. Fue cuando las hermanas Moriones entraron oportunamente al quite, convirtiéndose en las primeras mujeres empresarias en apostar por los escritores y compositores mexicanos como proveedores de espectáculos. De ahí salieron grandes creadores, como José F. Elizondo, autor de más de 40 zarzuelas y revistas musicales, como *Chin-chun-chan*, que obtuvo más de 1 000 representaciones.

Con un género teatral renovado, las Moriones demostraron que lo mexicano también podía ser taquillero, y vaya que lo fue: de 1912 el Teatro Principal fue el grito de la moda, hasta su incendio en 1931.

Regresando a Margo Su, en 1948, ella y su marido, Félix Cervantes, con 10 000 pesos en mano compraron una carpa de tandas en el centro de la ciudad, donde estuvo afincado el legendario Circo Orrín. Era una carpa grande donde cabían 800 personas y a la que llamaron Carpa Margo o Teatro Margo. En su libro, *Escenas de pudor y liviandad*, Monsiváis escribe: "8 de abril de 1950 [...]. ¿Cómo olvidarlo? Ese día conseguí por puritita suerte un boleto para el Teatro Margo, cuando debutó Dámaso Pérez Prado [...]. Recuerdo que allí se estuvo por lo menos un año sin una butaca vacía".

Monsiváis evoca que no sólo lo electrizó el estilo y espectáculo mambístico de la Foca Pérez Prado, sino que también le hizo reconocer que en materia de bailongo se declaraba "paralítico". Jaime Sabines, en su letra de *A estas horas aquí*, dice:

Habría que bailar ese danzón que
tocan en el cabaret de abajo,
dejar mi cuarto encerrado
y bajar a bailar entre borrachos.
Uno es un tonto en una cama acostado,
sin mujer, aburrido,
pensando,
sólo pensando...

Teatro del pueblo, justicia social arriba del tinglado, las mujeres como protagonistas en el rompimiento de costumbres, las presentaciones en la Carpa Margo comenzaron a escandalizar a la persignada sociedad. Entonces vino la "era del hierro" con aquel regente archienemigo del jolgorio y la vida nocturna, Ernesto P. Uruchurtu, quien, desde 1952, emprendió una campaña que él mismo denominó "La cruzada de la decencia". De esta manera, durante 14 años, por la noche salía un comando especial cayendo de sorpresa en teatros y antros para detectar amenidades lujuriantes. Para Uruchurtu, que tenía el humor de un robot haciendo memelas, las empresarias de espectáculos estaban en "un ambiente ideológico de libertinaje, al ofrecer al público obras de argumentos disolventes en las que con frecuencia se usaban palabras crudas". Así fue como el Regente de Hierro mandó a demoler el Margo, en 1958, último refugio del teatro de carpa.

Pero Margo Su y su esposo no tardaron en construir un nuevo tablado, que nombraron en honor a su hija Blanca. El rumor corría de que lo obtuvieron por medio de un dinero que ganaron en la lotería. Así, en 1960, nace el Teatro Blanquita, símbolo del teatro de revista, de la sátira política y la comedia (quien no pasara por su sagrado escenario no estaba consagrado).

Reina del teatro popular para goce de la libre expresión, doña Margo Su hizo del Blanquita, como anota Monsiváis, "un centro de encuentro entre dos formas de acción: la dinámica del teatro frívolo y la reconsideración, un tanto museográfica, de la cultura popular. La tendencia habría de prosperar, y su clímax es la orquesta de Pérez Prado en *Son*, de Juan Ibáñez, tocando mambo admirable, mientras alguien recita las *Décimas a la muerte*, de Villaurrutia". Ahí se presentaron mujeres interesantísimas y equidistantes, desde Liza Minnelli hasta Mercedes Sosa, sin olvidar a la exquisita Raquel Welch, la variopinta Celia Cruz o la tequilera Lucha Reyes.

Sin embargo, durante las décadas siguientes, y aferrado a su vena popular, el Blanquita se fue transformando en sinónimo del entretenimiento vulgar, aunque Margo Su, con integridad intachable, apoyó espectáculos que de otra manera jamás se habrían presentado en el país, como el show del travesti Francis, un espectáculo que rompió los cánones manteniéndose en cartelera exitosamente durante 17 años consecutivos.

Dentro de su faceta como escritora y periodista, Margo Su fue, en 1984, cofundadora del periódico *La Jornada*. Ella misma explica cómo nació:

En la práctica vivíamos en una nación autoritaria, ritualista, centralista hasta la paranoia, obsesivamente presidencialista y violadora de los derechos humanos. El grueso de la sociedad, por su parte, toleraba poco las singularidades y diferencias y no estaba muy al tanto de su creciente diversidad. Ese entorno marginaba a los indígenas, a los no católicos, a las mujeres, a los no priistas, a los homosexuales, a los sindicalistas autónomos, a los artistas ajenos a la cultura oficial, a los migrantes, a los académicos, a los activistas de las más diversas causas sociales, a los que pregonaban la viabilidad de la democracia en el país, a quienes pugnaban por el establecimiento de un Estado de derecho, a los que veían en la justicia social y la redistribución de la riqueza algo más que reglamentarias escalas discursivas. Esas porciones de la sociedad simplemente no existían para los medios informativos.

La Jornada no tuvo socios capitalistas sino, como Margo explicó, "socios artistas y, como aliados y amigos, figuras destacadas de la cultura [...]. Gabriel García Márquez regaló un reportaje salido de su pluma, Vicente Rojo realizó el diseño del diario, Juan Sepúlveda nos rentó el edificio de Balderas 68, Alberto Bitar puso su imprenta a nuestra disposición, Manuel Barbachano Ponce nos dedicó la *première* de la película *Frida*, producida por él, dirigida por Paul Leduc, con Ofelia Medina en el papel estelar, etcétera".

Doña Margo fue también un fructífero enlace entre la intelectualidad reinante y la vena popular. Junto con Carlos Monsiváis e Iván Restrepo fundaron el Ateneo de Angangueo, origen de la tertulia entre intelectuales y políticos y de donde salió la famosa foto de Pedro Valtierra con Carlos Salinas de Gortari y la muñeca tetona.

Como escritora, Margo escribió dos grandes libros: *Alta frivolidad* (1989) y *Posesión* (1991).

Desgraciadamente, en 1993, el cáncer interrumpió la movida vida de esta comprometida mujer de mil farándulas. Murió allá en Portland, Oregón, tan lejos del tequila y el tablado mexicano.

Sebastián Lerdo de Tejada: amor sin esperanza

Hasta ahora, sólo tres presidentes de México han llegado solteros al cargo: Guadalupe Victoria (aunque se casó un par de años antes de morir), Sebastián Lerdo de Tejada (quien nunca se casó) y el de mostacho aguamielero y bota picuda, Vicente Fox (quien se casó todavía siendo presidente).

Sebastián Lerdo de Tejada murió en el exilio siendo un solterón empedernido y amargado bilioso. Se podría decir que tuvo razones para serlo, entre ellas, la de padecer un terrible despecho amoroso, evento que lo afectó toda su vida.

Nacido en Xalapa, en 1823, don Sebastián fue una de las mentes más brillantes de su tiempo. Sin embargo, su carrera estuvo mayormente atrapada entre los dos fuegos que inflamaban aquel importante momento histórico: por un lado los juaristas, por el otro los porfiristas. En 1872, le tocó enterrar a su amigo Benito Juárez, sucederlo en la silla presidencial, hasta ser quitado a zipizapes por Porfirio Díaz, en 1876, y después desterrado a Nueva York hasta su solitaria muerte, en 1889.

Una de las fotografías más conocidas de él lo muestra impecablemente vestido, serio y cruzado de brazos. Sus ojos, saltones y ojerosos, lanzan una mirada intensa, más propia de espiritista o hipnotizador decimonónico que del consumado estadista y hombre más cercano a Benito Juárez durante la pesadilla de la intervención francesa convertida en cuatro años de andar a salto de mata por el norte del país y su desierto, viviendo en un ancho carruaje jalado por caballos, que les servía a la vez de oficina, recámara y hasta de *tv room*, si bien llegaría el momento de canjear el sacrificio por el triunfo de la República y la glorificación de la imagen del zapoteca como el Benemérito de las Américas.

Se podría decir que Lerdo de Tejada fue la inteligencia detrás del empecinado valor y audacia de Juárez. El historiador Frank A.

Knapp dice: "La celebrada inteligencia de Lerdo y la tenacidad sin fisuras de Juárez —un criollo sin mezcla racial, un indio de raza pura— se conjugan admirablemente y, según lo hicieron notar sus contemporáneos, aquél pasa a ser en buena medida la eminencia gris de éste, el principal consejero, el respaldo y la influencia indispensables".

En más de una ocasión, don Sebastián no dejó a Juárez dar marcha atrás en decisiones importantes que marcarían la historia de nuestro país, como, por ejemplo, la orden de fusilar a Maximiliano, Mejía y Miramón, de la que Juárez siempre estuvo dudoso y a un pelo de azorrillarse por la presión política internacional. Lerdo de Tejada, frío e impasible, le dijo al oaxaqueño: "El perdón de Maximiliano pudiera ser muy funesto para el país... Es preciso que la existencia de México, como nación independiente, no la dejemos al libre arbitrio de los gobernantes de Europa... Cerca de 50 años hace que México viene ensayando un sistema de perdón, de blandura, y los frutos de esa conducta han sido la anarquía entre nosotros y el desprestigio en el exterior".

Lerdo de Tejada fue todavía más lejos, dando la orden de que no se entregara el cadáver del emperador, hasta que el gobierno austriaco y su familia no entregara una petición propia: "El gobierno debía ser inexorable —dijo— porque era necesario, como escarmiento a la Europa, que el castigo fuera terrible, como terrible habían sido los ultrajes inferidos a la majestad de la nación". Por eso serían cinco meses después cuando los despojos del muerto salieron del país.

A partir de 1863, Lerdo de Tejada se convirtió en el ministro indispensable dentro del gabinete de Juárez. En su biografía sobre este hoy olvidado líder, Knapp relata que se trataba de un hombre "culto e inteligente, noble y cortés, en ocasiones austero y retraído... rechoncho hombrecito que no llegaba a la estatura normal para llenar su sombrío traje negro tan bien como llenaba el papel que desempeñó como rector del colegio de San Ildefonso".

En 1864, Juárez decidió establecer su gobierno en Chihuahua. Ahí estuvieron 11 meses, meses de una "vida sin sobresaltos, dedicada al desahogo de los asuntos oficiales y a las charlas con los amigos o a jugar cartas por las noches, cuando no se presentaba la oportunidad de un baile", anota el historiador José Fuentes Mares en *Don Sebastián Lerdo de Tejada y el amor* (1972).

Cuando el enemigo se acercaba, Juárez y su comitiva ponían pies en polvorosa, dejando un mínimo de 400 kilómetros de desierto de por medio entre ellos y la bayoneta francesa más cercana. Fue en este periodo de imprevistas travesías polvorientas que don Sebastián conoció a la hija de un distinguido hombre de la región, anfitrión del gabinete juarista: Bernardo Revilla Valenzuela, dos veces gobernador de Chihuahua e ilustre liberal a quien Juárez honró con su amistad.

Manuela, de 14 años, era la segunda de sus hijas y su delicadeza y belleza fueron suficientes para deslumbrar el corazón de Sebastián, entonces un tímido intelectual de 42 años. En uno de los muchos bailes que se daban, don Sebastián se armó de valor y jugó la carta sentimental más importante de su vida proponiéndole matrimonio a Manuela.

Desgraciadamente la muchacha se negó, aduciendo que ya estaba comprometida con un destacado sastre de la entidad, un tal Adolfo Pinta. El maduro galán xalapeño se dirigió al padre que, algo extraño para las costumbres de la época en tales materias, prefirió dejar la decisión en manos de su hija, demostrando según esto que el amor a veces puede más que la conveniencia.

Ante el evidente desmoronamiento del invasor francés hacia diciembre de 1866, Juárez y su gobierno decidieron regresar a la capital. Ante esto, el rechazado Sebastián no perdió la esperanza de ganar el corazón de su norteñita. Formó, pues, una alianza secreta con la hermana mayor de ésta, Antonia, para que lo ayudara a convencerla. Optimista, don Sebastián mandó durante el transcurso de 10 meses un promedio de seis cartas mensuales a Antonia, hasta que dejó de recibir sus contestaciones, poniendo fin sin explicación a la correspondencia. Todo estaba perdido para el sombrío Romeo.

Es valiosa la correspondencia entre Antonia y Sebastián, pues es la evidencia de que, a diferencia de la imagen pública que se tenía de Lerdo de Tejada, como un hombre frívolo, pedante y severo, se entrevé un hombre de carne y hueso, desilusionado en el amor, un tanto cansado y fastidiado de su ajetreada vida, testigo de hechos históricos sin precedente y de la dura tarea de tratar de rehacer una nación de las desgracias de años de guerra. Se pueden leer cosas como: "Van catorce personas muertas de hambre" o "la carne de caballo es un artículo de lujo" o "se necesita agolparse desde las dos de la mañana en las puertas de la panadería para conseguir una torta de pan".

Así fue como nuestro presidente número 32, don Sebastián Lerdo de Tejada, quedó despechado y desilusionado del amor para toda su vida, prefiriendo enfundarse en su traje de servidor público para vivir en una vida un tanto gris.

Suelen olvidarse muchos de los grandes logros de este personaje. Por ejemplo, fue él quien hizo el primer avance importante en el tendido de líneas telegráficas en el país; a él se debe la apertura, en 1873, del primer gran ferrocarril mexicano (México-Veracruz); fue él quien estableció el Senado y quien, inflexible, desbarató el taimado Tratado Wyke-Zamacona, que consistía en ceder territorio mexicano a los caprichos gringos.

Dicen que el fracaso amoroso no es el fin, sino el principio de algo maravilloso, pues en medio de las cenizas surge la oportunidad excepcional de ser responsable de uno sin depender de los otros, donde nos encontramos con nosotros mismos, un instante tal vez dramático, pero donde podemos al fin enfrentarnos con nuestra verdadera naturaleza... ¡Pamplinas!, Woody Allen tenía razón: "Cómo quieres que te olvide si cuando comienzo a olvidarte me olvido de olvidarte y comienzo a recordarte".

La hermosa viuda negra absuelta

"¡Caramba!, uno ya no puede desayunar y leer en paz el periódico, porque le vacían la pistola en el cuerpo", fue lo que quizás pensó el general Vidal cuando la mañana del domingo del 25 de agosto de 1929 su esposa, María Teresa Landa Ríos, tomó su pistola y nada más seis tiros le dio... a quemarropa.

Aquella mañana, María Teresa, celebridad nacional por ser la primera Miss México en la historia y haber representado al país antes que nadie en un certamen internacional, se levantó tarde. Mientras esperaba el desayuno tomó, como todas las mañanas, el periódico para leerlo. Fue cuando leyó un encabezado que le espantó la modorra: "Miss México a las puertas de la cárcel".

La nota acusaba a ella y a su esposo de adulterio, pues se afirmaba que el general Vidal en realidad estaba casado por la ley con una mujer en Veracruz, que para colmo se llamaba como ella: María Teresa (Herrejón de Vidal). Esta señora se presentó días antes al Ministerio Público para acusar a su marido, el general Moisés Vidal Corro, por el delito de bigamia, solicitando la detención inmediata de la pareja.

María Teresa lo enfrentó: "... fuera de mí, cegada por una onda roja, y ensordecidos mis oídos, sólo acerté a descubrir sobre la mesilla de centro aquella pistola con la que tantas veces le viera tirar. Como autómata la tomé en mis manos y enérgica le dije: '¡No puedo resistir más, yo me mato!'", narró en una entrevista al periodista Manuel Espejel y Álvarez. El esposo trató de detenerla, pero al sentirse "amenazada" giró la puntería de la Smith & Wesson 44 Special al cuerpo de su cónyuge... ¡ups!

El escándalo no se hizo esperar, no sólo porque aún hoy en día se sigue viendo mal que una mujer le dé de desayunar balas a su media naranja, sino porque se trataba de la mujer más bella del país en ese momento, la que acababa de acaparar las noticias por representarnos dignamente en tierra yanqui.

Tras pasar a la comisaría, con interrogatorio a cargo del licenciado Pelayo Talamantes (¡qué gran nombre para un comisario travieso!), María Teresa, de tan sólo 19 años, fue trasladada a las poco amigables celdas del inmueble que en tiempos de la Colonia fuera el convento de Belén, dedicado originalmente a recolectar "arrepentidas del sacerdocio carnal", pero que desde 1863 funcionaba como cárcel pública, la famosa Cárcel de Belén.

María Teresa Landa Ríos nació en octubre de 1910, en Tlalpan. De clase media, la niña fue independiente e inclinada al estudio. Siempre le apasionó la lectura. En aquellos días ser bella e inteligente podía acarrear problemas, pues la sociedad posrrevolucionaria seguía viendo a la mujer como la guardiana del buen tono. De las mujeres se esperaba sumisión total, lealtad y que se alejaran de tendencias extranjeras raras, como el dichoso feminismo —del que María Teresa era partidaria—. El feminismo no sólo promovía un intercambio en los roles de género, incitando a la mujer a trabajar fuera de casa; también pedía al hombre "participar en las labores del hogar"... ¡escándalo!

Don Rafael de Landa, el padre, tenía lecherías, negocio venturoso en la ciudad que para entonces contaba con un millón de habitantes. La madre, Débora Ríos, mujer de su hogar, como marcaban las buenas costumbres. La familia estaba afincada en la calle de Correo Mayor, discreta casa con un balcón que se convertiría en leyenda de enamorados y serenatas.

María Teresa era alta y esbelta, de piel blanquísima; sus dos enormes y hermosos ojos oscuros enmarcados en evidentes ojeras atravesaban las caras que miraba, haciéndola parecer ninfa displicente. Su belleza inquietante no pasaba desapercibida porque, además, era poseedora de las más preciadas afectaciones de la época: palidez rotunda y un indispensable dejo de tristeza: "Siempre fui una chica triste", confesó.

Se recibió en la Normal de Maestros, carrera que ejerció hasta su muerte, aunque también ingresó a la Facultad de Odontología, no porque le gustara sacar muelas, sino porque su mayor anhelo era ser independiente, económica y espiritualmente.

¿Cómo se conoció la infortunada pareja? Lo que menos quería el joven Moisés Vidal Corro aquel día de marzo era ir a un funeral, menos de alguien que no conocía. Pero su amigo le rogó acompañarlo, pues era familiar de la finada. El velorio era en el número 119 de Correo Mayor, en donde a Vidal se le cayó la quijada al ver a aquella lindura, 17 años menor que él. Moisés era un individuo de mediana estatura, cuyas facciones no eran burdas, de boca finamente recortada y piel tostada: "Un caballero, pero sin cultivo en su educación", dijo María Teresa de él.

A la semana del velorio las visitas del militar a la casona de Correo Mayor comenzaron a darse un día sí y otro también. Los padres reprobaron la relación, no sólo por la marcada diferencia de edades y la discrepancia de clase, sino porque para ellos era un hombre vulgar que le cortaría las alas de su libertad. Pero el enamorado era persistente y además de labia seductora, por lo que no tardó María Teresa en caer enamorada.

Moisés Vidal era un militar curtido en la Revolución. No eran pocas las batallas que había librado, sobre todo en aquella tierra caliente que tan bien conocía por haber nacido en ella, Veracruz. De carácter fuerte y principios conservadores, su opinión era clara: la mujer en su casa. Listo. Así lo aceptó María Teresa Herrejón, originaria de su mismo pueblo, Cosamaloapan, cuando se casó con él, en 1924. El matrimonio dio dos hijas. Sin embargo, una vez que reubicaron al general en la capital, quién sabe qué pasó, pero de pronto el militar ya no se acordó más de su familia, sobre todo a la hora de mandar el gasto. Jamás los volvió a procurar.

El 28 de abril de 1928, el periódico *Excélsior* abrió una convocatoria para un certamen de belleza, cuya ganadora representaría a México en Galveston, Texas. Los amigos de facultad querían que María Teresa concursara, pero ella se negó. La sorpresa vino cuando su fotografía apareció en primera plana: los amigos habían mandado su foto a escondidas.

El periódico invitó a las señoritas a una sesión de fotos y entrevistas en el balneario Jardines Esther. No teniendo mejor cosa que hacer, María Teresa fue y hasta posó en traje de baño... ¡mostrando muslito! A la semana siguiente apareció María Teresa en el periódico como la ganadora del concurso. El padre al enterarse y ver las fotos le dejó de hablar, la madre pidió las sales para aliviarse el soponcio y del novio mejor ni hablamos.

Comienza así el ajetreo que conlleva ser bella en sociedad: entrevistas, reuniones, cocteles, noches de fiestas, visitas al modista y poses para el cromo. El 29 de mayo partió la comitiva a Estados Unidos: "Moisés me exigió juramento de que regresaría al país para casarme con él... y yo se lo cumplí", comentó la bella joven.

La señorita Landa no ganó el concurso, pero a partir del evento llovieron ofertas de trabajo, como el contrato ofrecido por una compañía de cine, de 300 dólares a la semana, por ser exclusiva, mismo que rechazó.

La ascendente carrera de la joven hizo que el general enloqueciera de celos. No era para menos, todo el día era abordada por periodistas, fotógrafos y galanes furtivos. Sin embargo, aprovechó el vértigo de la situación para usar el viejo truco de transformarse en el amigo solidario en todo momento: en un mundo frívolo, Moisés se convirtió en esa indispensable ancla que ella necesitaba para seguir con los pies en la tierra.

Por fin, en septiembre de 1928 se casaron, aunque sin el consentimiento de los padres y a escondidas, presentando en el juzgado identificaciones falsas (ella era menor de edad) y con testigos comprados. La prisa del general era tal que no dejó terminar al juez. Los padres, totalmente desconsolados e impotentes, sólo se calmaron un poco cuando el general aceptó casarse por la Iglesia.

Vinieron tiempos de sobrada pasión y felicidad, hasta aquel fatídico domingo de agosto. ¿Qué fue lo que obligó a María Teresa Landa a matar a quien supuestamente amaba? Entonces ella seguía sin saberlo.

Para mediados del siglo XIX los casos de "autoviudas" (llamadas *viudas negras*) no eran ajenos. Empero, a partir del siglo XX la prensa jugó un papel decisivo en el crimen violento, pues con

la bandera de que había de mostrar a la sociedad la verdad de los hechos, cualquier crimen era exhibido con lujo de detalle de manera amarillista.

A finales de noviembre de ese año, María Teresa recibió a su abogado defensor, el entonces famoso licenciado José María Lozano, apodado el Príncipe de la Palabra, por su elocuente desenvoltura ante el jurado. El 15 de diciembre, miles de gentes siguieron por radio el juicio. La aglomeración en las calles aledañas a la cárcel era enorme.

Es importante señalar que entonces los delitos se juzgaban mediante el "juicio por jurados populares". El inculpado tenía la garantía de que se le juzgaría públicamente por medio de un "jurado imparcial", compuesto de vecinos honrados, que funcionaba de la siguiente manera: en enero de cada año se publicaba una lista con 2 000 nombres de personas aptas para el ejercicio. De ahí se sacaban 30 para cada juicio; tanto el reo como el abogado defensor tenían derecho a rechazar seis por cada parte de los designados al azar, hasta conformar un jurado definitivo de nueve personas y tres suplentes. Sin duda, una línea de jurisdicción innovadora y justa; lamentablemente, al ser abiertos al público se fueron convirtiendo, poco a poco, en espectáculos circenses que influían la decisión del jurado.

Llegó el momento del juicio de María Teresa. La sala a reventar con un calor sofocante entre olores a sudor, perfume y fritangas que la gente había llevado por si aquello se alargaba. Desde que la joven entró, vestida de luto, con su hermosura conmovedora, aunque desencajada, el jurado se rindió a sus pies. El juicio duró cinco horas y nadie se movió. El fiscal la llamó "asesina" y pedía al jurado no deslumbrarse por la belleza de aquella viuda negra. Llegó el turno del verboso defensor, quien "elogió la civilización occidental, en especial la cultura francesa; rememoró crímenes célebres, sobre todo los pasionales y aterrizó caracterizando a su defendida como la víctima que disparó, en defensa de sus ilusiones, contra quien le infligió deshonor y duelo, movida por una fuerza moral irresistible ante el temor fundado de un mal inminente".

Al final, María Teresa tomó la palabra, y con el corazón en la mano dijo: "El jurado sabrá comprender cómo los imperativos de mi destino me llevaron al arrebato de locura en que destruí, con el hombre a quien amaba con delirio, mi felicidad".

La gente rompió en estrepitoso aplauso y el jurado la absolvió de inmediato. El asesinato cometido por aquella mujer se interpretó por la prensa, el público y el jurado no sólo como un merecido castigo contra la bigamia que la había deshonrado, sino una reprobación contra las costumbres inmorales de las élites políticas y militares.

El caso de María Teresa Landa fue el último juicio con jurado popular en México.

Cuando después le preguntaron si estaba arrepentida, dijo: "¿Arrepentida de todo lo hecho? ¡Quién sabe! Prefiero cultivar con todo sublime amor el recuerdo de Moisés ya muerto que haberle odiado en vida por destrozarme lo más caro en todo ser humano... ¡el corazón!".

María Teresa Landa Ríos no se volvió a casar. Ejerció como maestra de Historia en la Preparatoria número 1 hasta su muerte, el 4 de marzo de 1992, en el barrio de San Rafael.

PARA LEER MÁS

Manuel Espejel y Álvarez, *Confidencias de una Miss México, narradas a un periodista*, México, Editorial La Providencia, 1929.

El asesino futbolero

"¡Cómo no lo iba a matar si jugó en el América, hombre!", dije acaloradamente en una tertulia de amigos, mientras hablábamos de José de León Toral, quien "mató" al general Álvaro Obregón, en julio de 1928, en un restaurante de postín por los rumbos de San Ángel, cuando éste celebraba su reelección como presidente.

Las comillas en "mató" vienen porque el caso todavía hoy en día sigue dando de qué hablar, ya que, si Toral le disparó seis balas al famoso Manco de Celaya, en la autopsia se encontraron 13 agujeros en el cuerpo, además de calibres diferentes. Eso sí, las 40 personas que estuvieron presentes en el asesinato, todas apuntaron a Toral como el único autor del magnicidio.

José de León Toral era fanático del deporte, pero más de la religión. Producto de una generación que se formó durante las alborotadas décadas que le siguieron al estallido de la Revolución y a la famosa Guerra Cristera, desatada por la Ley Calles (expedida en 1926 con el fin de controlar a la Iglesia), Toral, como muchos jóvenes proactivos política y socialmente de su generación, vio en la religión católica no sólo una forma de vida piadosa, sino un buen camino para convertirse en un verdadero mártir.

Tanto el presidente Plutarco Elías Calles como después Obregón venían dándose a la tarea de menguarle poder de la Iglesia, tratando de controlarla por medio de leyes constitucionales, como, por ejemplo, la que permitía la libertad de culto en el país o la que obligaba a los sacerdotes a registrarse ante el gobierno. De tal manera que cuando Obregón logró su reelección, de 1928 a 1934, el sector católico extremista no vio otra salida más que eliminarlo.

El exjugador del América nació en Matehuala, San Luis Potosí, en 1900. Su madre, María de la Paz Toral y Rico, era acaloradamente religiosa e influyó mucho en su hijo (uno de 11), que al parecer tuvo una niñez apática y seria: "José creció en un hogar conservador, convencido de poseer la verdad fundamental sobre la vida y la muerte", dice Enrique Guerra Manzo en "Los círculos tiranicidas del catolicismo mexicano", dentro del recomendable libro *Sociedades secretas clericales y no clericales en México en el siglo xx* (2018).

La primera vez que José escuchó el nombre de Álvaro Obregón fue cuando las tropas revolucionarias entraron a la capital, a donde los Toral se acababan de mudar, en 1915. En esa época hubo un aparatoso cerradero de escuelas de curas, entre ellas la de José. Ni él ni sus compañeros comprendieron por qué clausuraban la institución "que les había inculcado el amor a la patria, con el argumento de que corrompía a la niñez".

Los pleitos y desórdenes entre las instituciones hicieron difícil el estudio para los jóvenes. José terminó un curso de taquimecanografía con buenos resultados, pero después dejó todo, hasta finales de 1926 que ingresó a la Academia de San Carlos para estudiar por las noches dibujo, que sí se le daba (también era un entusiasta de la pintura). Entre tanto, trabajó de todo un poco, desde *office boy* en la compañía Gerber (sí, la del bebesote comepapillas), maestro de dibujo (por supuesto, en un colegio católico), hasta en el periódico *Excélsior*.

Las correteadas e injusticias que sufría la Iglesia y que amenazaban la integridad de la buena sociedad y del país (católico) hicieron que José acentuara su devoción religiosa. Asistía a misa diario, estaba en todos los grupos de jóvenes católicos y su lectura era exclusivamente sobre temas píos: "Pensó que era muy importante dedicarse con gran actividad a la propaganda religiosa. De hecho, su conducta permite verlo alejado de los vicios, dedicando sus horas de ocio a prácticas religiosas y deportes", dice Guerra Manzo. José era un atleta nato, excelente en atletismo, natación, box y basquetbol, todos los practicaba con esmero, aunque su favorito era el futbol. Se decía que fue un mediocampista excepcional.

¿Cómo terminó Toral en el equipo América? El club se fundó el 12 de octubre de 1916, en los llanos de la Condesa. Como los integrantes preferían jugar en vez de andar de creativos pensando en

un nombre para el equipo, aceptaron sin problema la propuesta del Cheto Quintanilla, quien sugirió que se llamaran América, total, ese día era la fecha del descubrimiento de este grandioso continente... ¡Listo!, a patear el coco de un lado a otro.

Los chicos tuvieron un buen inicio, hasta llegar a la primera fuerza, en 1917. Sin embargo, vinieron vacas flacas que los obligaron a reforzarse con jugadores de otros clubes, hasta fusionarse con equipos de los colegios de los hermanos maristas, entonces los más futboleros, como el Savignon, San José y Alvarado: "De este último llegó Toral al América, que cambió su nombre al Centro Unión", cuenta Héctor Hernández, historiador oficial del Club América.

Los hermanos maristas, liderados por el hermano Joachim Chanel, ya habían inaugurado un centro deportivo, el Centro Unión, que integraba a jugadores de equipos desbandados. Por eso, de 1918 a 1920, con acoplamiento de todos los jugadores —entre ellos el América—, entraron a la Liga Nacional con el nombre de Centro Unión, junto con el Club España, Luz y Fuerza, Amicale Française y el Reforma A. C.

Ahora bien, "bajo su fachada de recreativo deportivo para los jóvenes de las colonias Santa María la Ribera (donde Toral vivía) y San Rafael, el Centro Unión era el brazo ejecutor de la Asociación Católica de la Juventud Mexicana (ACJM)", comenta Guerra Manzo. La ACJM fue decisiva en la lucha del clero contra el Estado. Con ella se atraía por medio del deporte y otras actividades a jóvenes de la clase media y alta, para darles una formación sólida que no sólo los alejara del socialismo y comunismo, sino también para convertirlos en verdaderos "jefes y soldados", dispuestos a la acción y a ir más allá del deber.

Fue así como, durante la década de los veinte, salieron de la ACJM y el Centro Unión la mayoría de los kamikazes que intentaron matar a algún tirano laico, la mayoría de las veces sin éxito. A esta asociación pertenecían los "soldados" Juan Antonio Tirado Arias y Nahum Lamberto Ruiz, quienes intentaron volar por los aires a Álvaro Obregón con una bomba, en noviembre de 1927, cuando iba en su Cadillac a altura del Bosque de Chapultepec a una corrida de toros dominguera. Obregón la libró porque los dinamiteros tuvieron mala puntería (eran futbolistas, no beisboleros). Sólo sobrevivió Arias, quien después de algunos torniquetes de encéfalo confesó lo que fuera necesario. La versión oficial dijo que detrás del atentado estaba la Liga de Defensa de la Religión, afiliada a la ACJM, al mando del padre Miguel Pro y su hermano Humberto (quien era uno de los pocos amigos cercanos de Toral y había comprado el auto para el atentado). Días después apresaron al padre Pro, carismático y popular jesuita, a quien, sin ningún juicio, no dudaron en fusilar. Esto lo convirtió al instante en un emblema de la resistencia a las leyes anticlericales del gobierno y en un mártir de ejemplo a seguir (Juan Pablo II lo beatificó en 1988).

Para entonces José de León Toral no sólo era un soldado del Club Unión, también pertenecía a una célula secreta católica todavía más brava, llamada La U, que operaba en varias partes del país. Entre sus líderes estaban Manuel Trejo Morales, quien, más tarde se supo, enseñó a tirar a Toral y le prestó la pistola con la que baleó a Obregón. También estaba la famosa madre Conchita: Concepción Acevedo de la Llata, a quien se le acusó de ser la autora intelectual del asesinato del caudillo norteño.

"La U de la Ciudad de México —dice Guerra Manzo— operaba desde de abril de 1928 en dos planos: fabricaba bombas para dinamitar edificios públicos como protesta y brindaba ayuda material y humana a los cristeros en el campo". Las juntas de la célula se llevaban a cabo la mayoría de las veces en el convento encubierto de la madre Conchita, en la calle de Zaragoza, Santa María la Ribera, a donde Toral asistía con frecuencia a las misas clandestinas y fue "iniciado" (léase: lavado de cerebro).

Así fue como el 17 de julio de 1928, el exáguila apareció a las 2:20 p. m. en el restaurante La Bombilla, y con el pretexto de ser un humilde caricaturista que quería dibujar al famoso sonorense, se le acercó y, mientras en ese momento se escuchaba el son *El limoncito*, interpretado por la orquesta del maestro Alfonso Esparza Oteo, le sirvió la sopa de balas. Fin de la fiesta.

Tanto Toral como la madre Conchita fueron apresados ese mismo día. De las torturas después hablamos. Toral jamás mostró arrepentimiento, sino todo lo contrario: en una carta desde la cárcel dirigida a Carlos Castro Balda, otro católico enfritado, le presumía que los hermanos Pro envidiarían su logro al alcanzar la "palma del martirio": "Yo considero estos tres meses que hoy cumplo como una sobrevida [...]. Dios lo que ve es mi intención; la consumación me atrevo a creer que es cosa secundaria. Y mi necesidad de esto, pues tengo la seguridad de que mi muerte será la muerte de un mártir. Dios no nos negará la corona...".

A José de León Toral lo fusilaron, en febrero de 1929, mientras gritaba: "¡Viva Cristo Rey!". A la madre Conchita la condenaron ese mismo año a cadena perpetua. Pudo conmutar su pena a las Islas Marías, donde conoció a su esposo, el arriba mencionado Carlos Castro Balda, preso por poner una bomba en los baños de la Cámara de Diputados.

Quién iba a decir que la madre Conchita, después de ser liberada en 1940, viviría hasta su muerte, en 1978, con su esposo en un pequeño departamento sobre la avenida Álvaro Obregón.

Cabe mencionar una anécdota: el consejero espiritual de toda la vida de la madre Conchita fue el fundador de los Misioneros del Espíritu Santo, el sacerdote marista Félix de Jesús Rougier (o Reguier), quien, además, fue un profundo admirador del padre Pro (quería morir como él). Todavía en prisión, el padre Rougier siguió escribiéndose con Conchita, a quien llamaba "tía Feliciana".

Y mientras tanto, las dudas sobre quién verdaderamente estuvo tras la muerte de Álvaro Obregón nos siguen bailando al son de *El limoncito*. Dos cosas son seguras:

1. Si el exmediocampista del América no lo mata, lo habría hecho muy pronto su enfermedad, pues el sonorense estaba desahuciado.
2. Gracias a su asesinato nació el PRI, que tantas alegrías nos dio por 70 años.

Un todólogo barroco

¿Quién se atreverá a poner
limites al ingenio de los
hombres?
GALILEO GALILEI

S i alguien fue demasiado inquieto durante su larga vida
fue José Antonio Alzate y Ramírez de Santillana, verdadero
hombre de la Ilustración y padre de la divulgación científica
en toda la América del siglo xvIII.

Para muestra un botón: teólogo, filósofo, astrónomo, botánico,
científico, periodista, historiador, arqueólogo, lingüista, litógrafo,
traductor, ingeniero, mecánico y un nutrido etcétera, a este todó-
logo barroco se le escurrían las ideas por las orejas para sus inventos, que, además, no fueron tiros al aire, sino contribuciones serias
para el nacimiento de la ciencia mexicana con un impacto social
sin precedente. Entre ellos, en 1790 Alzate inventó nada menos que
el flotador u obturador automático de agua, ¡sí!, el que ahora usa-
mos en el wc y los tinacos en todo el mundo y con el cual se aho-
rran millones de millones de litros de agua.

José Antonio Alzate y Ramírez de Santillana nació en 1737 en un
pueblo a las faldas del volcán Popocatépetl. En su familia había di-
nerillo. Además, por el lado materno, estaba emparentado ni más
ni menos que con nuestra décima musa, sor Juana Inés de la Cruz,
que de apellidos era De Asbaje y Ramírez de Santillana. Por parte
del papá eran de origen vasco.

La buena posición social y el hecho de que Pepillo fuera hijo
único contribuyeron a que recibiera una educación esmerada, la
cual, aunada a su genio y curiosidad ilimitada, hizo que a los 16
años se recibiera de bachiller en Artes, esto dentro de las aulas jesuitas, sin duda las más preparadas de la época.

Eran tiempos en que si querías dedicarte a estudiar en serio no había otra más que entrarle a la Iglesia, como lo hizo José Antonio, quien se ordenó como sacerdote, pero nunca ejerció. Dentro de su congregación trabajó como "sacerdote visitador", los encargados de pasar revista a las diferentes casas y parroquias de su diócesis.

A la muerte del padre, el joven Alzate heredó lo suficiente como para poder dedicarse, ahora sí, al estudio sin preocupación económica. Lo curioso fue que, cosas del destino, al poco tiempo murió su madre, quien le heredó el doble.

Llegó el momento en que a fray Pepe le quedaron chicas todas las universidades, de tal manera que prefirió autoeducarse a base de lecturas e investigaciones propias, bajo una recia disciplina y autopatrocinio. Él mismo se construía sus costosos instrumentos y herramientas, que podían ir desde una simple llave de tuercas hasta un telescopio o un enorme fuelle para hacer circular el aire en las minas.

Su patrimonio le permitió comprar todas las cosas necesarias para un estudio a conciencia de los temas que le interesaban, que eran muchos, además de tener contacto con intelectuales, científicos y estudiosos importantes de América y Europa. De esta manera, tuvo la oportunidad de publicar sus artículos en revistas especializadas del Viejo Continente, así como pertenecer a sociedades científicas distinguidas, como la Académie Royale des Sciences de París y el Real Jardín Botánico de Madrid.

Como era de esperarse, Alzate desde joven llamó la atención de las autoridades eclesiásticas y virreinales, que lo llamaban todo el tiempo para encargarle obras y escuchar sus ideas y propuestas. Por ejemplo, en 1767 (el año que expulsaron a los jesuitas de México, por cierto, un craso error, pues con ello la educación del país se vino abajo por largo tiempo), Alzate propuso al ayuntamiento de México un proyecto para desaguar la laguna de Texcoco. Adelantado a su tiempo, trataba de solucionar problemas urbanos, pero advirtiendo que la destrucción de los recursos naturales llevaría a mayores problemas a la ciudad, que en ese entonces contaba con más de 100 000 habitantes.

Alzate dio soluciones puntuales para la recolección de basura, para evitar o remediar inundaciones, para establecer el alumbrado público o evitar y combatir los regulares incendios (aunque había un regimiento contra incendios a fines del XVIII, el primer cuerpo de bomberos existió hasta 1873).

Una de sus más grandes aportaciones a la divulgación de la ciencia fue la creación de la *Gazeta de Literatura de México*, el único testimonio en papel del movimiento ilustrado en Nueva España, que no sólo reflejó la libertad de pensamiento al grito de: "¡Atrévete a pensar!", sino que por éste el público en general se pudo enterar de lo último en ciencias, artes y literatura de una manera sencilla, rápida y económica, un verdadero *jitazo* literario.

Esto se logró gracias a que Alzate puso su propia imprenta, algo costosísimo e insólito para la época, además de que sólo el gobierno podía imprimir (esto también nos dice de los buenos conectes del jesuita). Editada siempre por fray Pepe en solitario, la *Gazeta* se publicó por más de 10 años ininterrumpidos. Con más de 400 artículos en su haber sobre temas de agricultura, medicina, historia, arqueología, astronomía, filosofía, literatura, física y ciencias naturales, la *Gazeta* también publicaba artículos escritos por grandes científicos, literatos y filósofos europeos, que el mismo Alzate traducía del inglés, francés y el latín. Muchos de estos artículos fueron de valor capital, como el que se publicó en 1779 y dio la gran noticia sobre la creación de la vacuna contra la viruela, que precisamente tanta muerte había causado en América y prácticamente había acabado con la población indígena: si había cerca de 40 millones de naturales cuando llegó Cortés, para tiempos de Alzate apenas llegaban a los tres millones.

Algo importante de mencionar es que Alzate fue un apasionado de los grabados, pues era un fiel creyente de que la literatura científica o mecánica sin "monitos" no servía de nada: había que ilustrar las ideas para que la gente las entendiera. Por ejemplo, uno de los inventos desarrollado por Alzate era para levantar campanas y colocarlas en lo alto de los campanarios. Gracias a que el mecanismo fue explicado con un grabado, se pudo subir con éxito la

campana más grande de la Catedral de México, la llamada campana Santa María de Guadalupe, una chaparrita de 13 toneladas que actualmente sigue resonando (dato inútil: hoy en día repican 30 campanas en la Catedral).

En efecto, nadie ponía más "monitos" en sus revista que Alzate, quien llegaba a imprimir hasta 20 grabados por revista, un número muy alto si se considera el tremendo costo del proceso. Pero bueno, harina había de sobra en el costal, y al final de todo, la *Gazeta* como órgano de divulgación fue decisivo para incentivar a que cualquier persona con iniciativa científica o intelectual pudiera desarrollar sus ideas y ponerlas en práctica: algo nunca visto.

Dotado impulsor de la aplicación científica a la técnica, la producción de Alzate fue extraordinaria:

- Antes que Benjamin Franklin, inventó una especie de pararrayos.
- Inventó el jabón de coco.
- Inventó un farol hexagonal que alumbró más la ciudad.
- Inventó toda clase de instrumentos para mejorar la minería y la agricultura.
- Descubrió el origen de la laca.
- Fue el primero en trazar la migración de las golondrinas y de los primeros en explorar el Iztaccíhuatl.
- Observó y escribió sobre el paso de Venus por el Sol gracias a un telescopio que él mismo construyó.
- Estudió los terremotos y eclipses de Luna con instrumentos construidos por él mismo.
- Contribuyó al estudio de la peste, el escorbuto, la caries dental y la sífilis.
- Fijó la latitud y longitud de México.
- Fue el primero en ocuparse del estudio de productos natu-

rales, como la valiosa grana cochinilla (de donde se saca el color rojo), el gusano de seda, el maíz y el árnica.

- Fue de los primeros en escribir sobre los beneficios del cacao, de cómo sembrarlo y regarlo.
- Fue el primero en medir las pirámides de Teotihuacán.
- Dibujó planos de la Ciudad de México que se usaron por muchas décadas.
- Publicó métodos para apagar incendios, para prevenir inundaciones y para la recolección de basura.
- Publicó métodos para la fundición de campanas y mecanismos para levantarlas.

¡Y un largo etcétera!

Lo increíble es que todas las aportaciones del ingenioso sobrino de sor Juana estuvieron basadas en su inquebrantable opinión de que los problemas sociales se pueden solucionar si se ayudan de la técnica que ofrece la ciencia, comprendiendo y observando de manera directa la naturaleza y sus fenómenos. Sí, don José fue un científico de trinchera, no de aula.

Ya lo decía un escritor, cuyo nombre no recuerdo, "el ingenio es esa inteligencia que, ante la adversidad, viene a construir, más que una solución, una esperanza".

La bravura de Griselda Álvarez

Naci para vivir. Para el
dispendio. Para salvar la risa
de la espina. Para aumentar
con llamas el incendio.
GRISELDA ÁLVAREZ

a primera mujer gobernadora en la historia de México fue la también poetisa, maestra y escritora Griselda Álvarez Ponce de León, que en alguna ocasión, a mediados del siglo pasado, dijo: "No es posible que las mujeres, que son la mitad de la población, sufran discriminación, porque además son madres de la otra mitad". ¿Cuántos años han pasado y el panorama sigue siendo el mismo?

"Nací a la brava por venir atravesada", dijo Griselda Álvarez Ponce de León, quien nació en Guadalajara, en 1913, año que en la entidad se desataron las guerrillas contra el usurpador Victoriano Huerta. No tardaría la Perla Tapatía en presenciar la entrada triunfante de Álvaro Obregón y sus constitucionalistas.

Pese a la convulsa época revolucionaria que afectó tanto a la estructura social del país, Jalisco siempre trató de evitar su estancamiento, sobre todo en materia de educación. Por ejemplo, para cuando la niña Griselda cumplió cinco años, Jalisco tenía 900 escuelas, más que cualquier otro estado de la República. Para finales de la década, Guadalajara gozaba de bien establecidas escuelas para señoritas en áreas como medicina, derecho, artes y oficios, comercial e industrial. Asimismo, se creó la Escuela Dental de Jalisco, única en su género, para preparar a jóvenes en la entonces novedosa profesión.

La niña Griselda provenía de una familia de fuerte bagaje histórico y político: por parte de la madre, doña Dolores, estaban los Ponce de León, cuya ascendencia llegaba hasta el recio conquistador y explorador, don Juan Ponce de León, a su vez noble, primer gobernador de Puerto Rico y quien mientras navegaba en busca de la "fuente de la eterna juventud" descubrió lo que hoy conocemos como la Florida (que él mismo nombró), en 1513. Los Ponce de León, decía la maestra Álvarez Ponce de León, tenían la buena combinación de ser "ilusos y adinerados".

Por el lado del padre, don Manuel Álvarez, le venía la sabia política. Fueron hacendados y juaristas de hueso colorado. El bisabuelo, general Manuel Álvarez Zamora, fue, en 1857, el primer gobernador de Colima, aunque sólo fuera por un mes y siete días, esto porque se encontró con el pistolete de los capitanes amotinados, Mariano Vejar y José G. Rubio, quienes, al grito de: "¡Religión y fueros!", le dieron cita con la Parca. El padre de la poetisa, Miguel Álvarez García, "hombre de a caballo y decisión", fue también político destacado, diputado local y a su vez gobernador de Colima, de 1919 a 1923.

"Vengo de dos gentes muy recias y con carácter muy fuerte —contaba la maestra Griselda—, de manera que no tenía por qué salir yo suavecita". Y así fue. Por ejemplo, su madre, aunque de carácter bondadoso, era de armas tomar: cuando el papá, un tanto ojo alegre, anduvo de romance con una comedianta regordeta, sin dudarlo cargó a la niña Griselda, hizo maletas, tomó un barco en Manzanillo y se fue a vivir a Los Ángeles, California, donde vivía el abuelo materno, y dejó al marido... "nomás cuatro años".

Tristemente la madre murió cuando Griselda tenía 14 años, tiempo de ilusiones y ensoñaciones para la joven. Más tarde, cuando también el padre falleció, Griselda decidió mudarse a la capital, donde estudió, en 1938, en la Normal de Maestros; 10 años después en la Escuela Normal de Especializaciones, y a los 63 años en la Facultad de Filosofía y Letras, de la UNAM, de donde se licenció en Letras Españolas con su tesis *La inmortalidad en las obras de Jorge Luis Borges*, por la cual recibió mención honorífica.

Doña Griselda contaba que, por azares del destino, en su primer empleo firmaba la nómina como laboratorista. Pero pronto comenzó a tener una carrera meteórica en el sector público: de

profesora orientadora, en el Museo Pedagógico Nacional, en 1961, a subdirectora cinco años después, y luego directora general de Acción Social Educativa de la SEP, bajo el mandato de Jaime Torres Bodet: "Nuestra misión era una, elevar el nivel moral, económico y cultural de las mujeres".

En 1965 fue directora general de Trabajo Social de la SSA y directora general de Servicios de Beneficencia del IMSS. Ahí impulsó el teatro, el deporte, y desarrolló programas de capacitación para mujeres, ofreciéndoles talleres de plomería, carpintería, electricidad y tapicería: "Había llegado el momento de cambiar la cacerola por el martillo". También fue directora del Museo Nacional del Arte.

Para ella la política debía ser una "herramienta para servir a enorme escala". Su vida política comenzó en 1976, al ser nombrada senadora por parte de Colima. Pero sería tres años después que sucedió un parteaguas histórico para la mujer mexicana, cuando Griselda Álvarez Ponce de León se convirtió en la primera mujer gobernadora en la historia de nuestro país. En su toma de posesión dijo: "Vivamos un tiempo nuevo de plena igualdad con los hombres; sin privilegios que no requerimos, pero sin desventajas que no merecemos".

Para lograrlo, afirmó: "Toqué todas las puertas, hasta las presidenciales en tiempos de López Portillo, para lograr mi objetivo: la gubernatura de Colima. La soledad fue uno de los costos que tuve que pagar por tal 'atrevimiento'".

Álvarez Ponce de León recordó que a los tres meses de asumir la gubernatura "conoció a una mujer embarazada, quien tenía un hematoma de grandes dimensiones en el vientre, producto de los golpes propinados por su pareja". Tal situación dio origen en la entidad al Centro de Apoyo a la Mujer, que hoy lleva su nombre: "Este centro abrió brecha en el país para atender a las demasiadas mujeres agredidas que necesitan acompañamiento en el proceso de sanar el síndrome de Estocolmo, ya que la sociedad mexicana está enferma de violencia". Y sigue estando.

La bravura de Griselda hizo que se cambiara el Código Penal de la entidad para que ninguna mujer en Colima diera a luz en la cárcel o para que las mujeres mayores de 75 años que hubieran cometido algún delito cumplieran su sentencia en arresto domiciliario: "En la Escuela Normal encontré una aberrante situación en contra de la mujer: prohibición de estudiar a casadas o madres solteras. Eso tenía que cambiar, y en los últimos años de mi gobierno entregué un título profesional a mujeres en estas condiciones".

También se crearon apoyos para que las mujeres embarazadas pudieran seguir estudiando: "Incluso cuando Cuauhtémoc Cárdenas cerró prostíbulos en Michoacán, las invitamos a Colima para que se convirtieran en policías".

"En la política como en otros ámbitos, a las mujeres nos cuesta el doble", dijo doña Griselda. Las mujeres entienden el poder de manera distinta, que va de acuerdo con su contexto y propias aspiraciones: "El poder es tener capacidad para realizar acciones vinculadas a la transformación de condiciones ante las cuales existe un compromiso. [...] Las mujeres estamos listas para el poder. La sociedad mexicana tiene capacidad para discernir si quiere a un hombre o a una mujer en la presidencia de la República, pero hace falta saber si los partidos políticos están preparados para lanzar la candidatura de una mujer". En 1992, Griselda Álvarez publicó sus memorias como gobernadora en *Cuesta arriba: Memorias de la primera gobernadora* (FCE y la Universidad de Colima).

Su pasión como escritora y poeta fue incansable: más de 18 volúmenes entre poesía, prosa, ensayo y cientos de artículos periodísticos. Además, fue de las pocas escritoras mexicanas en incursionar en géneros un tanto prohibidos, como el erotismo, con su poemario *Erótica* (1999). El escritor René Avilés Fabila recuerda: "Como poeta es notable. En *Erótica* habla del amor sensual, del sexo, de las iluminadas relaciones amorosas, describe al cuerpo varonil con maestría y nos indica cuál es la diferencia, enorme por cierto, entre pornografía y erotismo. *Erótica* son sonetos que hablan de la pareja, de su vano intento de convertirse en una unidad, de sus caricias suaves o violentas".

Su amigo y poeta Andrés Henestrosa dijo de ella: "Muy bien pudiera decirse que, en las letras mexicanas, donde abunda la pasión sin gobierno, Griselda sabe poner y trasmitir una lección de compostura y serenidad. Si alguna vez quisieras saber qué es lo que se debe hacer en cada caso, pregúntaselo a Griselda, lector".

Uno de los más famosos poemas de esta bravura hecha mujer es precisamente "Soneto a la mujer":

> Nacer mujer es un inmenso reto,
> circunstancia toral, dura la vida,
> la hembra viene en pecado concebida
> y el hombre nace lleno de respeto.
> Buscas no ser objeto, ser sujeto
> con ovárica fuerza sostenida,
> para luchar con alma dividida
> porque no en todo lograrás boleto.
> Te dan sencillo mas te exigen doble,
> sangras ante la ley casa conquista,
> en la maternidad, sustancia noble,
> gigante siempre, aunque el dolor embista,
> por fuerza suave adentro roble,
> pero te hacen, a golpes, ¡feminista!

En cierta ocasión, Avilés Fabila le preguntó, atrevidamente: "¿Cuántos años tienes, Griselda?". La maestra contestó: "Lo sabrás cuando muera".

El baile del perrito

S i en algo nos hemos superado los seres humanos a través de la historia, además de destruir el medio ambiente que nos rodea, es también en buscar maneras creativas de torturar y matar a nuestros semejantes, sobre todo cuando entra en juego la ley o la religión.

Así, desde los legendarios persas practicando el *escafismo* (embadurnar a la víctima con miel, darle de comer comida podrida para que vomitara, con lo cual se le pegarían miles de bichos a su cuerpo que se lo comerían lentamente), pasando por la crucifixión romana, que te sentaran un elefante encima, te quemaran lentamente o los imaginativos suplicios modernos practicados en Guantánamo, la imaginación del hombre en materia de crueldad no tiene límite.

Los españoles nos trajeron su religión, pero, ante todo, su pesado bagaje legislativo, que venía un tanto apolillado y con rancio olor a medievo. Y aunque la Corona desde el principio quiso incentivar leyes más justas que promovieran el buen trato a los naturales —no por lindos, sino para que éstos doblaran sus manitas más rápido—, los primeros años de conquista fueron testigos de costumbres judiciales españolas poco divertidas, como el famoso *aperreamiento*, una pena capital sencilla: se amarraba al indígena para que no escapara y se les soltaban uno, dos o tres perros de ojo inyectado y colmillo risueño para darse el festín destazando al pobre diablo.

Guardado hoy en la Biblioteca Nacional de Francia se encuentra el *Manuscrito del aperreamiento*, una foja ilustrada que data de 1560. En el centro se observa a un sacerdote azteca atado mientras lo ataca y mata un perro. Es el primer registro de aperreamiento de que se tiene noticia en la Nueva España, el cual también muestra históricamente la ejecución de siete indios nobles, ordenada por Hernán Cortés en 1523 en el poblado de Coyoacán.

Ya en la Europa medieval era costumbre el uso de perros entrenados para atacar tanto a animales como a personas, sobre todo en cacerías y guerras. De aquí que no fuera sorpresa que el aperreamiento como castigo judicial siguiera siendo efectivo ya bien entrado el siglo xvi. Sin embargo, en la Nueva España nunca estuvo, digamos, "dado de alta" en el sistema penal de la época, pues había maneras menos radicales dentro de los medios legales de ejecución que se preferían aplicar. Por ejemplo, si un noble cometía un delito muy grave era decapitado, mientras que los demás eran ahorcados. Otras infracciones eran penadas con el amenísimo garrote, un collar de hierro atravesado por un tornillo acabado en una bola que, al girarlo, causaba la rotura del cuello; aunque la amena Inquisición prefería el fogonazo. Había delitos que ameritaban que te mutilaran un pie, una mano o un dedo, o simplemente te daban un par de decenas de azotes en la plaza pública y listo, a lo que sigue.

Pero esto no quitó que a principios de la Conquista la aplicación del aperreamiento les diera buenos resultados a los del equipo de la Cruz y la Espada, pues se trataba de un castigo ejemplar, un despliegue de "teatro del terror" ejemplificador para que el indo supiera a qué se atenía si no acataba órdenes. Ahora bien, delitos como la idolatría, negarse a pagar tributos en oro o conspirar contra la Corona eran crímenes que no requerían de juicio previo para dictar y ejecutar la sentencia a placer del de las barbas, quien aplicaba el *baile del perrito*, aunque no estuviera legalmente permitido.

La primera vez que los españoles utilizaron perros como armas contra los indígenas fue en marzo de 1495, cuando Bartolomé Colón hizo uso de 20 de estas mascotitas para completar los 200 hombres y 20 caballos de su ejército en contra de los indios del Caribe. Imaginemos la impresión que se llevaron los indígenas al ver a aquellos monstruos peludos ladrando ferozmente y sacando espuma por la boca al momento de saltar sobre de ellos.

En Mesoamérica ya había razas de perros antes de la llegada de los españoles, pero casi todos eran "modelo ratón": el famoso xoloitzcuintle sigue teniendo una altura promedio de 45 centímetros;

el tlalchichi o perro enano mide 20 centímetros de alto; el loberro, una cruza de lobo y perro, tenía 60 centímetros; el maya, no más de 40 centímetros de alto. Mas no los españoles, quienes llegaron con cruzas de perros feroces y muy fuertes, como mastines, dogos y alanos. El mastín mide mínimo 80 centímetros.

Fray Bartolomé de las Casas señaló: "[Éstos] eran instrumentos de terror y servían para crear pavor cuando al llegar a alguna aldea se dejaban ir sobre algún aborigen sin mediar ningún motivo. Ya despertado el alboroto entre los aldeanos, los españoles se servían de este pretexto para robar y someter a los indios luego de un buen saqueo. Estos perros eran, pues, la mejor herramienta de disuasión con que contaban los conquistadores contra los que pudieran alzarse al infundir un terror bien justificado".

Uno de los perros más famosos, por lo temible que era para el combate y el aperreamiento, se llamaba el Becerrillo, un can de la raza de los alanes españoles: "Era descomunal, con muchas manchas de color negro que irregularizaban su pelaje rojizo. Además, poseía una nariz oscura y unos ojos de color ocre que se hallaban circundados por pelo de tintes negruzcos. Tenía una mandíbula poderosa que albergaba unos dientes afiladísimos, capaces de arrancar de cuajo la extremidad de un adulto sin mayores dificultades".

Becerrillo no sólo servía para enfrentar al enemigo o destazar humanos, sino también para perseguir, incansable, a los prófugos, fueran españoles o indígenas. Era tan feroz y eficaz, que los indios temían más a 10 españoles con este perro que a 100 sin él. Por todo esto Becerrillo cobraba el sueldo equivalente al de un arquero, además de que "recibía doble ración de comida, que en más de una ocasión era mejor que la de los propios infantes".

Otros famosos canes de aperreamiento fueron el hijo de Becerrillo, Leoncillo, que tenía las mismas cualidades sanguinarias que su padre y llegó a ganar sueldo de capitán. Otro fue Marquesillo, un galgo al que le "bastaba oler a un indio para lanzarse y destriparlo en minutos".

Al caer Tenochtitlán, Cortés prefirió edificar sus cuarteles lejos del alboroto, por lo que se fue a al tranquilo Coyoacán. Ahí se dio a la tarea de, primero, ahorcar a su esposa, y segundo, apresar a cuanto indígena "mayor" cayera en sus manos, para ser ejecutados si no respondían a la pregunta que ya era costumbre: "¡¿Dónde está el maldito tesoro?!". Cierto, el viejo Erny no se andaba con medios chiles: "En los *Anales de Tlatelolco* se denuncian eventos relacionados con ejecuciones de gobernantes indígenas y de funcionarios menores procedentes de Xochimilco, de Tetzcoco y de Cuautitlán que fueron descarnados por perros en Coyoacán", comenta la maestra Perla Valle Pérez, quien hizo un extenso estudio sobre la interpretación y significado del *Manuscrito del aperreamiento*.

Cuando en 1529 interrogaron a Pedro de Alvarado, en su juicio de residencia, se supo que durante su incursión en Oaxaca obligaba a todo indígena a que le diera tributos en oro; si se negaban "les hacía aperrear por dos perros bravos, ya fueran señores o principales". Otro gran practicante del aperreamiento fue Nuño de Guzmán, quien durante su campaña para conquistar el occidente de México, entre 1530 y 1538, se destacó por ser un verdadero *jijodeutilla* maestro de la crueldad. Entre sus miles de ruines triquiñuelas, amenazaba a los indígenas con el perro bravísimo que siempre lo acompañaba. Si no le daban el mentado tesoro, les herraba la cara o los aperreaba. Digamos que jamás gastó en croquetas para perro, siempre bien alimentados.

También durante la expedición encabezada por el virrey Antonio de Mendoza a Nueva Galicia (hoy los territorios de Jalisco, Nayarit, Aguascalientes y Zacatecas), en 1541, "hizo ahorcar y mutilar, lapidar y herrar por esclavos a muchos de sus prisioneros y mandó aperrear a muchos de ellos". Y de ahí un largo etcétera.

Aunque todo hecho histórico debe colocarse en el contexto de su época, es innegable que la crueldad termina usándose como herramienta de trabajo con sorprendente facilidad, sobre todo cuando se persigue un fin artero, egoísta. El entusiasmo del hombre por convertirse en el lobo del hombre sigue más que vigente, sin dejarnos de asombrar la versatilidad con la que manifiesta el lado oscuro de su corazón humano para practicar la crueldad y la violencia, y, lo peor, para justificarla.

Que caiga
el billullo

Así como el coronavirus, también surgió en China, pero en el siglo VII, el papel moneda, el billete, el *billullo*, o sea, "un documento con valor fiduciario reconocido y no solamente [hace referencia] al dinero de moneda de curso legal", según la definición común.

Si para variar los chinos se adelantaron en este tema fue porque desde antes ya gozaban de las bondades del papel (otro invento de ellos), de la tinta y el grabado. En su *Libro de las maravillas* (1300), el imaginativo Marco Polo dedicó un capítulo completo al novedoso invento titulado "De cómo el Gran Kan hace gastar papel por dinero". Lo billetes entonces estaban hechos a partir de unas láminas negras sacadas de la corteza de las *moreras* (cuyas hojas se comían los gusanos que hacen la seda) y estaban grabadas con las firmas de funcionarios importantes. Según el tamaño de la lámina era el valor.

Así pues, si todavía no podemos echarles completamente la culpa a los chinos por aventar a la cancha el maldito bicho con la camiseta número 19, sí los podemos culpar de que, gracias a su invento monetario, se aceleró la acumulación de riqueza, el déficit presupuestario, la expansión del crédito y, por ende, la consabida crisis financiera del carajo.

En fin, tuvieron que pasar más de 300 años para que el billullo saltara a Europa. Fue en Suecia, a mediados del XVII, que el financiero Johan Palmstruch daba una especie de "recibos" (*kreditiv sedlar*) a sus clientes, que le dejaban en su banco oro u otro metal. Estos recibos podían intercambiarse cuando quisieran.

La popularidad del "papel crédito" se difundió principalmente por su comodidad: en vez de traer atrás de uno a Igor cargando el costalote de monedas sobre su joroba, un "billete" con respaldo en metálico parecía ser una mejor solución.

Endika Alabort Amundarain, de la Asociación Española de Historia Económica (AEHE), dice:

> En Francia, John Law introducía el billete respaldado por el oro del Estado; en Italia fue la Hacienda Real de Turín la primera en emitir billetes en 1746, con el objetivo de facilitar el beneficio del comercio público; en España hay que esperar hasta el reinado de Carlos III, cuando aparecieron los primeros billetes en 1780. Con el tiempo, el uso del papel moneda se generalizó por todo el mundo: la expansión de los imperios y el capitalismo fueron elementos clave; las globalizaciones lo aceleraron.

La historia del billete en México comienza con la terrible crisis económica que provocó la irrupción de la Independencia, que, entre otros desmanes, hizo que el trabajo minero, principal fuente de ingreso del virreino, se abandonara y las minas fueran saqueadas. Hacia 1813 la moneda física comenzó a escasear, por lo que surgió, en lo que hoy es San Miguel de Allende, Guanajuato, la acuñación de las llamadas "monedas de necesidad", especie de cartones firmados a mano con tinta negra, quizás por algún funcionario, comerciante u oficial, que valían medio real.

Para tratar de imaginar un poco la situación por donde el país pasaba, después de 11 años de francachelas independistas, leamos lo que Agustín de Iturbide, quien en ese momento jugaba a ser el primer emperador mexicano, escribió: "No había fondos para mantener el ejército, los funcionarios públicos no estaban pagados, todos los recursos nacionales estaban agotados; no podían negociarse préstamos en el país; los que podían hacerse en el extranjero exigían más tiempo que el que la urgencia de las necesidades podía permitir la esperar". Aun así, en 1822, el mismo Iturbide lanzó lo que sería la primera emisión oficial del billete mexicano, un papel de forma casi cuadrada, impreso en una sola cara con la leyenda "Imperio mexicano", el cual valía de uno a 10 pesos. Claro, con esto podías comprar suficiente papel para falsificar más cuadrados que dijeran "Imperio mexicano" con tu letra.

Como era de esperarse, la gente inmediatamente desconfió y desconoció aquella innovación económica, hasta el año siguiente, cuando nos convertimos en república federal y el nuevo gobierno trató de ganarse la confianza del pueblo con varias medidas, entre ellas, la de quitar de circulación el ridículo e impopular billete imperial.

Sin embargo, el nuevo gobierno insistió en hacer uso del billete. Entonces, para que la gente lo aceptara se fue por el lado flaco del pueblo: la religión. De esta manera, los billetes salían impresos en el reverso de bulas papales canceladas que llevaban el sello del papa. Pues nada, ¡fracaso absoluto también!

Una de las muchas causas del chasco del billullo fue quizás que su uso era obligatorio, lo que décadas más tarde, en 1864, mandó a quitar el *naïve*, bonachón, opiómano y breve emperador de México, Maximiliano de Habsburgo, quien, además, hizo que la emisión del billete fuera responsabilidad de un banco (Banco de Londres), no del gobierno. Así y por fin el billete logró tener cierta aceptación entre la gente.

Con don Porfirio, a finales del XIX, se consolidó un sano y sólido sistema bancario, donde cada estado contaba por lo menos con un banco certificado, ya sea el de Londres o el de México, que emitían los billetes, y se convirtieron en el método de pago popular. Para este efecto los billetes eran fabricados en el extranjero por compañías como la American Book & Printing Company o la American Bank Note Company, ambas en Nueva York.

Con la llegada de la *revolufia* todo se volvió a ir al traste, retrocediendo a los tiempos de la "moneda de necesidad", con la diferencia de que cada caudillo o ranchero calzonudo con lana emitía sus propios billetes, que para colmo sólo valían en su región.

Ya se puede imaginar uno la pelotera que se armó: era tal la variedad de billetes, reales y falsos, que la gente terminó por llamarlos a todos por igual *bilimbiques* y menospreciarlos.[1] Parte de la solución llegó con los constitucionalistas, en 1916, cuando decidieron que sólo su bando despacharía el único papel válido para hacer billetes, mandándose a imprimir en ellos diseños más complejos para la prevención de falsificaciones.

Ocho años después se fundó el Banco de México, el cual tuvo la exclusividad de emitir los billetes y regular su circulación. La primera serie de billullos del Banco de México, que circuló de 1925 a 1934, se planeó en México, pero se imprimió en Estados Unidos, y su denominación era de 5, 10, 20, 50, 100, 500 y 1 000 pesos.

Fue hasta 1969 que por primera vez los billetes se diseñaron y fabricaron en México. La famosa serie Familia A circuló de 1969 a 1991. El primer diseñador que tuvo el Banco de México fue don Reyes Santana Morales, quien durante 25 años diseñó los más emblemáticos billullos: "En la década de los sesenta Reyes Santana trabajaba para la Secretaría de Hacienda, supervisaba en Italia una nueva línea de bonos que serían usados en la tesorería y que eran diseñados en el extranjero. En aquellos años diseñó su primer billete, el de 20 pesos, que mostraba imágenes y simbolismo de la cultura mixteca, todo el diseño en tonalidades verdes", cuenta la periodista Alma Gómez (*El Universal de Querétaro*, 19/09/2018).

En aquel tiempo los diseños de don Reyes eran hechos en acuarela. Una junta directiva le decía qué personaje se iba a usar y, a continuación, antes de pintarlo, se metía por meses a investigar sobre el prócer, un trabajo exhaustivo. El que más le costó realizar fue el famoso billete de cinco pesos, destinado para que apareciera doña Josefa Ortiz de Domínguez, porque nomás ninguna imagen de la afamada corregidora le favorecía, pues en todas aparecía con cara de que nunca le sonó el despertador. El gran talento

[1] El nombre viene por William Weeks, norteamericano dueño de minas en Cananea, Sonora, que pagaba a sus trabajadores con insípidos vales de papel, que los mismo mineros llamaron *bilimbiques*, por Billy Weeks.

de don Reyes como artista se reconoció internacionalmente y también trabajó en Argentina y Suiza.

Otro de los grandes diseñadores de billetes a nivel mundial es Jorge Peral, vicepresidente creativo del Canadian Bank Note Company. A los 22 años, este oriundo de Texcoco fue seleccionado por Banxico para estudiar en Suiza e Italia y formarse en el arte del grabado de billetes con el maestro italiano Trento Cionini. De regreso en México, su talento y experiencia lo convirtieron en uno de los principales colaboradores para la confección de la 6.ª serie de billetes mexicanos. El de 100 pesos (que tenía a Nezahualcóyotl en el anverso) es una de sus más grandes y reconocidas creaciones, sobre todo porque Peral tuvo que idear, a partir investigaciones serias, la cara del emperador azteca, oriundo de Texcoco.

Algunos datos interesantes:

- La mayoría de los billetes mexicanos están hechos de algodón, aunque los de mayor circulación, los de 20 y 50, se comenzaron a fabricar de polímero, un compuesto químico que le da la textura y apariencia a plástico, para que duraran más.
- Existen 14 elementos de seguridad y cada billete tiene entre ocho y 10 de ellos.
- De todos los personajes históricos que aparecen en los billullos, el más frecuente (al menos hasta la fecha en que se escribe este texto) es el de la sotana ligera: Miguel Hidalgo.
- El billullo más común es el de 20, donde aparece Juárez. El reverso muestra un paisaje de Monte Albán, Oaxaca. En el de 50, donde aparece Morelos, a su reverso vemos el famoso acueducto de Morelia, Michoacán. El reverso del billete de 200, que muestra a la Décima Musa (sor Juana), poca gente sabe de dónde es la imagen: es la hacienda de Panoaya, donde vivió la poetisa, en el kilómetro 58 de la carretera México-Cuautla. El de 500 trae por un lado a Igna-

cio Zaragoza, que curiosamente nació en Texas, y del otro la Catedral de Puebla.

- Muchos de los billetes traen microtextos, por ejemplo, el de 200, al lado de la imagen de sor Juana, muestra el comienzo de su más famoso verso: "Hombres necios que acusáis a la mujer sin razón, sin ver que sois la ocasión de lo mismo que culpáis...". El billete de 100 trae un fragmento de la hermosísima poesía de Nezahualcóyotl: "Amo el canto del zenzontle...".

El billullo menos popular en toda la historia es el odioso billete de 1 000 pesos, que trae de un lado, una vez más, a don Hidalgo, y del otro la Universidad de Guanajuato.

Dime qué comes
y te diré quién eres

Durante el siglo XVIII no hubo viajero o cronista extranjero que no quedara impresionado de la exuberancia y abundancia natural de nuestras tierras. El ejemplo más famoso de estos divulgadores fue el geógrafo, naturalista, explorador, astrónomo y verdadero *Renaissance man*, Alexander von Humboldt, quien no se cansó de dar a conocer al mundo estos lares como un verdadero "cuerno de la abundancia", creando así el mito de México como el "paraíso terrenal".

Pues es a él precisamente a quien se debe echar la culpa de los miles de europeos que hasta bien entrado el siglo XIX se aventaron como cachucha beisbolera a la gran aventura mexicana, seducidos por el sueño guajiro de hacerse ricos de la noche a la mañana, para terminar rogándole a los dioses que los sacara de aquella detestable pesadilla. Pero éste es otro tema.

Algo había de razón en describir esta tierra como una diosa de fertilidad abrumadora, pues se daban los más variados y extraños frutos. Simplemente el maíz se podía cultivar prácticamente en todo tipo de suelo y en cualquier época del año. Un ejemplo de esta abundancia es que para mitades del siglo XVIII, el conjunto de haciendas en Cholula, Celaya, Atlixco y el Bajío producían cinco veces más trigo que toda Francia.

Se dice que para comprender a una sociedad, también ayuda el estudio de algo tan básico, como es la comida. Por ejemplo, algo de suma importancia fue que, a diferencia de Europa, la cocina novohispana nunca estuvo regida por las estaciones del año. Esto hizo que la preparación de los platillos se fuera más al lado del ingenio culinario que al atenerse a un abasto riguroso de temporada. Además, la cocina novohispana nunca le hizo el *fuchi* a su herencia prehispánica, la cual supo incorporar hábilmente a sus nuevos platillos. Fue así como durante el siglo XVIII, en cuestión de fogones, alcanzamos una considerable sofisticación, como se ve en los recetarios de cocina que se publicaban cada vez con más frecuencia.

Y mientras en invierno un noble español sólo comía ensaladas de escarola y pescado seco, de este lado de la alberca el *Recetario de la criolla Dominga* mostraba cómo la generosa naturaleza invitaba a convertir en un lujo lo que estaba al alcance de la mano, por ejemplo, preparando mermeladas y dulces de frutas que en Europa ni se imaginaban, como el zapote, el tejocote o el coco. Y mientras el europeo le rascaba a una hogaza de pan duro, acá el *Recetario novohispano del siglo XVIII* detallaba más de 20 maneras de preparar pan de sal, buñuelos, masas para pasteles finos, pastelillos y bizcochos, o se enseñaba la manera de preservar el perfume de las frutas por medio de azúcar o piloncillo molido y derretido, con el que se envolvía y se cristalizaba la fruta.

Por supuesto, las distinciones sociales de un siglo de marcado mestizaje, como lo fue el XVIII, se mostraron en los alimentos y hábitos a la hora de comer. El pan salado, básico en cualquier nivel, es un ejemplo de esto: en la Ciudad de México había las hogazas de 600 gramos, llamado "pan común", para los *fifís*, y las de más bajo gramaje, llamado "pan floreado", para la banda.

Dice Enriqueta Quiroz, en la *Revista Historia y Memoria* (núm. 8, 2014):

> En Xalapa las calidades de pan se agrupaban en tres grandes categorías, como eran el pan blanco, el francés y el cemita, con un consumo diario por persona de 500 a 700 gramos. En Guadalajara, los panes se clasificaban en pan blanco y de segunda clase, que era el pan de los pobres. En Querétaro, al igual que la capital, había aún mayor diversidad de panes salados, los que se diferenciaban por el refinamiento y cernido de la harina; los panaderos por reglamento estaban obligados a vender pan loreado y pan común en piezas de aproximadamente 500 y 600 gramos respectivamente, pero además vendían pan francés, de manteca, pambazo y pan sobado [sin albur].

Por su fácil manejo y rápida preparación, el *nixtamal* era la masa favorita de todo mundo. Ésta se usaba desde del desayuno hasta la cena en atoles, tamales y tortillas. Por su parte, los españoles nos trajeron la manteca, que los criollos y mestizos adoptaron alegremente, no así los indios, hasta que la usaron no como medio de cocción, sino como ingrediente para dar sabor e intensidad a distintos platillos, como a los frijoles, los tamales y el pozole.

En ese tiempo comer carne ya era un hábito regular. La res, el cerdo y el carnero abundaron en Nueva España, aunque los pobres estaban más acostumbrados a consumir toro nalgón que res, como vuelve a decir Quiroz: "En el siglo XVIII a la Ciudad de México entraban anualmente entre 15 000 y 30 000 reses, unas 250 000 a 300 000 cabezas de carneros, además de 50 000 cerdos anualmente, para surtir una ciudad de casi 120 000 habitantes".

Se tiene noticia de que los guisados de carne eran sustanciosos y bastante nutritivos. No se tenía la costumbre de echarles trozos grandes de carne, sino que ésta era picada finamente, junto con sesos, morcilla, chorizo, jamón, bofe, lengua, y, si por ahí andaba la suegra, pues a filetearla también. Antes de los hervores se les añadía chile ancho, cebollas y jitomate. Los más fifís podían echarles aceitunas, alcaparras o ajo (en ese entonces gran artículo de lujo).

Fue así como la gente con recursos comenzó a experimentar en sus platillos nuevos fenómenos gustativos, como el original sabor *agridulce*, cuando a sus guisados añadieron ingredientes poco usados en la cocina del diario, como pimienta (que se exportaba a España en grandes cantidades), canela, azafrán (carísimo también entonces), clavo, acitrón, chiles achos y chiles verdes. Bueno, basta simplemente con mencionar la aparición en escena de ese prodigio de platillo de elaboración barroca: el mole.

Y mientras en Europa no salían de lo dulce o lo salado, el criollo novohispano podía permitirse el lujo de entrarle a lo salado, dulce, agrio o picante, ¡o todos a la vez! Y no sólo eso, también podía incluir en sus comidas ingredientes peculiares que "perfumaran" el platillo, como limón, naranja, jazmín, anís o yerbabuena. Así fue como el novohispano del siglo XVIII tuvo la oportunidad de entrar a otro tipo de sensualidad que el europeo tardaría mucho en experimentar en gusto propio.

Fue en esta época que se popularizó una de las aportaciones mexicanas más importantes a la humanidad: el cacao, sobre todo en su presentación chocolatera. Por su exotismo y complejidad, el chocolate siempre levantó revuelo. Complejidad porque destanteaba a la gente, pues podía venir sólido, líquido, frío, caliente, y era bueno o malo para la salud, divino o maldito para el alma. Lo cierto es que, como todo acontecimiento nuevo que alborota, el chocolate fue concienzudamente analizado a fondo por la siempre nerviosita Iglesia y los sabios del virreino, a partir de lo cual se llegaron a publicar sesudos y sofisticados tratados, como el de don Antonio de León Pinelo, titulado *Cuestión moral: si el chocolate quebranta el ayuno eclesiástico* (1636).

Después de muchos jaloneos de sotana y guerra de globos de agua bendita, por fin la Iglesia española se rindió a las maravillosas bondades del vigoroso negrazo. No en balde los españoles hasta finales del siglo XIX fueron los mayores importadores y consumidores de chocolate en el mundo.

El chocolate rompía toda barrera social por ser un producto barato. En la casa novohispana se podía beber en la mañana, antes de comer (entre las 9:00 a. m. y 10:00 a. m.), dos horas después de comer y otra entre las cuatro y cinco de la tarde. La gente pobre solía prepararlo con maíz, para hacer más volumen, aunque también era costumbre ponerle anís, chile o achiote.

Sin duda uno de los grandes problemas en el ámbito comestible de esa época fue la conservación de los alimentos, sobre todo en regiones donde el clima era extremo. En ellas se tenía que dominar el arte de cocinar lo justo para que no sobrara comida y se echara a perder. En las zonas aledañas a las montañas la gente trepaba para conseguir nieve, que se convirtió en un producto de clases altas y que pasó a formar parte del *estanco real*, esto es, que sólo podía ser vendida por la Corona, por lo que quien la bajara del cerro tenía que pagar impuesto. Aun así, la nieve preservaba los alimentos un par de días nada más. Otro método era usar vasijas de barro para meter la comida, para después envolverlas con paja y heno o colchonetas de plumas que se enterraban bajo tierra.

En la ciudad virreinal también hubo calles dedicadas a la comida. En los días de mercado el flujo de la gente que entraba y salía era impresionante y, según su presupuesto, se podía comer desde una garnacha malandrina, un higiénico caldote de gallina con doña Chole, hasta ir a mover bigote al mesón de moda con viandas de postín y caldos importados: "En la Ciudad de México, se podía comer en la calle con medio real y cenar en la plaza Mayor 'tamales y otros comistrajos' con un tlaco o cuartilla de real a fines del siglo XVIII. Y en el Baratillo (otro mercado de la ciudad) comprar por el mismo dinero otras tantas cosas tales como atole, fruta, confituras o agua 'loja' con granos de cacao", completa Quiroz.

El famoso aforismo: "Dime qué comes y te diré quién eres" se le atribuye a Jean Anthelme Brillat-Savarin, soldado, juez, violinista, gastrónomo, maestro de lengua, filósofo y sibarita de gran alcance. Fundador de la literatura gastronómica, sería Brillat-Savarin el primero en tratar (ya con la panza llena) la gastronomía desde el punto de vista filosófico y meditativo en su *Fisiología del gusto* (1825). Ahí mismo dice: "La vida entera está gobernada por la gastronomía: pues el llanto del recién nacido llama al pecho que lo amamanta y el moribundo todavía recibe con cierto placer la pócima suprema que por desgracia ya no puede digerir".

Kingo Nonaka, el médico de Madero

Junto con su hermano mayor y un tío salió a los 16 años de su querido Japón. Tras meses de travesía llegó a Salina Cruz, Oaxaca, para de inmediato trabajar en el campo. Oaxaca no le funcionó y decidió caminar durante tres meses por las vías de tren, hasta Ciudad Juárez, Chihuahua, de donde quería saltar "al otro lado".

Sin embargo, las cosas se complicaron y terminó de *mil usos* en un hospital, donde a puro buen ojo aprendió el oficio de menear el bisturí. Después cayó la Revolución, y como había más heridos que doctores, le tuvo que entrar a *cirugiar* cristianos, trabajando jornadas de 16 horas. Un día pidió permiso para descansar en casa de un compadre. Ahí, mientras se relajaba, se soltó una balacera tremenda, y entre bala por aquí y bala por allá alguien se metió a la casa cargando a un herido grave, a quien se dispuso a curar de inmediato, para más tarde enterarse de que se trataba nada menos que de don Francisco I. Madero.

Se cayeron bien, hicieron amistad y se sumó a sus filas. Después se fue con Villa tres años, quien lo ascendió a capitán y lo nombró jefe del batallón de salud. Cansado del trote revolucionario regresó a Ciudad Juárez, donde fue director del hospital que lo vio crecer. Se casó, tuvo cinco hijos y se mudó a Tijuana buscando nuevos horizontes. En *Tiyéi* (TJ) primero fue barbero, después comerciante y de pasada se convirtió en el primer fotógrafo en documentar la historia de la ciudad y su gente por más de dos décadas, inmortalizando con sus cromos el lado "blanco" de Tijuana.

Con la Segunda Guerra Mundial tuvo que irse a la capital, donde fue de los fundadores del Instituto Nacional de Cardiología. Y así un largo etcétera, hasta que murió, en 1977.

Así fue la maravillosa y traqueteada vida del japonés Kingo No-naka, naturalizado mexicano y bautizado como José Genaro Kingo Nonaka.

Hacia finales del siglo XIX, el gobierno de Díaz promovió leyes y facilidades para que tanto mexicanos como extranjeros coloni-zaran las remotas tierras del país. Fue así como, en 1888, México se convirtió en el primer país occidental en firmar un tratado con un país asiático, Japón.

A los hijos del Sol Naciente les cayó de perlas la invitación, pues entonces sus cuatro islas comenzaban a sobrepoblarse. Cuan-do Benito Juárez murió, en 1872, México contaba con nueve millo-nes de habitantes, mientras que Japón —cinco veces más chico que México— tenía 30 millones.

En México prácticamente no se sabía nada de los japoneses, ya que estuvieron literalmente aislados del mundo por mucho tiempo. Los primeros mexicanos en visitar formalmente la tierra de los samuráis fueron los de una curiosa expedición de astróno-mos y otros científicos, encabezada por el xalapeño José Francisco Díaz de Covarrubias. En 1874 se aventuraron hasta allá con la fina-lidad de observar el tránsito del planeta Venus frente al Sol. En sus memorias de viaje, Díaz de Covarrubias escribió de los japoneses: "Son casi siempre afables, corteses, valientes y dóciles para acep-tar todo género de cultura, mientras que en los chinos raras veces se encuentran cualidades semejantes".

Kingo Nonaka nació en Fukuoka, al suroeste del país, en 1889. En busca de mejores oportunidades, Kingo, su hermano mayor y su tío se unieron a la migración japonesa a México. Venían ilusiona-dos y con muchos planes. Desgraciadamente el hermano enfermó de gravedad y lo bajaron del barco en Hawái.

En diciembre de 1906, Kingo y su tío llegaron a Salina Cruz, Oa-xaca. A los cuatro días ya estaban macheteando de sol a sol en San-ta Lucrecia, un cañaveral donde también trabajaban más de 1 000 japoneses junto a 500 mexicanos. Otro mal golpe del destino cayó sobre Kingo cuando, al mes, su querido tío murió de paludismo. Pronto en Oaxaca las cosas se volvieron insoportables y Kingo,

junto con varios compatriotas, decidió emigrar a Estados Unidos, vía Ciudad Juárez, que entonces era la ciudad con el mayor número de japoneses en el país. Según censos de la época, entre 1895 y 1909, había 8 500 de ellos.

Después de caminar 2 600 kilómetros por las vías del tren, Kingo llegó a la ciudad fronteriza. Como no era tan fácil la cruzada, muchos de los compatriotas se desesperanzaron y desistieron. Kingo siguió necio, pero sin un peso, y sin hablar nada del idioma las cosas se pusieron extremas. Haciendo señas vivía de limosna y dormía en la banca de un parque frente a la iglesia. Siendo bajito de estatura y más flaco que pantorrilla de canario, parecía un niño harapiento y abandonado a la buena de Dios.

Fue cuando apareció un ángel de la guarda en la figura de Bibiana Cardón, una señora que iba a misa todos los días y que se lo llevó a su casa. La familia Cardón, de posición acomodada, lo adoptó con cariño, le enseñaron el idioma, lo bautizaron y pronto José Genaro Kingo Nonaka comenzó a trabajar en el negocio familiar, que era un gran almacén de forrajes para ganado y semillas.

Por supuesto, con la Revolución los bandoleros malnacidos saquearon y quemaron el almacén de los Cardón y todo se fue para el infierno. Viendo que José no se hallaba, la señora Cardón se lo llevó al Hospital Civil y Militar de Ciudad Juárez, donde era jefa de enfermeras. Ahí comenzó a trabajar de "jardinero", sin sueldo. A los tres meses pasó a encargarse de la limpieza de ciertas áreas del hospital, con un sueldo de siete pesos. Un año después ganaba 25 pesotes. En sus memorias dice: "[Mi trabajo] consistía en llevar medicinas a los enfermos, material de curación a los enfermeros o enfermeras, hacer curaciones sencillas y poco tiempo después curaciones más complicadas. Al año recibí el nombramiento de enfermero de primera categoría; exactamente el 2 de diciembre de 1910, el día que cumplí 21 años de edad, con un salario de 75 pesos al mes y haciendo solemnemente el juramento hipocrático".

Con la Revolución a todo mecate, a José Nonaka no le quedó otra más que entrarle a meter cuchillo a destajo: "a falta de personal médico y de estar observando el trabajo de los cirujanos, aprendí cómo usar el bisturí. [Lo hacía] sin descansar, sin dormir o durmiendo unas horas, [...] razón que me obligó a pedir al doctor administrador del hospital un permiso de unos días para descansar; concediéndomelos, sin saber que ese permiso cambiaría el rumbo de mi vida".

La noche del 4 de marzo de 1911, el ejército de Madero llegó a Galeana, Chihuahua, para de ahí planear un ataque a Casas Grandes, precisamente donde Kingo Nonaka visitaba a su compadre y compatriota, Ricardo Nakamura. La casa de adobe era grande, aireada y estaba a pie de la plaza. El 6 de marzo Madero atacó el pueblo. La batalla duró más de cuatro horas, de la cual Madero salió perdiendo y herido. José Genaro cuenta el hecho:

Estábamos platicando largo rato, hasta que nos interrumpió un fuerte tiroteo acompañado de cañonazos y el estallido de granadas durante varias horas. Después, un poco de calma y silencio. [...] en la calle se escuchaba gente llorando, gritos, rezos [...].

En eso estábamos cuando tocaron la puerta fuerte y con mucha insistencia, me asomé por la ventana y vi que eran los vestidos con sombrero tejano y que hablaban en voz alta. Abrió la puerta mi compadre y uno de ellos preguntó:

—¿Tienen alcohol o petróleo?, lo necesitamos para un herido.

Vi que traían a un señor herido de la mano derecha, me dirigí a él, que estaba sangrando abundantemente, le dije:

—Veo que viene herido y, si usted gusta, yo lo curo, soy enfermero diplomado.

Al examinarlo me di cuenta de que no era una herida grave, que solamente fue el roce de una esquirla de granada la que produjo la herida. Hasta ese momento, yo no sabía quién era ese señor. Solamente me fijé que era una persona de baja estatura, bien vestido, con sombrero tipo tejano, polainas, con bigote y barba estilo francés, comúnmente llamada "piochita". Cuando terminé de curarlo, me dio las gracias y quería pagarme con un billete de 10 dólares; yo me negué, argumentando que yo no cobraba por ese servicio, que era mi deber y me contestó:

—Tome el dinero, y además, usted, doctor, se viene con nosotros, y será nuestro doctor, así es que póngase su saco y su sombrero, vámonos.

Volteé hacia la puerta y vi a los acompañantes del señor, uno llevaba el veliz de mi ropa y otro llevaba mi estuche médico, inmediatamente le dije:

—Señor, yo no puedo ir con ustedes porque estoy trabajando en el Hospital Civil y Militar de Ciudad Juárez, y si no me presento a trabajar, me tornarán como desertor y posiblemente a la cárcel voy a parar.

Y el señor que curé me contestó:

—No te preocupes, yo respondo de ti.

Lo más curioso fue que no me preguntó mi nombre, ni de qué origen era o déjame ver tu pasaporte, solamente me dijo:

—Vámonos, la Patria necesita gente como usted, doctor.

Me despedí de mi compadre y de su familia y me llevaron hasta la colonia Juárez, que es de mormones. Al día siguiente supe que el señor que curé era el jefe revolucionario Francisco I. Madero, ¡vaya sorpresa!

Así comenzaron las andanzas revolucionarias de este médico a palos. Participó en 14 batallas importantes, dos con Madero y 12 con Villa. Cabe mencionar que, por órdenes de Villa, Kingo Nonaka conformó el mejor servicio sanitario de la Revolución mexicana.

Ahora bien, la amistad entre José Genaro Kingo Nonaka y Francisco I. Madero tuvo una trascendencia importante. Esto lo documenta el licenciado Sergio González Gálvez, quien comenta que de alguna manera la amistad de Madero con Nonaka abrió la relación con el personal de la legación japonesa en México:

> Un episodio no muy conocido de los vínculos entre Japón y México es la defensa que hizo el encargado de negocios de la legación japonesa en México de la familia de Francisco I. Madero, a los que salvó de ser asesinados, como ocurrió con Madero. La valentía del encargado de negocios japonés, de nombre Kumaichi Horiguchi, llegó al grado de poner la bandera japonesa en la puerta para frenar la intromisión de las fuerzas del usurpador Huerta; de este modo, más de treinta personas, entre ellas la esposa del presidente Madero, sus padres y sus hermanas junto con sus hijos, en compañía de todos sus sirvientes, salvaron la vida por la intervención del citado diplomático japonés.[1]

Después de la Revolución, el capitán Kingo Nonaka regresó a trabajar al hospital de Ciudad Juárez, donde conoció a su esposa, la enfermera Petra García Ortega. En 1921 se mudaron con todo y sus cinco chilpayates a Tijuana. Tres años después, el presidente de la República, Plutarco Elías Calles, le firmó su carta de naturalización como ciudadano mexicano.

En Tijuana, y por azares del destino, comenzó a tomar fotografías de gente común y corriente. Esto gustó mucho y lo llevó a poner un estudito fotográfico que rápidamente se hizo famoso. Ya como fotógrafo profesional, el gobierno lo contrató para tomar fotografías de los detenidos y presos en la cárcel pública. Siendo policía y fotógrafo, y siempre buscando superarse, estudió por correspondencia un diplomado en Fotografía, Dactiloscopia, Criminología Grafología, y se graduó en 1933 del Institute of Applied Science de Chicago:

1 Sergio González Galván, "Eventos históricos de la relación México-Japón", *Revista Mexicana de Política Exterior*, marzo-junio de 2009.

"Entre 1923 y 1942, Nonaka tomó con su cámara Graflex cientos de imágenes de la Tijuana de los años veinte, treinta y principios de los cuarenta, en especial de las actividades cotidianas de sus habitantes. Por ello, este personaje japonés fue un pionero de la fotografía de la ciudad, ya que sus imágenes se han constituido en clásicas para conocer la Tijuana de ese periodo", comenta José Gabriel Rivera Delgado.[2] En 1934 creó una escuela mecánica automotriz para dar oportunidad de estudios a los jóvenes que andaban de malandros.

En 1942, en plena Segunda Guerra Mundial, se desató en México una fuerte segregación contra japoneses y alemanes. José Kingo Nonaka y su familia tuvieron que mudarse a la Ciudad de México, donde Nonaka se convirtió uno de los fundadores del Instituto Nacional de Cardiología. También vivió en Monterrey, donde siguió trabajando hasta su muerte, a los 88 años.

---

2   Genaro Nonaka García (comp.), *Kingo Nonaka: Andanzas revolucionarias*, Mexicali, Editorial Artificios, 2014.

¡Compre un niño, y listo! Maximiliano y la dinastía perdida

Lo principal para que una monarquía funcione es tener herederos. Como se sabe, esto no sucedió con Carlota y Maximiliano, emperadores de México de 1864 a 1867.

El tema sigue siendo polémico y picante, y como tal cargado de muchas *fake news*. También porque una vez en México, viendo que no llegaba la descendencia, el aparato monárquico-conservador mexicano se entercó en ponerle solución al asunto y trató de hacerse de un heredero echando mano de algunas sucias triquiñuelas, como la de comprar un niño, hecho que los evidenciaron como personas de pocos escrúpulos y ambiciosas, sobre todo al emperador de patillotas.

Para cuando llegaron a México, la relación entre Carlota y Maximiliano ya venía rengueando. Tenían siete años de casados, había un claro distanciamiento entre ellos y el pequeñín heredero nomás no asomaba cabeza. Ante el público, el matrimonio real, educado en el más estricto código de las viejas cortes europeas cosmopolitas, aparentaba ser pareja de ensueño, la misma que nos hacen ver en telenovelas y libros. La realidad era otra.

Evidencia de esto la encontramos en las memorias de José Luis Blasio, secretario particular de Maximiliano desde que pisó México hasta su muerte. En ellas, Blasio dice no haber visto jamás a la pareja imperial dormir junta: "algo existía entre los dos esposos, algo que por el momento no pude saber si era una desavenencia producida por razones de Estado, por infidelidades del emperador o por defecto orgánico del soberano, pues ni en Puebla, ni en México en el palacio imperial, ni en Chapultepec dormían nunca juntos los soberanos".[1]

---

[1] José Luis Blasio, *Maximiliano íntimo: El emperador Maximiliano y su corte (memorias de un secretario particular)*, México, Librería de la Vda. de C. Bouret, 1903, p. 41.

En efecto, no sólo en su propio palacio los emperadores dormían en habitaciones separadas; también cuando salían en visita oficial a otras ciudades. En la noche, ya sin gente alrededor, Maximiliano ordenaba armar su catre de campaña en alguna habitación ajena a la de su esposa.

Ahora bien, por las cartas personales, tanto de Carlota como de Maximiliano, se conoce que desde antes de venir a México la pareja sabía perfectamente que no podía tener hijos. No descartaba en ese entonces una futura posibilidad, pero conforme pasaba el tiempo... nada. Esto se lo confesó Maximiliano al ministro plenipotenciario de Francia en México, Alphonse Dano, quien a su vez se lo contó con detalle a Napoleón III.[2] Por su parte, Carlota se escribía con frecuencia con su abuela, la reina María Amelia, de Francia, y en varias ocasiones le comentó que la misión de ellos como esposos era hacer "el bien en el mundo", pues al parecer no tendrían hijos.

Por otro lado, estaba el rumor de la bisexualidad de Maximiliano. Antes de Carlota, Maximiliano estuvo muy enamorado de María Amelia de Braganza, hija única del para entonces difunto don Pedro, emperador del Brasil. La pareja se comprometió, fijando la fecha de la boda para mediados de 1853. Desgraciadamente, la joven murió de tuberculosis en la isla de Madeira, a principios de ese año.

Ya casado con Carlota, durante el viaje de luna de miel con destino a Brasil, Maximiliano se hizo acompañar de su "inseparable" amigo, el conde Carlos Bombelles, amistad sostenida desde la niñez. Pues nada, llegando a la isla de Madeira, Maximiliano hospedó a Carlota en el palacete donde había muerto su ex, la tapó con una mantita portuguesa para que no "agarrara aires", le dio un beso en la frente y se fue con el conde Bombelles a seguir el viaje de bodas sin la novia. Todavía el muy cínico le escribió desde Brasil varias cartas a Carlota, quien seguía encallada en la isla. En ellas le contaba

---

2   Las cartas se pueden ver en Lilia Díaz (ed.), *Versión francesa de México. Informes diplomáticos (1862-1864)*, México, El Colegio de México, 1965.

lo bien que la estaban pasando en tan exóticas tierras. Al regreso a Europa, la relación de la pareja real había cambiado para siempre.

En cuanto a un distanciamiento entre ellos por cuestiones físicas, como mencionaba Blasio, flotaba el rumor de que el buen Max, en sus correrías de jovenzuelo por aquellos felices *puticlubs* parisinos, contrajo sífilis. Entonces no había curación para el llamado "mal francés". Por lo mismo, suena lógico que Carlota se distanciara de su esposo para no contagiarse, *ergo*: condenados a no tener hijos.

Sin embargo, esto también resultó ser *fake news*, pues unas de las terribles secuelas de la sífilis es dejar marcado el cuerpo con manchas. Esto lo hubiera notado de inmediato el médico republicano Vicente Licea, encargado de la autopsia del cuerpo de Maximiliano, en 1867, y hubiera saltado de gusto comunicándole al mundo lo "impuro y podrido" del enemigo aristócrata, a quien aborrecía con toda su alma.

Por su parte, también despertaron sospechas de que cada uno de los emperadores mantenía por su lado relaciones extramaritales, de los cuales resultaron presuntamente dos hijos ilegítimos. Se mantuvo por mucho tiempo que Maximiliano tuvo un hijo con una hermosa indígena, hija del jardinero al cuidado del famoso Jardín Borda, en Cuernavaca, llamada Concepción Sedano, la famosa india bonita. El hijo se llamó Julio Sedano y saltó a la historia al pertenecer a la red de espionaje que manejaba la famosa Matahari, por lo que fue fusilado en Francia, en 1917.

Por su lado, doña Carlota, quien viajaba sola cada vez más seguido, era acompañada a sol y sombra por el jefe de guardias, un patanzuelo engreído y prepotente bastante guapo de nombre Alfred van der Smissen, comandante de la Legión Belga en México. Esta línea de la historia mantuvo que cuando Carlota viajó a Europa para pedirle ayuda a Napoleón III, también iba de pasada a dar a luz. El hijo se dio en adopción, tomando el nombre de Maxime Weygand, que a su vez saltó a la historia al convertirse en generalísimo de los ejércitos de Francia y ministro de Guerra en el gobierno de Pétain.

Años después se descubrió por cartas que Julio Sedano no fue en realidad hijo de Maximiliano, pues la india bonita jamás estuvo en Cuernavaca cuando Max andaba por esos lares. En el caso del supuesto hijo de Carlota, también resultó ser falso el supuesto embarazo, el cual se originó porque Carlota, de Veracruz a La Habana, para dirigirse a Francia, pasó la mayor parte del tiempo encerrada en su camarote sintiéndose mal, lo que todo mundo tomó como signo de embarazo.

Lo cierto es que para finales de 1865, el problema de no tener príncipe heredero se convirtió en una especie de obsesión para Maximiliano, a quien se le ocurrieron varias ideas, la mayoría verdaderos sueños de opio (al que por cierto era adicto).

La primera de estas ideas fue invitar a su hermano menor, Luis Víctor, a ser heredero de la corona mexicana y que a su vez se casara con una de las princesas del entonces reino del Brasil, para así establecer una monarquía "grandota", de México a Brasil. Desgraciadamente el joven Luis Víctor prefería maquillarse, pintarse los labios de rojo, ponerse enaguas y salir al escenario a darle duro al cancán, por lo que mandó a freír espárragos a su fumado hermano.

La segunda idea se le ocurrió a Max cuando hacía una gira por el Bajío. De regreso a la ciudad se quedó un par de días en Querétaro, que por cierto le gustó mucho. En uno de los actos públicos le llevaron un pequeño niño otomí recién nacido, cuya madre había muerto en el parto y cuyo padre se negaba a salir del maguey fermentado. Maximiliano, conmovido hasta las lágrimas, tomó al pequeño en sus brazos y decidió adoptarlo, así nomás, bautizándolo con el nombre de Fernando Maximiliano y designándolo príncipe imperial... "¡Un abandonado niño indígena otomí!", gritaron al cielo los conservadores, quienes habían invertido millones en traer a un emperador rubio, precisamente para no tener de presidente a un indio zapoteca (Juárez). Para fortuna de ellos (y de Carlota, que estaba furiosa por no haber sido consultada), el niño murió a los pocos días.

La tercera idea *mafufa* de Maximiliano fue proponerle a su otro hermano, Carlos Luis, que le cediera la patria potestad de su hijo mayor, el entonces pequeño Francisco Fernando, ya que adoptado podría ser heredero de la Corona mexicana. Por supuesto, la mamá

del niño, mentando madres en austro-bávaro —insulto de una sola palabra de 25 sílabas—, los mandó a freír totopos. Así, la idea de don Max fracasó una vez *máx*.

Curiosamente el niño en cuestión se convirtió más tarde en Francisco Fernando, archiduque de Austria, heredero al trono austrohúngaro, cuyo asesinato en Sarajevo, en 1914, sería la chispa detonadora para la Primera Guerra Mundial.

La cuarta idea fue la más desesperada y la que reveló a Maximiliano como un mal bicho sin escrúpulos. Corría 1865 y se acababan las opciones. Entonces, alguien llegó con la idea de comprar —¡sí, comprar!— al nieto de Agustín de Iturbide; total, él también fue emperador. Por entonces los descendientes de éste se las daban de príncipes y mantenían una vida palaciega un tanto ridícula, por lo que cuando se les terminó el dinero consideraron rápidamente la oferta de *su majestá*. A Maximiliano le pareció un plan estupendo y desembolsó, sin más, 150 000 pesos a cambio de entregar en adopción al niño de entonces dos años llamado Agustín de Iturbide y Green. El niño quedaría al cuidado de su tía Josefa y, junto con su hermano Salvador, de 14, recibiría el título de príncipe. Los codiciosos familiares de Iturbide mataban así un pájaro de dos tiros: ganaban dinero y sus sueños principescos podrían hacerse realidad.

Desde luego, la madre del bodoque, la norteamericana Alice Green, no estuvo de acuerdo, pero su familia política la tiró a loca, y cuando ella se dio cuenta, su hijo ya estaba en el Castillo de Chapultepec. La señora Green recurrió a la embajada para apoyarse con cartas diplomáticas y sólo hasta finales de octubre de 1866, cuando el Segundo Imperio Mexicano ya estaba tronando como ejote, Maximiliano se dignó regresar al niño.

Agustín de Iturbide y Green falleció en 1925. Su descendencia vive en Europa y no quiere saber nada de príncipes mexicanos.

El 19 de junio de 1867 fusilaron a Maximiliano en el Cerro de las Campanas, Querétaro, y con él se fue el sueño guajiro de tener una monarquía mexicana a la europea.

En fin, como dijo Alessandro Baricco, "es un dolor extraño, morir de nostalgia por algo que jamás vivirás".

Una historia en cada hijo te dio de Gerardo Australia
se terminó de imprimir en octubre de 2023
en los talleres de
Impresora Tauro, S.A. de C.V.
Av. Año de Juárez 343, col. Granjas San Antonio,
Ciudad de México